JN331514

国際線客室乗務員の仕事

サービスの経営人類学

八巻恵子
Yamaki Keiko

東方出版

はしがき

本書は、二〇〇九年総合研究大学院大学に提出した博士論文『国際線客室乗務員の接客業務と勤務体制――仕事の人類学的研究』に加筆修正をしたものである。研究書ではあるが、産業界の方々にも是非読んでいただき、社会の価値創造ができる人材育成のために活用していただければ幸いである。

価値と規範が揺らぐグローバル空間にまで産業の市場原理が拡大しても、相変わらずそこには「人をもてなす」という人類普遍の行為がある。本書を通じて言いたいことは、異人歓待の本質が共同体間の関係を強化することであるならば、こんにちの企業による「もてなしの大量生産」の市場競争に勝ち続けても、それによって私たちの豊かな生活や社会が創られるというわけではないということだ。地球社会全体としての豊かさとなってゆくような価値共創のメカニズムは、貨幣経済だけでは説明しきれないのだ。

本書の出版においてはたいへん多くの方にお世話になった。一人ひとりを挙げることはとてもできないが、とりわけ以下の方たちにはお名前を記して深甚の謝意を表したい。

まず指導教官で中牧弘允国立民族学博物館名誉教授・総合研究大学院大学名誉教授、外弟子としてご指導いただいた日置弘一郎京都大学教授への感謝は言葉では言い表せない。二人が代表を務める国立民族学博物館経営人類学共同研究会のメンバー、特に三井泉日本大学教授、住原則也天理大学教授、鷲見淳明治大学講師、中畑充弘法政大学研究員には、私が文化人類学と経営学と現実の産業界の間で迷子になるたびに道を示していただいた。フィールドワークでは、企業内調査や資料提供に協力してくださった当事の上司や同僚、インタビューを快く引き受けてくれた客室乗務員の仲間たち、国外ではKatholische Universität Eichstätt-IngolstadtのProf. Dr. Bernd StaussとDr. Paul Mangの異文化間サービス経営論、Frankfurt UniversityのStefan Zeidenitz氏の日本人の企業内行動と異文化適応の考察には気づかされることが多かった。

経営人類学的視点でサービス産業の仕事を考察するという私の研究はまだスタート地点に立ったところだが、サービスの受け手と提供者の価値創造については、会社員時代から常に私の興味であった。従業員としての私は、経営利益を追求しようとする企業の側に立ち市場原理も理解するし、組織構成員としての労働の対価も求める。企業が設計したサービスをまじめに実践する。しかし感情のある顧客一人ひとりと対峙するとき、対人サービスの役割を担う客室乗務員の私は、相手がどのようにもてなされたいかを試行錯誤する。仕事の創意工夫が客の言葉や態度によってダイレクトに評価を受けるととてもうれしい。ただそれぞれの利害が常に調和するものではないという矛盾はつらい。その「つらさ」を乗り越えられるくらいに、対人サービスの仕事には楽しさがある。そのような視点は故梅棹忠夫初代国立民族学博物館館長からいただいた。梅棹先生は、人間の理想としての普遍的価値である真善美の次にくる価値は「悦」である、という前置きをして、「スポーツはしんどいだけなのにどうしてやるのかなあ。仕事もしんどいけど楽しいこともたくさんあるねえ」と、私に「仕事の悦」についての研究を続けるよう言われた。また学問などまったく知らない私の仕事のうんちくに対して、文化人類学への道を示してくださったのは故江淵一公放送大学教授である。お二人のご冥福をお祈りしたい。

そして最後に、いつも国内外を飛び回り、会社を辞め自宅を離れて研究に専念することに理解を示し、支援をしてくれる家族に感謝を伝えたい。いつもありがとう。

二〇一三年

八巻恵子

●目次

結論　

資料編

序論

第1節　研究の目的

1　問題提起

本論文は、日本に乗り入れをしている外資系の航空会社に、外国人枠で採用された日本人客室乗務員の仕事の参与観察を通じて、こんにちの企業のグローバル経営における客室乗務員の仕事の実践がどのようなものかを仕事のエスノグラフィとして詳細に記述し、脱工業化[1]が進むこんにちの産業社会において、「サービス」と呼ばれるもののやりとりの実態を越境的勤務者の立場から明らかにするものである。

本研究の主たるフィールドは、西ヨーロッパ大陸部の経済大国であるH国のナショナルフラッグ・キャリア[2]、H航空とその客室乗務員の職場である。航空会社とは、ある国家から別の国家への「空の移動」を提供する企業であり、一般的にはサービス産業と呼ばれる第三次産業に属している。航空会社の利用客は「空の移動」を市場で金銭と交換するが、移動は製造業から生産されるような商品とは異なり、手に取ったり目で見て善し悪しを確認することはできない。むしろ「どのような空の移動であったか」という評価の対象となる。「移動」という不可視な商品を利用者にとって価値あるサービス体験として実現するために、企業は組織的かつ戦略的なサービス設計を実行する。運輸業に求められる安全、信頼、快適というような、手にとって見ることのできない価値は、事故や故障のない定期運航や確実な業務、路線ネットワークの充実、ＩＴや航空アライアンスによる顧客管理やサービスの効率的一元化、座り心地のよい座席、食事やエンターテインメントの質といった形式化、あるいはメディアを使ったイメージという情報を通

H 航空の本拠地 H 空港
（出典：H 航空年次報告2007年）

じて、利用者に伝達されようとする。上顧客へのサービスの差別化はへビーユーザーを作る仕掛けとなっている。

グローバル市場において利用者のニーズは多様で、ある国では一般的に良いと評価されるサービスも、別の国では良くないと評価されることは数え切れない。個人的な主観によっても評価は異なる。単に移動目的で利用する客と、ファンとしてリピーターとなる客とでは要望もちがってくる。しかしながら「移動」は市場経済の中では貨幣価値と等価なものとして考慮されるという矛盾をはらんでいる。

一方、客室乗務員による機内サービスという古典的ともいえる形式をとっている。人と人との出会いとやりとりを通じて、客は自分が客として大切に扱われたという満足を経験し、その時間と体験に対して価値を見いだす。企業のサービスが人間の身体表象を通じて形式化されるのが対人サービスであり、いわばどんな人にどのようなサービスをしてもらったかによって企業のイメージが左右されると言っても過言ではない。従って企業はこの接点をきわめて重視している。

本研究はまさにこの「接点」に着目するものである。対人サービスは企業全体のサービスを構成する要素のひとつに過ぎないが、企業が人を通じて顧客と出会う唯一の場面でもある。そのシーンが客にとって価値あるものとなるよう演出するために、組織的なサービス設計がなされ、状況やストーリーが作り込まれる。客室乗務員は企業の共同体の一員として一定の役割の責任を担う。

客室乗務員の具体的な仕事は危機管理業務をも含めたサービスの人的提供であるが、その仕事は複数の国を往来する越境的な勤務体制が前提となり、職場の規範や仕事のやり方は単一的なローカル文化に根ざすものではない。品質管理が行き届いたサービス商品がグローバルに大量に展開するよう、対人サービスも一元的なプログラム化やマニュアル化が進み、マクドナルド化[3]（リッツア 二〇〇一）している。一方で、その具体的実践は多様化が奨励されている。国、民族、言語、宗教、年齢層や職業、移動目的等々が異なる多様な乗客が増加している。個々のニーズに応じた臨機応変なサービスの提供はますます重要となり、サービス現場では客室乗務員の柔軟な判断が尊重されている。この背景には航空会社自体もグローバル化を推進する主体であることが指摘されている。こんにち、客室乗務員が文化的に多様であることは、グローバル企業にとって強みとなる。多様な文化的背景を持つ顧客とのコミュニケーションが容易になり、より多くの顧客情報を得ることでリピーター獲得への優位性につながるからである。多くの航空会社は外国人従業員を広く受け入れ、出身国とは異なる国に配置したり、従業員の要望に応じて海外勤務に異動させることも積極的に行っている。

映画上映中満席の機内

国際線航空機は一時的な閉鎖環境をつくり、国家の管理や規範が揺らぐ密室の中で人びとは隔離状態にされる。政府や警察の力も及びにくい越境領域で、人びとが安心していられる空間の治安を管理するのも航空機乗務員の業務である。サービスは危機管理が前提であるため、乗客は機内の人びとと協調する行動を強いられ、空間の治安を乱さないという契約を前提に客となることが許される。万一規範を破り治安を乱す者が現れたときには、機長を頂点とする航空会社の従業員の権限においてその人物を取り締まり、ときには力ずくで身柄を拘束し、到着後に現地警察や国境警察に引き渡す。同様に、機内では訓練を積んだ乗務員の権限が最優先され、乗客はその指示に従って集団行動をとることが強制されている。つまり乗客は準備された安全な場所に招き入れられるのが大前提ではあっても、本質的には全員が機内という空間の規範を守る参加者として主体的な存在であることが要求されている。

乗客が危機管理に参加協力することが特に航空会社で強調されているのは、航空機はテロリストやハイジャッカーの目的達成のツールとして利用されやすいからである。広く知られているように、航空の歴史の中には悲惨で残酷な事件が数々の記録として残っている。越境領域では国家権力や武力に頼れない状況が起こりうる以上、企業が自衛策をとることは世界平和維持の積極的関与であり、この実行の主体となる航空機乗務員には自律的な判断による治安管理の権限を認め、高いスキルの実務が可能となる人材教育訓練を企業が積極的に実施することが、国連組織によって推奨されている。そして現実に緊急事態が起きたときには、多くの乗客が協力的な行動をとっていることも事実である。

このような特徴を持つ越境領域が、産業社会に取り込まれていった航空会社のサービス場面で、いったいどのようなやりとりがおきているのかを、越境的勤務体制をとる企業構成員の立場から明らかにするのが本論文の目的である。

本論文の主たるフィールドであるH航空では、日本に居住している者もH国で雇用契約を結び、雇用条件や労働規約、仕事そのものも日本の枠組みの外にある。職業生活は日常生活であるために、国際間移動をすることが日常である。地域生活と社会参加の距離が大きく開いている。

また現在は日本に乗り入れをしている航空会社の多くが、日本人客室乗務員を海外に配置している。しかし実際には月の何日かは自国で日常生活を過ごすために本人の感覚では海外居住者としての自覚が薄い。あるいはできる限り自国に戻るので出稼ぎ感覚で海外に仕事の拠点を持つだけで、現実には自国よりも長く海外居住をしているにもかかわらず、移民意識もなく、帰国の意志も強くなく、定住意識も薄い者が少なくない。

いずれの場合も日常的に自国と他国を行き来することから人間関係も同時に継続し、複数の場所での生活の営みが自分の日常の中に取り込まれる。国際線の客室乗務員には典型的感覚といって良いと思われるが、実際の距離とは関係なく外国や異文化が自分の一部のように身近なものとして認識され、また実際に頻繁に往来し、根無し草的感覚があって、国際間移動が疑いのない当たり前の日常となっている。これはグローバル企業の一員になることで実現した職業生活のひとつの有り様である。

自分を取り巻く環境や場面が頻繁に変わるという経験を通じて、文化的背景の変化の中で価値の揺らぎを意識しながらも、仕事をするという感覚や、それを取り巻く職場の人間関係、あるいは社会人としての自己認識が、自分らしさを少しずつ確立させてゆく。サービスは、実践することも受けることも文化的な行為であり、それぞれの国や民族でもてなしの実践は異なっている。だが、そのどれもが正解である。ただし、ある国では良いとされることが別の国では悪いということもある。サービスの儀式の細目や道具の扱い方の意味、あるいはタブーやエチケットが違う。差異を前提にしながらも、結局のところは客の主観で満足するかどうかがサービス評価に決定的であることはどこでも同じである。実際に異なる国々に行って異なる扱いを受けてみる体験をして、さまざまなサービスの実態に触れながら、機内という独自の文化空間のサービスの実践者として、その真善美を探り当てようとする。それは企業人としての役割や責任を越えたところにある真善美の追求でもある。

本論文は、以上のような観点から「サービス」をとらえるので、企業のトップ・マネジメントが考えるような、顧客獲得のためのさまざまな活動や戦略を統括する経営、あるいはそれを生み出すシステムとしての労働を議論するものではない。また「サービス」を通して各航空会社の背景にある国家や文化の比較をめざすものでもない。人類学はグローバル企業と外国人労働者をめぐる課題については、産業構造や権力構造における搾取の問題をこれまで多く取り上げてきたし、筆者のフィールドの中でも、ひとつの国家の枠組みを超えたところで生じる労働人権の問題や、企業内の労働闘争、あるいは雇用やキャリアをめぐるアイデンティティ、トランスジェンダー、トランスカルチャーなどについて、問題認識の高いインフォーマントがいたのも事実である。しかしながら、本研究では、労働環境よりもサービス活動そのものに着目し、企業活動に参加する個人の具体的な仕事の実践を明らかにしようと試みる。

本調査で取り上げるグローバル企業であるところの航空会社は、国際移動というサービスを創出する際に、競合他社との生き残りをかけた戦略のもと、サービスをシステマティックに設計する中で、古来より連綿と続く対人サービスを取り込み、人が人をもてなす行為から顧客価値[4]を創出しようと競い合っている。本研究は、その企業活動の構成員をインフォーマントとし、個人が生きる活動として日々繰り返す営みであるサービスの仕事に着目している。航空機内という多文化空間をフィールドとし、外国人として雇用されている日本人客室乗務員の目線で、接客業務や危機管理などの具体的な仕事を通じて航空機サービスの特質を明らかにしようとする。

本論文は二部構成をとり、Ⅰ部では仮説として一般モデルを提示し、Ⅱ部では具体的事例を取り上げて分析しながら、その仮説を検証してゆく。

2　サービスの再解釈

本論文が取り上げる「サービス」とは、航空機に乗務する客室乗務員の接客業務であり、それは航空会社が顧客に提供するサービス設計のごく一部分である。その実態は対人サービスであり、古来よりある「もてなし」の系譜に位置づけられる。

現代の「サービス」の定義については、特に二十世紀後半、ＩＴの発達で情報やメディアによる第三次産業が発達してからは、経済学や経営学でも議論が絶えない。製造業がサービス業化し、産業構造が世界的に変化している中で、これまでにはないサービスの実態が生まれ、定義も揺れ動いている。産業から説明するのか、企業活動として見るのか、あるいは人間行動の実態として見るのかによって異なる立場が存在することになる。ここでは日常的に使われる用語でもある「サービス」とはいったい何なのか、改めて考えてみたい。

最も広く活用され、かつ古典的な産業分類の方法である英国経済学者のコーリン・クラークの産業分類（クラーク一九四五）によると、サービス産業は第三次産業と呼ばれる。[5]クラークの時代の第三次産業とは、一次産業と二次産業に入らないその他すべての産業を包括する概念であった。

英語の service はラテン語の servitūs に由来し、奴隷の身分や状態、奉公、隷従、使用人など[6]を意味する。一般的には奉仕やもてなしなど接客応対の意味に使われるほか、勤務や任務、また公務員の仕事や官公庁などの行政、兵役や軍隊などの公務などの意味もある。個人の思いで相手に貢献することをサービスというが、同様の行為を産業界で金銭との交換で享受するのもサービスである。店舗や企業が提供するサービスはそれであるし、従業員は業務としてサービスを提供している。そのような活動を創出する企業や組織活動のしくみもサービスと呼ばれる。公的しくみである交通やライフライン、福祉の提供活動などは公共サービスと呼ばれ、この意味においては役人の仕事はサービス業である。教育や医療、コンサルティングやインターネットなどの情報提供もサービスとみなされている。

少しサービスの実態を拡大すると、セルフサービスという表現もある。自分に対して奉仕をするという直訳的意味ではなく、店舗や会社で提供されるサービスの一部を、接客スタッフの代わりに客自らが行動することで、その部分の人件費が差し引かれて価格に反映されるしくみである。高速道路のサービスエリアは休憩所のことで、コピーサービスはコピー機があるということを通じてコピーが取れる機会の提供サービスである。サービス・カウンターというと問い合わせに応じてくれる窓口、情報サービスは情報検索・配信や受信、あるいは人を介して情報を得ることである。代行サービスとは家事や介護や車の運転など、本来なら自分や家族でやるはずの作業や仕事を、賃金報酬と交換に引き受けてもらう仕事であり、いずれもなんらかの便宜を受けられることをサービスという表現を用いて表している。[7]

以上のような概念は、組織経営の研究から発達してきた。ビジネスとしてのサービスを、対人サービスと対事業所サービスに分けて考えるのは経営学では一般的である。宿泊・飲食・娯楽産業など、人の楽しみや快適さを提供する産業のことを特にホスピタリティ産業と呼んでいる。ホスピタリティはラテン語で hospitium であり、客を厚遇すること、丁重なこと、接待、宿舎、家などを意味している。ホスピタリティ産業は、顧客をゲストとしてホスピタリティともてなしの心を持って人的対応する産業と考えられている。他方、接客担当者の仕事のことをサービス業と呼んでいる。マーケティング・マネジメントの第一人者で一九六〇年代から数々の著書を執筆してきたフィリップ・コトラーが、ツーリズム・マネジメントやホスピタリティ・マネジメントに関する出版を立て続けに行ったのは一九九三年である。一九九〇年代の末には、パインとギルモアによる「経験経済（experience Economy）」という概念が提案された（パイン&ギルモア 二〇〇〇）。これは、単に商品やものに価値があるのではなく、それを手に入れることによって顧客が体験する情緒や感性に訴える経験そのものに価値があるという考え方である。最近では任天堂やトヨタといった日本の製造業が顧客の経験価値を重視する企業として知られるようになった。顧客が商品を通じて価値を経験することで、企業はより強いブランド価値を構築するというサービス戦略である。高級ブランド店はこの戦略に成功したために、消費者はエルメスやルイ・ヴィトンのバッグのブランドネームやロゴマークといった記号が内包する意味により価値をおき、それを身にまとう経験に価値を認め、大金を支払うこともいとわない。これはブランド神話作りの成功モデルである。

「経験価値マーケティング」とはこの概念をサービス業にあてはめたもので、その成功モデルとしてディズニーランドやスターバックスのサービス経営があげられている。これらはすべて二十世紀終盤に発達した新しい概念である。

経済学では、財とサービスを区別しているが、財は有形性・耐久性が特徴であり、一方のサービスは無形性・瞬時性を特質とするが、いずれも市場で金銭と交換するものとして論じられている。財もサービスも生産して消費するものにほかならない。経済学ではサービスの特徴として、①生産と消費を切り離せない（不可分性）[8]、②生産と同時に消費（同時性）、③品質が一定していない（不均質性）、④手に取ってみたり購入前に試すことができない（非有形性）、⑤在庫にできない（消滅性）などの点が広く一般的に理解されている。

生産と消費の概念をサービスに当てはめるのは経済学と経営学の枠組みであるが、その価値は財と同じく労働によって生産されるものとしている。それは十八世紀の英国における古典経済学者、アダム・スミスからマルクス経済学に受け継がれている、いわゆる「労働価値説（labor theory of value）」[9]にもとづいた主張である。労働が価値を生み、労働が商品の価値を決めるという思想にもとづき、資本主義の本質とみなされた。

経済学は、この世の限りある資源から価値を生産して分配することについて研究する学問であるが、アダム・スミスなどの古典派経済学は、十八世紀後半から十九世紀前半の英国における産業革命を反映した学説を展開し、貿易や交換の利得を強調して経済の成長や発展を説明しようとした。

アダム・スミスは、形の残らない物には価値がないと考えていたが、一九三六年のケインズの『雇用・利子および貨幣の一般理論（The General Theory of Employment, Interest, and Money）』の中でも、service という単語は三回出てくるだけで、こんにちのサービス業務や産業の意味には使われていない。

一九〇〇年代に入って経営学の祖であるテイラーの科学的管理法が生まれた（テイラー 一九五七）。経営学は組織生産の効率化のための管理と意思決定の理論である。サービスの生産管理は当然ながら製造業の品質管理の議論と共に発展してきた。そのような歴史からサービスが労働による生産物としてとらえられたのは自然な流れともいえる。顧客満足、サービス・マーケティング、サービス・マネジメントなど、サービスを独立した生産管理として考え始めたのは、一九七〇年代以降である。サービス接客業務は、肉体労働、頭脳労働に続く三種類目の「感情労働」であるという新たな概念を指摘したホックシールドも、労働価値説を前提に議論を展開している（Hochschild 一九八三）。

しかし考えてみれば、現在「サービス」と呼ばれているたぐいの仕事は、貨幣経済が成立するもっと以前から存在していた。例えば飲食店に類するものや、医療、教育、行政による公的サービス、さらには宗教も現在の分類では第三次産業に区分される。キリスト教のミサ、礼拝や宗教儀式も service である。これらの仕事のたぐいは世界中で普遍的にあったはずであるし、その時代には、貨幣価値には還元されない何らかの価値評価があったことは推測できる。

産業革命以降、一八四一年にトーマス・クックがパッケージ旅行を開発し（有山 二〇〇二）、観光業という新しいサービス産業は始まった。一九〇九年にはフェルディナンド・フォン・ツェッペリンが世界初の商業用旅客航空会社を創設した。一九四一年にクラークがサービス産業という分類をする以前から、サービス業務は産業として発展していた。いわば古来よりあったある種の仕事が工業化の時代に再解釈され、サービスとして再発見されたのである。

もう一度、クラークの分類方法を考え直してみる。第一次産業と第二次産業から生産される商品は、目で見て手にとって確認することができるものである。食べ物は、収穫してからどれくらい時間が経ったかという測定により新鮮さの評価が可能だし、栄養価やグラム数も計量可能で、生産コストも計算できる。工業製品も、原材料や技術開発、生産コストは測定することができる。市場に送り届けられて、数量あたりの価値を貨幣に還元して評価したり、比較をして、貨幣という普遍化された基準に価値還元したりすることで、市場での交換が可能となる。むしろそのシステムは大量生産と大量消費にはなじみがよく、製造業の発展による経済拡大に寄与した。

一方、本論文のフィールドであるH航空は、「空の移動」を商品として市場に提供するところのサービス産業である。産業は、第一次産業を補助する第二次産業として発達し、第三次産業も第二次産業を補助する仕事として発展してきた。運輸業は第一次と第二次産業の発展の上に成り立っている。航空機の技術や燃料の供給なくしては、運輸業は成り立たない。

移動の価値を測定するためには、物理的な移動距離を測定したり、必要な所要時間を算出したりして、それに対する運行コストを割り出すことは可能である。しかし空の移動の価値がそれだけで評価される訳ではない。こんにちの消費者は、「どのような移動か」という主観によって評価を決めようとする。例えば空のネットワークが拡大したこんにち、効率の良い移動や乗り継ぎアクセスの良さ、あるいは空港設備を含めた利便性は重要である。事故や事件のない安全な旅、機内で快適に過ごせる環境、換言すれば「付加価値」とも呼ばれるものが当然のように期待されている。しかもそれは乗客がどのような目的で移動をするかによって異なっている。

例えば頻繁に国際移動を繰り返しているビジネスマンにとっては、機内で集中して仕事をしたり、到着後の仕事に備えてよく眠ったりできる環境は重要であるし、仕事に必要な荷物が多くても、許容してもらえる条件はありがたいことだ。頻繁に乗っていればメニューや無料でもらえる配布物などはともかく、とにかく遅れずに到着すること、最短時間で目的地に着いて仕事に取りかかれることが最重要である。しかし休暇や国際観光が目的であれば、機内映画などのエンターテインメントの充実も期待したいし、機内食に何が出されたかとか、それがおいしく食べられたかとか、客室乗務員とのちょっとした会話も、場の雰囲気も、旅の思い出になるものだ。個人旅行であれば機内サービスは簡略化してもできるだけ安い運賃で移動したいという人も少なくない。航空機にはファーストクラス、ビジネスクラス、エコノミークラスなどのクラス分けがあり、運賃もサービスの内容も異なるが、どのクラスに乗るかによっても運賃に見合った期待がある。自分の言葉が通じないことに対して不安が強い人も少なくない。ワインが好きな人には搭載されるワインへの期待、食べ物の好き嫌いや、持病がある人はできるだけ身体に負担のない移動など、移動に対する期待は人によって異なる。また企業広告や実績による移動に対するイメージが先入観となり、他社の同じような商品と比較して、個人の価値評価に影響を与える。

このような「体験」は原則的に同じものがない。「一期一会」[10]と日本語で呼ぶものに当てはまるが、この思想は今でも接客業務の人材教育の中で使われている。

サービスは茶の湯や宗教的礼拝とよく似ている。財として残るものではないけれども、人と人とが心を通わす、そのこと自体が価値を持っている。サービスは儀式であり、そのプロセスを通じて価値を生む。サービスが労働を要求し、価値の対価が生まれる。サービスは一方的な搾取や非搾取ではない。

そのように考えれば、企業がサービスを提供することに対して、顧客の主観で異なる善し悪しが想定される交換関係を、貨幣市場の一元的な等価価値に変換することは妥当だろうか。

航空機の乗客は、その移動が金額に見合っているかどうかを知るために、移動距離や時間を測って価格との整合性を評価するのではない。価格そのものもサービスの一要因である。期待しただけの安全性や安心感、使ってみて便利かどうか、快適かどうか、楽しいか、おいしいか、清潔か、きれいか、大切に扱ってもらえたか、親切にしてもらえたか、というような、運や偶然に左右されつつも、五感を通じて満足度を測り、乗って良かったと感じられることを「ありがたい」と思えるかどうかが勝負の分れ目である。それが心の内面に生じる価値なのである。これは経営学でパインとギルモアが「経験経済」と呼んだ、商品やものそのものの価値というよりも、それを通じて個人の情緒に訴える経験に価値があるという概念に通じるものである。

ところで、このような経験から生まれる価値の評価の方法は、貨幣市場以前の交換と似ている。貨幣による等価価値の交換ではなく、互いに価値を認めるからこそ交換が成り立つという評価方法である。

梅棹忠夫は、宗教家や芸術家の作品、あるいは出演料、原稿料などは、原価計算が成立しないと述べ、これらの「情報」の価格決定は「お布施の原理」にもとづくと主張している。お布施は、僧侶があげるお経の長さや木魚をたたく労働量では決まらないし、お経をあげてもらうというありがたさはビットなどで測定ができない。お布施の金額の決定要因は、僧侶の格と檀家の格との社会的地位によって決まり、高名な僧侶にお経を上げてもらうことは大変にありがたいこととして、それなりの金額を考えるし、また格式のある檀家であれば世間からケチと言われない程度の金額を考える。需要と供給の二者の社会的な経済的格づけの交点で価格が決まる（梅棹　二〇〇八：六〇）。このように、社会的に決められてゆく価値を、工場生産物と同じように商品と見立てて、大量生産と大量消費を前提にした貨幣市場の等価価値の原理に無理矢理当てはめることは、所詮、「疑似商品」であると梅棹は述べている（梅棹　二〇〇八：四七―四八）。

クラークの産業分類でいうところの第三次産業の多様化は、梅棹が情報産業（梅棹　二〇〇八：三九―七〇）と呼ぶ「何らかの情報を組織的に提供する産業」や、ダニエル・ベルが脱工業化社会（post-industrial society）と命名した社会に顕著な現象である。脱工業化社会では、工業化を経た産業社会がさらに発達することにより、経済活動の重心は財の生産からサービスへと移行する（ベル　一九七五）。こんにち、それは現実となり、二十一世紀は世界的傾向として産業構造に第三次産業の占める割合が高まっている。

コンピュータや携帯電話、インターネットが一般家庭にまで広く普及し、情報関連産業の発達と共に大量の情報が流通する社会が情報社会と呼ばれるようになり、サービス工学、あるいはサービス・サイエンスなどが消費者の価値を模索するようになった。グローバル化が進み、市場が拡大すると、消費者の「文化差」も考慮して商品に特徴づけがなされるようになった。一方で、「サービスはモノを提供する手段である」という考え方も広がり、物財ではないものからサービスや価値をどのように創出するかが模索されている。デザインやソフト・コンテンツ、例えばゲームソフトや同人誌のような二次創作物などをいかに価値評価するか、あるいは商品から経験する価値をどうやって創るかということに焦点が当てられるようになってきた。

このような市場の変化を受け、ヴァーゴとラッシュは、「サービスという顧客経験の価値は、企業と顧客と共に創る共創（co-creation of value）である」という「サービス・ドミナント・ロジック」の概念を提案した（Vargo & Lusch 二〇〇四：一）。

製造業では、企業が商品を製造することを通じて顧客価値を提供してきたが、モノがあふれてコモディティ化[11]しているこんにち、一人ひとりの消費者のニーズに対応した商品を作り出そうと、調査方法に文化人類学のフィールドワークの方法を取り入れる手法が開発されたり、企業と顧客との結びつきの関係から、企業を接点として顧客同士のネットワークを構築し、囲い込んだ顧客グループの中で情報交換するしくみに企業が積極的に関与し、既存の商品の改善点を発見したり、顧客と共に新商品を開発したりするなどの試みが行われている。

以上、「サービスとは何か」を定義するために、サービスが産業界でどのように扱われてきたのかを概略してみた。さらに日本語では、「サービスをする」というと、「おまけをする」という意味も含まれてくる。タイムサービスというと特価販売の時間のことであるし、サービス残業というと事実上無報酬による超過勤務で、おまけをするというよりも滅私奉公の意味になる。家庭サービスというと、普段忙しくて家族との交流が十分に持てていないという自覚のある人が、家族のためだけに身体を空けて時間を作る努力をしましたという意味を含んで用いられている。

本論文が明らかにする航空機をめぐるサービスには、概念が異なるサービスの受け手と供給者が大勢登場する。客室乗務員のサービス業務は、企業がサービスのグローバル展開をするためにモデル化し、それをシステムとして体系化、標準化した、いわば大量生産用のサービス設計にもとづき、ストーリーや儀式の手順が決められている。その実践が可能となるような教育訓練もなされている。しかしながら対人サービスの仕事の本質は、実際のサービス創出場面における個別の顧客のニーズとの調整機能にあるといっても過言ではない。

このように見てくると、サービス産業やサービスをめぐる仕事、そこから生まれるモノは、労働価値説を基盤とする生産と消費の概念に合わせることのほうが難しい。梅棹が「疑似商品」と呼んだように、第二次産業の枠組みを引きずった概念でしかないと言わざるを得ない。

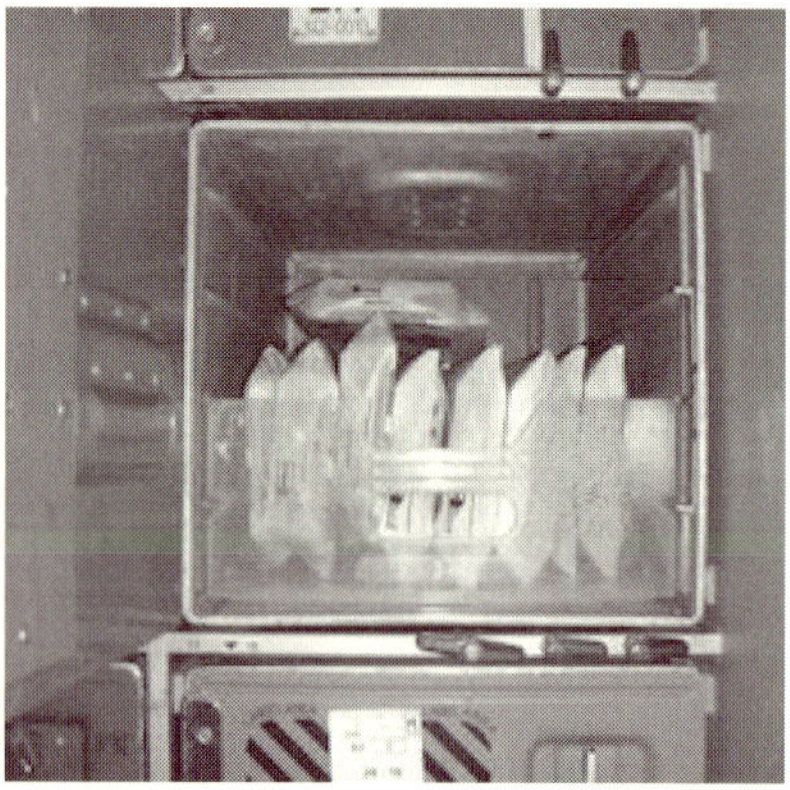

ギャレー内コンテナに回収されたごみ。少しでもスペースを確保するため収納に工夫

ところで、梅棹は著書の中でサービスについての議論をしたわけではなく、「情報産業はサービス産業」と述べるにとどまっている。しかしのちに「情報産業論再説」の中で、情報産業の定義を、「言語活動・言語的シンボル・イメージ情報・イメージシンボルを使う情報を製作・処理・売買することによって経済活動をおこなう産業のすべて」と改めている（梅棹　二〇〇八：一二二―一二三）。

梅棹の議論は情報のみにとどまるのではなく、精神の産業化が進行する「精神産業の時代」の訪れを予察したものである。人類の産業の展開史として、農業の時代、工業の時代、精神産業の時代という三段階を経て進むという推察を、動物発生学の概念を転用し、「内胚葉産業」、「中胚葉産業」、「外胚葉産業」と名付けた(12)（梅棹　二〇〇八：七三―七四）。近代経済学やマルクス経済学は、工業の急激な勃興時代に形成された。その時代背景と環境を考察すれば、筋肉を使った人間の労働の拡充を産業についての説明原理としたことは、人類史学的に意味が通ることである。

二十一世紀になって脱工業化が進みつつある現在、梅棹のいう外胚葉産業時代は、人間の精神や感覚が充実する時代であり、新しい産業の説明原理を要求している。第三次産業であるサービス産業が発展することによって、人類社会はこれまでとは違う意味においていかに豊かさを享受するかが課題となる。

本論文が明らかにしようとすることは、梅棹が一九六〇年代に誰よりも早く予測した時代の、ある部分を切り取って説明しようというものである。航空機は最軽量で飛ぼうとして全重量を計算し、必要最低限の物資のみ搭載して飛行するために、機内には限られた物資しかない。特に長距離便で満席ともなれば、座席の希望も荷物を入れる場所も食事のチョイスも全員が満足するようには行き渡らない。飲み物の種類や希望する買い物の商品も品切れしたり、トイレットペーパーのような生活必需品まで足りなくなったり、出されたごみの置き場に困り果てるということもしばしば起こる。到着が遅れたら乗り継ぎ便がない。このように機内では、物理的に「ない」という状態が頻繁に起きる。普段の生活ならば、客は欲しいものがなければ他の店を利用するなど主体的な行動を起こすことができるが、飛んでいる飛行機の上ではそれができない。店ならば商品のストックから補充をしたり、代替品のバラエティを用意して提供することもできる。しかし機上では搭載品がすべての物資である。あるものを組み合わせて可能なサービスを生み出さなくてはならないことが前提である。その状況は変えられないことを承知の上で、客室乗務員は客の要望に「ない」と答えて放置するのではなく、やりとりを継続させて本意を聞き出し、代替可能な案を提示することによって乗客の満足感を創り出そうとする。客は非日常的な肯定的体験を望んでいるにもかかわらず、自分が欲しいものが的確に要求できるという訳では必ずしもなく、やりとりを通じて自らの要求に気づかされることが多いからである。

異文化接触の場面では、言語の違いや、サービス規範のずれがコミュニケーションの妨げになることがある。小さな行き違いが大きな苦情へと発展することもある。しかし実際のサービス場面では、情報交換がうまくいけば代替案で満足が可能なことがほとんどだ。こういった現象について、多くの客室乗務員は、「サービスの仕事には正解がない」と語る。つまりサービスの受け手が納得すれば、そこにこそ価値があるという。このような事例をひとつ取り上げても、サービスは工場労働から生み出される生産物のように一律の量や品質を一方的に供給する価値ではないことがわかるだろう。サービスとは、実際には、需要者と供給者との相互のやりとりによって情報を交換し、プロセスを通じて共創として生み出される価値なのである。

サービスは金銭を支払って満足を買うという原理にもとづいて創造されるのではない。等価交換される価値ではなく、お布施のように社会的な関係の中で構築される価値にほかならず、公平性や倫理観、美学といったものが互いに必要である。共創には、企業の情報開示はもとより、どのようなサービス規範のある場なのかを理解することができる「サービス・リテラシー」が、サービスの受け手にも要求される。サービス価値は、情報交換と五感を通じて顧客の内面に共に創り出されてゆく。これが、新しい時代に創られるサービスのひとつのありかたと想定することができる。

以上のような仮説をもとに、本論文では梅棹の情報論と情報産業論の中にサービスそのものを含めて考え、サービスを「情報」と定義しなおして議論を進めることにしたい。

3　情報価値説とサービス価値説

こんにち、消費者の価値は多様化し、その結果、サービスは二極化している。例えばファーストクラスはますます高級化し、上顧客への特別サービスのシステムは発展し続けている。その一方、エコノミークラスは大衆化し、付加価値を削除した安い移動を提供するローコスト・エアラインも人気がある。米軍のコンピュータシステムから発達したＣＲＳ（Computer Reservation System）と呼ばれるホテルや航空のコンピュータ予約システムは、今やインターネットができる人なら誰でもウェブ上でアクセスが可能で、値段とサービスの内容を比較して、納得ができるものを選択することも可能である。そのような「選択の機会」の提供もサービスそのものである。一方、企業はニーズの異なるすべての客にあらゆるサービスを提供することは難しいために、自らのターゲット顧客層を明確にし、サービスの内容をわかりやすく提示することで他社との差異を明確にし、自社の商品を気に入って主体的に選ぶ消費者がリピーターとなってくれるように努め、長期的に相思相愛の関係を構築しようとする。その結果、客にとっては市場で選択肢が増えていて、全体としてのサービスはより豊かになっている。より多くの情報を集められる人、自らの要求がはっきりして迷いの少ない人はサービス・リテラシーが高いとも言い換えられる。積極的に要求し、主体的に選択する人ほど欲しいサービスが得られることになる。これが情報社会のひとつの特徴である。

サービスと呼ばれているものの再解釈を試みる方法のひとつに、経済人類学を提唱したカール・ポランニーの研究をあげることができる。ポランニーが「社会関係の中に埋め込まれた経済」という着想を得たのは、英国の機能主義人類学者、マリノフスキーの長期にわたるフィールドワークによって得られたトロブリアンド島のクラ交換の事例や、フランスの宗教社会学・民族学者モースの北米太平洋岸北西部における先住民族のポトラッチの儀式などの研究によるものである。長い歴史の中では、財は個々に生産して貯蔵するのではなく、必要最小限のものは手に入るような再分配のしくみになっていた。経済は社会の中の人間関係や信頼関係に依存した結果、交換という行為を通じて十分に豊かに生きていくことができた（ポランニー　一九七五：五七）。しかし社会関係が経済関係によって規定されるようになった十八世紀以降の近代社会学の枠組みは、人類の歴史にとっては非常に特殊なものだという。貨幣は意味論上のシステムとして交換に使われているが、言語や文字や度量衡と同様、ひとつのシンボル体系でしかなく、ほかのものでも機能すると述べている（ポランニー　二〇〇三：八一）。

フランスの思想家のボードリヤールも、ポランニーと同様に、「未開社会」の贈与と象徴交換の経済を取り上げ、社会関係の透明さと相互扶助による交換関係が社会の富を増加させ、そこにこそ真の豊かさがあるという。一方で現代社会には豊かさの記号しかない、「他者との差異を示すための記号としてのモノ」を手に入れることが無限の欲求となっているという（ボードリヤール　一九七五）。両者とも、現在の経済交換のしくみが記号化・シンボル化していると指摘する一方、豊かさや富は貨幣経済の以前の社会関係のなかにも、別の形として存在したことを指摘している。

経済交換の議論については、メアリー・ダグラスが、個人的なサービスと職業的なサービスを区別している。ただしダグラスは個人的なサービスにまつわる財の消費と、他の人びととの関係を結ぶための社会システムとして議論し、職業的サービスについては「金で代価が支払われ、商取引に分類される」と述べるにとどまっている（ダグラス　一九八四：一一三）。

梅棹は、第三次産業の経済的交換については、価値を計るためには新しい原理モデルが必要だと指摘している。例えば、情報は送り手から受け手へ流されるコミュニケーションにとどまらず、すべての存在自体が情報だと言う。自然、社会も情報だが情報の送り手ではなくただそこにあるだけで、情報を情報と受け止めて解読をし、意味を取り出すことができるのは、情報の受け手が感覚器官を動員し、脳神経系を働かせて情報をとらえることにかかっており、そこに価値を認めるかどうかは受け手側の判断であると論じている（梅棹　一九八八）。

梅棹の主張を引用すれば、サービスの提供側と受け手側が同じ規範に則ってそのサービス内容を理解するかどうかはサービスに対する顧客評価に重要な影響をあたえている。「サービス・リテラシー」を保持していなければ、高度なサービス設計を行ってもそれを感じ取ることができないために、顧客体験としては適正なサービスを受けることができないということになる。サービス提供側と受け手にのぞましい関係が成り立ったときにはじめてサービスの有効性は認識されるが、互いの価値観がずれると適正サービスは得られない。「労働価値説」にならっていうとすれば、脱工業化とサービス産業の時代は、「情報価値説」ないし「サービス価値説」が原理となり、情報やサービスが経済を引っ張ってゆくと考えられる。そうなると、貨幣価値によって市場取引が行われるという従来の経済構造は変化してゆかざるをえない。その現象のひとつが、プロシューマー型開発[13]や、秋葉原文化をリードする「同人」と呼ばれるような、趣味を中心に集まる人々の活動だとも考えられる。彼らは経済活動のために集まるのではなく、自分が好きなことや欲しいもの、自分の問題解決や自己表現の目的で企画や創作をし、同じような価値観を持つ人びと同士が集まって情報発信し、互いの価値を認めた商品を交換したり、自主的な生産と消費を行っている。その結果、こんにちの経済をそれなりに動かしている[14]。

このような活動モデルにおいては、サービスの提供者とサービスの受け手は互いのリテラシーをわきまえることが基本的に重要である。規範をふまえた者同士が高次のサービスを提供できるし、また享受できる。

「もてなし」という日本語が日本独特の実践を示すように、客を迎えて面倒をみたり、喜ばせる行為は文化的実践である。「もてなし」の直訳は、英語で hospitality や entertainment、ドイツ語では Gastfreundschaft、中国語では招待費などとなるが、現実にはその心のありかたも表現の仕方も文化によって異なっている。

対人サービスは言ってみれば即興劇のようなもので、そのストーリー構成や演じるキャラクターはおおむね決まっていても、本質的に予測不能な事態が起こりえる。対人サービスは、客が抱える大小の問題を解決していくプロセスであり、接客担当者は状況に応じて即興で会話や動作を創り出す。その結果、客はサービスを経験する。客が期待するフィナーレは満足や感動という「顧客価値」の経験であるが、その具体的内容は、企業の設計したサービス商品に関連する大小の個別の要求である。しかし実際の客は自分が何をしてもらいたいのかを常に的確な言葉で伝えられる訳ではなく、何をしてもらいたいのかさえわからないことが多い。客のサービス欲求は、客とサービス提供者とのやりとりを通じて明らかにされていくことはよくあることで、即興劇の進行にたとえることができる。何をすればサービスの実現となるのかを見つけ出すためには互いの創造性が不可欠である。それがサービス・リテラシーを支える。

対人サービスにおいて、客室乗務員は客の個別の要求を察して対応するためには、客と積極的にかかわろうとする努力が常に求められ、通り一遍ではない独創性や、ときに芸術性にまで高めようとする高い理想と目標を持って場のイニシアティブを取ろうとする。一人ひとりの客は意思表示の仕方が異なるために、どのような客かを把握するまでは積極的に情報収集を行うのである。その方法の習得にはある程度の訓練がなされてはいても、誰でもが上手にできるものではない。

一方の客は、購入したサービス商品がどのようなものかについての情報を貪欲に求め、それを消費することで何を体験したいのかという要求をもっている。それをよくわかっている人は高いサービス・リテラシーを持っていると言える。このようなサービス提供者とサービスの受け手が積極的にかかわり合ったときに、サービスを消費することに経験価値をともなう。これは共に価値を創り出す共創（co-creation/ co-creativity）の活動である。

例えば、「茶の湯の亭主は創意工夫をこらして客をもてなすが、実はそのことを一番楽しんでいるのは亭主である」と、茶人でもある日本文化史学の熊倉功夫はいう[15]。亭主は、招いた客のことを考えながら、何日も前から料理を準備したり季節の花を飾ったりする。一方、客は亭主の創意工夫のあるもてなし、あるいは準備された道具やしつらえの意味に気づくことがエチケットである。そこにもてなしの美学がある。客が趣向を読み取ることによって茶事を盛り上げ、亭主への感謝の意を表す。亭主の心入れに理解のない鈍感な客は「客ぶりが悪い」と嫌われる（千葉　二〇〇七：二二五）。場の規範を共有し、互いのサービス・リテラシーがあってこそ、非日常的空間が生み出され、一期一会の体験を豊かに味わうことができる。

客室乗務員の対人サービスは茶の湯の構造に通じるところがある。場と空間と時間を価値あるものとして共創しようとすることが、その日の客にとっての価値につながっているからである。茶人の楽しみ同様に、サービスの提供者は客の経験価値を創り出すことに主体的な態度を示し、場のイニシァティブを取り、客を満足させることに楽しみを見出す。茶の湯との違いは、客とのかかわり方が即興劇のように、キャラクターやストーリーがあったとしても、型どおりではない予測不可能なものとしてかかわってゆくプロセスにある。瞬時に判断して実行に移すという即興は、能力も知識も訓練も必要だし、稽古と経験の積み重ねによって上達してゆくものでもあり、そこには限界はない。ベテランでも気を抜くと失敗する。相互作用で共創するものであるからこそ、片方のみが優れていても情報はわかりあえない。互いにサービス・リテラシーが高ければ、高次のサービスであるところの芸術性や創造性も理解することができる。茶の湯でいうところの「趣向」である。茶人の熊倉は、「茶の湯とは時間の経過。一瞬で消えゆくもの、残されるものは良い時間を過ごしたという記憶である」とインタビューに答えている（千葉　二〇〇七：四四）。サービスも視線やものごしなどのパフォーマンスが複雑に関与して、互いの感じ方が理解できるような緊張感の中で、経験価値を認めた客が満足感を味わう。このように、創造と規範を理解できる能力があってこそ、体験の価値が生み出されるのである。サービスの受け手はありがたいという気持ちになり、サービスを受けてよかったと思い、サービス提供者は仕事のやりがいや充実感を感じることができる。

サービスは一方的に提供するものだけでなく、共に創るものもある。そのためには提供者側に稽古と修業が必要である。また客にはありがたいと思うリテラシーが要求される。だが、リテラシーは教育されなければ身につかない。またリテラシーを創り上げるにも稽古が必要である。このような相互の関係のなかで創られるサービスの価値は、経済には還元されない豊かさとなる。貨幣との等価交換ではなく、先述の贈与交換や相互扶助のような互酬性の原理のようなものによって実現可能になると考えられる。それが本論文の大きな課題のひとつである。

形には残らないけれども心に残る満足感が価値となる最も発展した形のサービスとして、例えば観光、健康や癒しビジネス、家事代行サービス、貸し農園など、快適な暮らしや精神的なゆとりを感じられるようなサービスモデルが成長をとげている。また先述の、格安航空券を販売するローコスト・エアラインも、付加価値はいらないので移動だけが欲しい、その分を安くしてくれるとありがたいと思う消費者の要求に応えることで、酒も食事もつかないフライトで客の要求に応じている。格安という共通のサービス・リテラシーを持つことで顧客価値を生み出しているのである。共に創るサービスのためのサービス提供者の情報発信の稽古と修業は、本研究の客室乗務員のモデルが接客提供者のものとしてはひとつの典型事例となるであろう。

第2節　先行研究

1　仕事の人類学

仕事の人類学は、特にアメリカで積極的に行われてきた。アメリカ最大の文化人類学研究機関、アメリカ人類学会（The American Anthropological Association）の下部組織に、Society for the Anthropology of Work（SAW）が、一九八〇年に発足した。Anthropology of Work Review には、働き方、アイデンティティ、失業、人員削減、外国人労働者の問題、ジェンダー、フェアトレードの実態などをめぐる、主として労働、あるいは労働社会の問題を取り扱った文化人類学的研究が掲載されている。

十時巌周は、産業分野に人類学が応用されていることを初めて記したのは一九四九年のクライド・クラックホーンの出版、Mirror for Man（邦題『人間の鏡』）であると述べている（十時　一九六五：五一一〇八）。仕事や職場の人類学的応用の歴史は比較的長く、経営学の人間関係論の創始者として位置づけられているエルトン・メイヨーらのホーソン実験(16)（一九二四〜一九三二）にさかのぼる。途中から実験に参加した文化人類学者のロイド・ウォーナーは、工場を孤立した小社会として見立てて労働者の情緒的側面と生産性との関係を考察し、職場の規範や非公式集団の仲間意識が仕事効率に影響を及ぼしていることを明らかにした。この実験はそれまで主流だったテイラーの科学的管理法の人間観をくつがえすことになり、人間関係論へと発展してゆく。これに関するメイヨーの報告（Mayo　一九三三）は、日置弘一郎が指摘するように、民族誌にも似た体裁をとっている（日置　二〇〇〇：一六四—一六五）。

一九五〇年代には、産業と人間に関する人類学的な研究報告が増加している。アメリカの応用人類学協会の機関誌

Human Organizationを概観すると、特に企業内の仕事の教育や訓練、チームワーク、リーダーシップ、態度などといった組織内の人間関係、とりわけインフォーマルな人間関係についての人類学的調査にもとづく研究報告が多くみられる。文化人類学者による学問研究もあれば、企業が生産性の向上をめざして文化人類学者との協働を図った研究もある。日本的経営研究の第一人者であるジェームズ・アベグレンも、文化人類学的な訓練を受けてフィールドワークを行い（前川他　二〇〇九）、その成果として、戦後の日本企業の成功の源泉が終身雇用、年功序列、企業内組合の三つにあるということを突き止めた。しかし産業の生態学的研究を進めている森田敦郎によれば、一九五〇年～一九六〇年代の文化人類学者による産業労働に関する研究は、ホーソン実験などの工場内相互作用研究とは結びついていなかったという。産業化研究初期は、伝統社会に産業化がもたらしたインパクト研究が中心であった。その後、一九七〇年代のマルクス主義人類学者による文化人類学的研究は、資本主義下の搾取と紛争、社会・経済的な不平等、産業下の文化や人びととの意識の変容に注目した研究が行われていた。一九八〇年代の文化批判研究は、マルクス主義の影響がポストモダニズムや解釈人類学に結びついた潮流で、資本主義制度を相対化するために低開発経験に注目する傾向があり、「伝統的村落コミュニティの世界観」対「資本主義的関係」の二項対立式支配と抵抗に焦点があてられていたとする（森田　二〇〇三）。

一方、応用人類的アプローチとして一九七〇年代以降も組織文化の研究は活発であった。一九八〇年代のホフステッドの世界五十カ国と三地域に及ぶフィールドワークにおけるＩＢＭの社員七万人の価値観と文化の研究は、企業のグローバル化をめぐる初期の代表的な調査報告である（Hofstede　一九九一）。異なる文化価値を保持する社会への技術移転や、そこでの顧客のニーズの把握とサービスやプロモーションの展開、あるいは社内においてキャリア・マネジメントをめぐって異文化を背景とする価値観を把握して人材育成を考えるといった、文化人類学的な取り組みを必要とする状況に企業が直面する。そして、その要請にこたえる形で人類学を実践していく、いわゆる応用人類学の取り組みが広まるようになる。

日本の近代化と高度経済成長の原動力であった産業労働や企業組織についての興味は、経済学者や経営学者以外にも、トーマス・ローレン（Rohlen　一九六九、一九七〇a、一九七〇b、一九七一a、一九七一b、一九七二）、ロドニー・クラーク（クラーク　一九八一）、ロナルド・ドーア（ドーア　一九九三）ジェニー・ロー（Lo　一九九〇）など、外国人の文化人類学あるいは応用人類学的アプローチによって、比較的早いうちからフィールドワークによる研究成果報告が出されている。日本人研究者によってなされなかった理由は、その報告等の公刊が基本的に著者の本拠地で行われ、公開に付随する問題が比較的回避できることがあったことが理由の一つだったと文化人類学者の中畑充弘は指摘している（中畑　二〇〇七：四七）。

産業労働の研究方法について、同じく文化人類学者の鷲見淳は、（A）コンセンサス・アプローチと、（B）コンフリクト・アプローチという方法論の違いを説明している（鷲見　二〇〇七）。企業というフィールドに調査に入り、企業文化、会社文化、経営文化（corporate culture, organizational culture, management culture）をとらえようとする場合には、価値観、慣行、慣習など構成メンバー間で共有されたものを見ようとしており、組織共同体の中にある継続性・持続性のある文化や規範の考察を試みる。この文化に対して共同体構成員個人は受動的である。一方、仕事場の文化、あるいは職場の文化（Culture of the Workplace, Work Culture）をとらえようとするときには、インフォーマントの観る文化と人類学者の言う文化とのギャップがあると言う。「会社の文化」とは、職場環境、職場あるいは会社の風土などの意味が混在している。インフォーマントが生きる世界観を明らかにしようとする際には、文化の翻訳の必要性がある。そこで鷲見は、個々の共同体構成員を（A）の「文化」に対処する、あるいは対抗する、さらにそれを操作する積極的な行動主体（Active Agent）として観るプロセス的な存在としてとらえるための文化の見方を（B）のコンフリクト・アプローチとして提案している。

2　経営人類学

日本における仕事の人類学的研究は、一九九三年にはじまる国立民族学博物館の共同研究、「会社とサラリーマンの文化人類学的研究」において中牧弘允と日置弘一郎らが提唱した経営人類学がひとつの流れをつくっている。これに関する最初の出版物である『経営人類学ことはじめ』における経営人類学の定義は、「人類が営む組織の経営的側面を広く文化的価値観に照らして理解する視座」（中牧・日置　一九九七）である。鷲見によれば、コンセンサス・アプローチとコンフリクト・アプローチは経営人類学的研究の枠組みの中の二つの方法的な違いでしかない。本研究にあたって特に拠り所としたのは、この意味においての経営人類学の枠組みであり、こんにちの産業社会の常民[17]であるところの会社員の日常生活の詳細な民族誌が志向されている。

「サラリーマン＝常民」論は、『経営人類学ことはじめ』のなかで中牧によって提唱されている。多くの人々が会社という組織共同体の一員として集団活動に参加することにより、社会の中で自らの生きる場や役割を得ることができ、集団の中で生かされる。近代化と共に都市機能や交通が発達し、人びとの日常的活動の場は広がって、生活の場と生産の場が距離的にも機能的にも分離した。その結果、人びとはさまざまな結社の縁の中で活動する機会を多く持つようになった。

このような結社の縁のことを米山俊直は、「社縁[18]（sodality/ associational relationship）」の一例と考え、血縁や地縁といった人間関係に必要不可欠な集団結社の三つめの縁としている（米山　一九六六他）。現代社会のサラリーマンにとって会社で仕事をする時間は、人生の中で最も多く割く時間であると言っても過言ではなく、共同体内で経験する出来事や協働を通じた人間関係は、個人の人生や価値観に大きな影響を及ぼすものである。

『文化人類学事典』によると「社縁」とは、結社縁と会社縁に分けられる。前者の結社縁は米山の指摘する本来の「社縁」であり、近代ヨーロッパではゲゼルシャフトとかアソシエーションという概念が提出されている。後者の会社縁は会社の縁であり、会社の年中行事、通過儀礼、神話などにその特質があらわれている。ジャーナリスティックな意味においては、日本では社縁といえばもっぱら「会社の縁」という意味で使われることが多い（中牧　二〇〇八）。

この社縁の概念は、ハーバート・アップルバウムと通じる。アップルバウムは労働が他者を頼らなければ実践できないことや、労働の成果を交換する必要があるという事実から、仕事の人類学的研究の共同体研究の側面を指摘する。人は共同体の維持と存続にかかわる貢献を請け負ったとたんに社会的義務を負うことになる。仕事の理念や社会的価値観に根ざす観念は社会的環境を構成する要素であり、仕事が文化的側面を持つ以上、それは同時に共同体的側面を持たざるを得ないと論じている（Applebaum 一九八四：二一〇―二一一）。したがって仕事の人類学的研究は、従業員の日常の実務の有り様や、その職場の規範だけを考察しただけでは、その仕事の特質や従業員の行動の意味を十分に把握したとは言えない。会社の職場を調査対象としながらも、企業組織の全体像、取引先や関連企業、社会、経済、市場、産業、政策などとの結びつきを考察する手法として、経営の合理性や組織の論理と意思決定を説明できる経営学の視座を持つ経営人類学のアプローチは有効であると考える。

本論文は客室乗務員の仕事の参与観察を通じた社縁のグローバル化についての研究と言い換えることもできる。本研究の「越境的な勤務体制」というポジションから見た仕事の世界観がどのようなものなのかは、庄司博史が継続的に取り組んでいるトランスボーダーの人類学の視座と共通するところがある。トランスボーダーの人類学とは、人、情報、物の自由な移動がかつてのスケールを凌駕しつつ、既存の国家の境界や諸制度の拘束を超越する勢いで進行しているグローバル時代のさまざまな越境現象と、特に近代国民国家と依存関係にある秩序や法制度、それによってもたらされる人びとの境界意識の再編成の動きを追うものである（庄司 二〇〇九：一）。庄司の研究は、制度、規範、概念などがトランスナショナル化し、トランスカルチャー化する「越える」ことに着目している。これはハーヴェイが指摘する「時間と距離の圧縮」の現象の中で見られる「グローバル時代の文化フローの五つの次元（Appadurai 一九九〇）」[19]についての研究とも言える。筆者が参与観察した日本人客室乗務員は、物理的には日本在住者と海外勤務者がいるが、社縁のグローバル化によって日常が常にトランスナショナルなプロセスにおかれている。本論文は、機内文化とも呼べるような独自に生成する文化の中で、国家、民族、言語、ジェンダー、労働にまつわる法律、仕事や職場をとりまく規範などのあらゆる差異を越えて働くということについて明らかにしようとするものであり、グローバル企業にまつわる仕事のトランスボーダー現象に着目したと言い換えることもできる。

近年の経営人類学のコンフリクト・アプローチは、グローバル化を背景にしたトランスボーダーの人類学的研究の要素が多分にある。仕事の参与観察やフィールドワークによる研究報告としては、ニューヨークの日系企業の調査か

ある国際空港のオフィスフロアの廊下

ら日米のサラリーマン行動比較をした住原則也の報告（住原　一九九七）、香港の日系企業の日本人ＯＬたちの仕事文化の報告をした王向華（王　一九九七）、日本の中小企業の工場で働く職場のジェンダー研究を報告したジェームス・ロバーソン（Roberson　一九九八）、タイの日系企業の参与観察の報告を行った平井京之介（平井　一九九五、一九九六、一九九八）、在米日本企業の複数の職場のフィールドワークから、組織構造におけるコンフリクトと権力について報告した鷲見淳（Sumi　一九九八）、タイのゴーゴーバーで働く女性をめぐる人間関係をツーリズムや経済の側面から報告を行った市野沢潤平（市野沢　二〇〇四）など、一九九〇年代から日本語による報告が増えてきている。

とりわけ注目すべきなのは、調査目的で参与観察をしたのではなく、元々その企業の社員として実際に働くなかで個人的な興味を見つけ、そのテーマを持って研究者になり、その立場を企業や職場の人びとに理解してもらった上で、組織構成員の立場から参与観察を行ったエスノグラフィが出てきていることである。ブライアン・モーランはかつて広告代理店で働き、日本での広告作成のプロセスの背後にある組織、市場、クライアント、業界の人間関係の構造とその規範を明らかにして報告した（Moeran　一九九六、二〇〇三、二〇〇五）。また中畑は会社に勤務しながら労働組合を通じて調査を行い、グローバル・ビジネスにおける従業員活動が持つ社縁のダイナミズムをエスノグラフィとして記述した（中畑　二〇〇七）。本研究もインサイダーとしての報告となるが、企業という文化の中からその文化を語るという機会の少なさや、長期的な意識的・無意識的な参与観察にもとづく報告は、貴重かつ意義あることと考えている。

3　ビジネスのエスノグラフィ

企業はたくさんの機密を保持しており、かたくなに部外者の侵入を拒む現代の「秘境」である。例えば、前頁の写真は、ある国際空港のオフィスフロアである。窓がひとつもなく、オフィス前に看板も案内も表示しない。この写真が世界のどの場所にある空港かもわからない。これは空港建物に特有の保安上の仕掛けで、慣れなければ東西南北どこに向かっているかさえわからない。関係者だけが目印もなく自由に動きまわることができるが、部外者は一目瞭然で場に違和感のある存在として浮き上がるよう意図的に作られている。企業の中にもたくさんの秘境がある。所属部署や支店が違えば、同じ会社の従業員でも立ち入り禁止区だらけで、自分の責任範疇にないものに触れるのはタブーであり犯罪である。カメラで行動監視がされていて、それぞれが自分の場を守る責任を背負っている。社内イントラネットも全体像がわからないようになっていて、自分の周辺のことしか理解できない、「オープンな機密」だらけの構造である。互いが互いの「秘境」を守りながら共に社外に対して守っている。そのようなフィールドで調査を行うにあたり、産業界の規範をいかに読むかという視点は欠かせない。本調査とほぼ同時期に産業界が注目していたのが、「ビジネス・エスノグラフィ[20]」あるいは「ビジネス・フィールドワーク[21]」とも呼ばれる産業や企業の文化人類学的調査方法である。

アメリカ人類学会にはＳＡＷ以外にも産業や企業の人類学的研究を行っている組織がある。National Association for the Practice of Anthropology（ＮＡＰＡ）という応用人類学の団体がそのひとつで、一九八三年に発足している。ＮＡＰＡの会員の多くは実践的な人類学者で、その活動は二〇〇〇年代になって特に活発となった。二〇〇五年からはエスノグラフィの産業応用をめぐって、その理論的かつ方法論的発展についての情報交換を目的とする国際会議ＥＰＩＣ（Ethnographic Praxis in Industry Conference）が開催されている。ＥＰＩＣは米国を代表するＩＴ企業、インテル社とマイクロソフト社が発起人で、大学所属の学術研究者も数多く参加しているが、企業に所属している研究者やコンサルタントなどの職を有する実践人類学者による発表報告も多い。調査内容は、消費者行動調査や市場調査、または組織の生産性を高めるための組織行動、集団規範の理解をめぐる調査報告など、バラエティに富んでいる。

個別性や多様性を見ようとする質的調査が産業界で求められるようになったのは、ホーソン実験から始まる組織研究がひとつの系譜であるが、もうひとつの理由は都市社会学者のリチャード・フロリダが指摘する、現代の経済を支配しているクリエイティブ・クラスの価値規範が社会に投影されている現象が背後にある（フロリダ　二〇〇八）。クリエイティブ・クラスのニーズにかなうような市場調査や商品開発、企業内調査に文化人類学的なフィールドワークや参与観察の手法が積極的に導入されてきた。[22]

先進国の産業構造が製造業からサービス産業化しているおり、製造業よりも低いサービス産業の生産性を向上させる政策は、政府主導のサービス・イノベーション・プロジェクトとして世界中で進行中である。イノベーションとは、オーストリア出身の経済学者ヨーゼフ・A・シュンペーターは「経済循環の軌道が自発的・飛躍的に変化する現象」と説明している（シュンペーター　一九七七）。

イノベーションは技術の革新にとどまらず、これまでとは全く違った新たな考え方や仕組みを取り入れて、新たな価値を生み出し、社会的に大きな変化を起こすことである。[23]

ＩＴ企業や製造業に文化人類学者やその隣接領域の研究者が企業に所属して研究するようになったきっかけのひとつとしては、認知科学の研究としても知られるパロアルト研究所（Palo Alto Research Center：ＰＡＲＣ）のサッチマンらによる人間＝機械相互作用に関する研究（Suchman　一九八七、Suchman, Blomberg, Orr, and Trigg　一九九九）があげられる。これは、エスノメソドロジー（ガーフィンケル　一九八七）や正統的周辺参加の研究（レイヴ&ウェンガー　一九九三）などから影響を受けており、以後の企業内研究における人類学やそれに隣接した領域の実践が広がる契機となった。ＰＡＲＣによる一連の研究は、機会発見、ユーザー中心デザイン、さらには顧客インターフェースなどの概念を生み出しつつ、並行して企業内でのより人類学に近い実践へと発展していくことになる。

また最近ではＰＡＲＣと共同で企業内調査を行った富士通が、ＰＡＲＣのフィールドワーカーならびに研究者からエスノメソドロジーや文化人類学的調査方法の訓練を受けた後に、さらに自社のノウハウを発展させて独自の調査方法を開発し、フィールドワーカーのプロフェッショナルを企業に派遣して調査を行っている（前川他　二〇〇九）。広告代理店の博報堂は、文化人類学者の参加によってデザイン・イノベーションで成功をおさめているアメリカの産業デザイン会社ＩＤＥＯから文化人類学的調査と分析の方法を導入し、日本の産業や企業をフィールドとする実践フィールドワーカーの育成に努めている。すでにコニカミノルタ、ＫＤＤＩ、花王、大阪ガスなどの日本を代表する企業が実践人類学的研究活動に従事している。

このように、近年は企業内調査や顧客行動調査、消費者調査などに応用されたビジネスのエスノグラフィが盛んになっているが、筆者の調査はサービス現場をフィールドとするものではあるものの、いわゆるマーケティング調査のようなものではない。例えば先述の富士通は、顧客行動を知るためのサービス現場のマーケティング的な調査と、自社の従業員行動や職場文化の調査を区別している。職場の規範を見ようとする場合には、企業内フィールドワーカーとＰＡＲＣの研究者とが共同で長期的にフィールドに入って調査分析を行っている。この場合、「秘境」の規範をとらえることを目的として企業内部の調査を行い、従業員の仕事をめぐる行動を分析する。企業内フィールドワーカーは、その組織文化に所属しているために、専門用語や職場独自の表現が理解できたり、組織の構造や人間関係の成り立ち、フィールドで共有されているルールや知識を深く理解しているし、自分が知り得た社内情報を社内外でどこまで開示してよいか悪いのかというルール化されていない規範がわかっている。この規範に対して外部調査者が無神経に情報を集めようとすると、ラポール（rapport　調査者と対象者との親和的・共感的関係）の形成に失敗し、情報は得られなくなる。当然ながら共同体構成員でなければ手に入れられないようなデータは数多くある。

しかし一方で企業内フィールドワーカーは自らもフィールドの規範に縛られた存在であるために、客観的視点に立ってフィールドを考察することができるかという課題や、調査報告が公になった場合に自らが受ける影響についてよく考慮しなければならない。これを合理的に解決する方法のひとつとして、富士通の場合は外部の研究者と共同調査を実践する方法がとられている。しかしこれが解決策ということではなく、客観性の問題も共同体の排他性も課題を残しながら、互いに補完して協力するという調査方法をとっている。

筆者の調査の場合、サービスというビジネスの実践の場をフィールドとした点においては、ビジネスのエスノグラフィと言っても差し支えないのだが、業務として行われているビジネスのエスノグラフィは、最終的には企業の生産性の向上をめざしている。しかし筆者の調査はきわめて個人的なレベルで遂行された。インサイダーの利点はあるが、自らもその文化の規範に縛られた存在であることを認めつつ、客観的視点に立つ方法や、記述の方法を考えなければならなかった。これについては第3節の調査概要で説明する。

第3節　調査概要

1　調査時期

本論文の文化人類学的な参与観察による調査時期は、二〇〇二年四月から二〇〇七年の三月までの五年間であり、面接や聞き取り調査は二〇〇八年末まで引き続き断続的に行った。

筆者は主たるフィールドである西ヨーロッパ大陸部のナショナルフラッグ・キャリアH航空に、一九八七年一月から二〇〇七年三月までの二十年と二カ月の間、正社員として勤務していた。H航空に入社する前には、一九八四年六月から一九八六年十二月まで東南アジアに本社とベースを持ち、グループの親会社がヨーロッパにあるD航空という航空会社に海外居住をして勤務していた。国際線の客室乗務員という仕事を通じて越境労働に参与していたのは、合計約二十三年間で、そのうちの五年間を大学院に所属して勤務していたということになる。早い段階で仕事の上では課題の認識があったが、研究の道に進む動機づけに最も影響を受けたのは、一九九〇年代半ばにH航空に派遣されてきたパウル・マン[24]のサービス調査であった。当時、H航空は完全民営化に向けての経営改革に大々的に着手していた。マンの機内フィールドワークはそのひとつの試みであり、路線別サービス・コンセプトに向けた実態調査であった。筆者はマンの調査便でインタビューを受け、その後は継続的なインフォーマントになった。

複数の航空会社の客室乗務員のインタビュー調査や企業フィールドワークが実現したのは、インフォーマントの同業他社への転職を含めた国際間移動の多さと、社交的な客室乗務員の職業性格を通じて拡大した社縁のネットワークによるものだ。親会社がヨーロッパで本社は東南アジアにあるD航空には、二〇〇六年十一月に二週間の社内フィールドワークと聞き取り調査の許可が下り、企業内図書館にも入ることができた。

また二〇〇七年十一月から十二月にかけて、南半球の移民国家のナショナルフラッグ・キャリアO航空の機内サービスのプロジェクトに参与観察することができた。O航空は日本人客室乗務員を日系移民から採用するため、日本人乗客が求めるサービスに対応するために、「日本らしさ」の品質管理をめぐって試行錯誤を重ねていた。

2 調査事項

①資料調査

社内情報は、管理者層が従業員に向けてトップダウンに発信するものと、各従業員が組織内の上下左右の関係者に対して発信するものの他、ビザや保険等々、会社を接点にして外部から来る書類も多い。社内は世界中で分業が徹底しているので情報は世界中のさまざまな部署から二十四時間発信される。近年は個人情報への配慮から、国際郵便を使ってでも自宅配送される資料も増えた。イントラネットが充実してからは企業内では情報開示が進み、自社やグループ企業の経営や市場、さらに政治、経済、金融、政策、産業などの企業周辺の環境に関わることや、メディア掲載された新聞や雑誌記事なども合わせると、公開情報だけでも毎日膨大な情報量になる。

情報形態は紙ベースのものとデジタルデータの二種類で、筆者の調査中は、紙ベースであったものが徐々にデジタル化される期間でもあった。客室乗務員には個人のデスクがないので、業務関連の情報はイントラネットと個人用ファイルにそのほとんどが集まってくる。そのほか、社内には自由に取得して良いニュースレターや仕事に役立つ情報もある。

客室乗務員が発信する仕事に関する情報は主に報告書であり、決められたフォームがあるものもあるが、自由形式でいつでも出すことができる。ウェブ上の客室乗務員用のフォーラムでは、日々の仕事に関する情報交換が可能である。

イントラネットで乗務前の準備

資料調査は、社内で配布される職務や業務に関するものと、広報資料や業界の専門誌、航空政策や観光政策に関する資料、客室乗務員の人事育成に関する書類の他、企業のウェブサイト、航空連合のウェブサイト、各組合のウェブサイト、客室乗務員向けの業界雑誌やウェブサイトなどである。フィールド以外では、国際連合の組織である国際民間航空機関（International Civil Aviation Organization）が主体となって作成された航空関係の国際条約や、国際航空運送協会（International Air Traffic Association）の協定、国内で整備された法律、各国の航空規制緩和や米国が推進するオープンスカイ協定等、航空にまつわる政策や政治に関する資料は、航空図書館や労働政策研究・研修機構の図書館を利用した。

②参与観察

客室乗務員の仕事には機内の仕事、乗務に関連する事務業務、訓練所での教育や開発業務、訓練や社内試験、定例会議、広報関連の仕事などがある。さらにディブリーフィング（debriefing）[25]と呼ばれる乗務の後のクルーの集まりや、乗務前あるいは滞在中で同僚と食事をしたり出かけたりというのも、仕事ともプライベートともどっちとは言えないような職場の人間関係のメンテナンスの時間である。参加義務はないが、組織共同体の強化のためにも参加するのが望ましいという規範が共有されている。

参与観察で興味を持ったのは、客室乗務員が「客を見立てる」あるいは場を読むことを可能にするメカニズムで、個人の中に蓄積された仕事経験の知の体系であり、本人たちがなかなか言語化できない。サービス・イノベーションに携わる応用人類学者や実践人類学者が最も注目する部分である。職場では互いに言語表現してわからせる必要もない周知された知で、筆者にとっても難しい課題であった。日本人客室乗務員の多文化間の仕事に関する言説と行動については、語られた言葉で記述を集めようとした。仕事のやり方に関することは、全体のストーリーとして語られることはほとんど無く、立ち話や愚痴こぼしのように突如現れる。その場で事実確認をし、当人の表現をできるだけ忠実に書き留めた。

調査に関しては、H国本社の上司は最初から最後までよく理解を示し、インタビューの時間も取ってくれた。社内で筆者に近い領域で研究や調査の仕事をやっている人たちに引き合わせてくれた。企業内教育プログラムに日本文化のコースがあるが、このインストラクターの一人はH国の大学で人類学を専攻している博士課程の学生であった。ベテランの客室乗務員の訓練を担当しており、訓練の内容や受講生の発言について教えてくれた。

グループ企業の人材教育会社では、ちょうど日本人乗客へのサービス対応の学習プログラムの開発中で、異文化間コミュニケーションについての日本路線のサービスマニュアルを作ったり、訓練ビデオを作ったりする仕事を一緒にすることになった。

③面接調査

参与観察以外に、九十二名の面接調査を行った。そのうち客室乗務員は六十九名で、リストは資料として添付した（三二五頁）。

飛行中外を眺める客

調査対象の企業共同体に所属しながら、内から見える文化について記述することが可能かどうか、独断と偏見におちいらないためのひとつの方法として、インフォーマントの語りをできるだけ集めて記述することは当初からのねらいであった。面接調査票は質問を統一し、全員に同じ七つの「開かれた質問[26]」を準備した。質問票は資料として別添する（三二一頁）。

初期にアンケート形式のテスト調査を実施し、五名のインフォーマントのフィードバックを受けた結果、この方法は中止した。その理由は、アンケート用紙には一行程度の模範解答が書かれていたからで、普段、報告者がよく知っているような豊かな情報が全く反映されていなかったからである。インフォーマントに尋ねると、

「書くのが面倒」という。客室乗務員にとって地上にいる時間はオフィスワークで言うところの土日やアフターファイブにあたる。仕事が休みの日に仕事のことに関して尋ねられるような事務作業などは、業務でもない限り「面倒」なのだ。

一方、多くの客室乗務員の社交的で親切な性格を逆手に取れば、お茶を飲んだり雑談をするようなことは知らない相手でも苦ではなく、約束を取り付けて会って話を聞くことの方がよほど簡単であった。したがって調査は面接と参与観察に絞ることにした。

ICレコーダーの記録も一人をのぞいて全員の承諾が得られた[27]。しかし面接は構造化しなければ簡単に崩壊してしまい、二度ほど失敗した。互いに共有している情報が多いことが弊害で、必要以上に話が詳細に及んだり、何を話していたのか忘れるくらいに話題が変わり、雑談になったり、質問が全部終わる前に互いに疲れてしまうこともあった。インフォーマントたちは経営学や心理学的な調査に答えることには慣れていたが、人類学的な調査や応用人類学の目的が理解しにくいらしかった。意識的に時間を区切って構造化しなければ調査として成り立ちにくかった。これは雑談ではなく学術調査なのだと示すために、意図的に形式的な質問紙を作成し、それを事前に渡して考えてきてもらい、面接中には質問紙をわざと目の前に置いて、主題から話題が逸れないよう場面づくりを考えた。面接にはみな誠実に応じてくれて、前もってメモを準備してくる人も何人かいた。

同業他社の客室乗務員の話を聞くことは大変に有効であった。特にD航空やO航空など他社で実施したフィールドワークや面接調査を通じて、仕事実践の背後の企業文化や、それに強く影響を及ぼしている国家や民族文化の影響、労働環境の問題の差異から、H航空の企業文化を再発見することになった。一方で、越境的勤務、サービスなどの仕事観は共通でほとんど同じだということが調査をしながらわかってきた。

フィールドがビジネスの現場である以上、筆者には職業上知り得た企業の機密や顧客情報に対して守秘義務がある。客室乗務員同士の普段の会話から常々出てくるような企業内情報や顧客情報は、文化の中にいるからこそ空気や水のように当たり前の情報として筆者の周りにあったが、それについて調査目的でマイクを向ければ、外向けの行儀の良い情報として開示されることはビジネス界ではよくあることだ。だから筆者の質問内容は、個人の仕事観についてが中心で、社内での立場や人間関係を心配して答えにくくならないような質問になるよう配慮した。とはいえ、もちろん自分から話す人は何人もいた。

筆者の参与観察は、集団の外からフィールドに入ってラポールを構築するプロセスの困難はなかった代わりに、それとは全く異なる難しい状況を抱えていた。社内調査の実施は、職場の管理者からは早々に許可が下りていたが、フォーマルに調査をすれば、インフォーマント達が情報操作を行うことは容易に想像できた。また同じ職位集団の中では、一人だけ異質な行動を取る者は異端児として見られて阻害を受けやすい。組織の権力構造やキャリア形成のための規範とは次元の異なるインフォーマルな力は、特に入社時期や職業経験年数の差異が作る力関係や、個人的な感情で結びついている。筆者はそのような人間関係の中に身を置いていた。一度面接を拒絶されると二度とチャンスが巡ってこないことを念頭に置いて、筆者はH航空に在籍している間は無理のない範囲で、なるべく利害関係のない人たち、例えば筆者と入社時期があまり変わらない客室乗務員や、プロジェクトなどを通じて個別に信頼関係のある同僚、上司や他部署の関係者で客室乗務員を客観的に見ている立場の人、OBと、H航空以外の航空会社の客室乗務員の面接調査を実施した。面接調査はH航空退社後に取ったデータが過半数で、後は参与観察である。共同体構成員内の上下関係や権力構造から事実上除外されて、縛りや緊張感のない人間関係を再構築することによって、会社やビジネスとは互いに少し距離を置いたところで一気に面接調査がやりやすくなった。

3　調査技法

参与観察は実際に仕事をしながら実施した。初期にはそのやり方にとまどいや迷いもあったが、筆者は社会的責任として仕事を最優先することにした。

客室乗務員として乗客に話しかけることに関しては自由度が高いので、聞き取り調査は不自然ではなかったが、筆者の調査のやり方では乗客にインタビューをするのは不可能であった。第一に、制服を着た企業の従業員に対して乗客が語ることは、あくまでサービス提供者と客との関係の範囲に限られたものでしかない。制服は仮面のようなものであり、個人の存在を隠すものである。結局のところ、参与観察中の乗客に関するデータは、そのときに筆者が見聞きしたことや、客室乗務員からの情報に限られる。写真や録音、録画ももちろん取れない。乗客に正式なインタビューを取るには企業の許可がいる。その場合は企業のサービス向上や生産性を目指すためのインタビューになるだろう。この調査地は、サービスの特徴である消滅性（ストックできない）、同時性（生産と消費が同時）、そして即興劇としての対人サービスは再現性がないために、二度と同じ経験はないという性質が特徴である。本論文では乗客の立場からの記述はあまりしていない。

実際には、客室乗務員は会議や訓練等などのために海外出張もあるし、ただ移動するだけの業務もある。その際には他社便を利用することもあるし、もちろんプライベートな海外旅行も多く、年間を通じて乗客体験はかなり多い。それは乗務員と乗客との立場の違いが見える経験であり、当事者の立場になったときに初めて見えたりわかったりすることがある。また訓練所では一般化されたケーススタディの情報も加わり、客室乗務員には乗客としての経験や知識も豊富にある。しかしそれは筆者が仕事で乗務した同じ便の参与観察とは異なるもので、サービスの特徴を考慮したときに、同じフィールドで乗務員と乗客との両方の参与観察を同時に行うことはできない。従って本論文はあくまで客室乗務員から見た機内サービスの仕事の世界観を考察することに専念することにした。

筆者はマンが行ったフィールドノートをすべて見せてもらったが、その中には筆者が乗務した便の乗客へのインタビュー記録があった。定量調査に関しては、毎便で実施されている社内アンケートの定期報告がある。営業部やカスタマーリレーションに直接報告のある個別の出来事や、個人的に知っている顧客からも話を聞いた。

筆者とインフォーマントが共通の職場言葉を話したり、同じような興味や、仕事に対する価値観の枠組みを共有していることで気がつかなかったり見落としたりすることがある可能性や、面接時にやりとりが誘導的になっていないかなど、本調査では客観性が疑われるポジションに筆者は置かれた。

その問題に対して十分な答えにはならないかもしれないが、筆者は文化人類学的調査としてはごくあたりまえの配慮を注意深く実践した。調査目的を明らかにすること、個人情報や企業機密の守秘義務を守り、生の情報や許可のない情報は出さないなど、情報提供をしてもらう際に約束ごとを明確にした。質問項目は統一し、「開かれた質問」を投げかけ、インフォーマント主体でたくさん話してもらい、その発言の意味や解釈の確認を繰り返し行った。記述した語りがどのような立場のインフォーマントの発言かということは、差し支えのない範囲で面接調査対象者リストに示した。筆者の原稿はインフォーマントに見せて内容に間違いがないかを確認してもらうなど、文化人類学者としてはあたりまえのことばかりの注意ではあるが、共に書くような気持ちでインフォーマントと接し、サービスの仕事を越境領域で行うことについて共に考えた。

航空機は行動規制が多い場所であるが、客室乗務員なら自由な行動が取れるし、話したい人と話ができ、どこで何が起きているかも十分に把握できた。社内のうわさ話や乗務員がオフの時間に何の話をしているかなど、長期にわたる参与観察でなければ知り得ない職場の情報も得られる。本調査は管理者に申請をして許可を得てから五年を費やしているので、毎年の試験や訓練などの年中行事の参与観察の他、景気や国際政治といった経済や社会の変化や、サービスのトレンドの変化、そしてそれに対応する経営戦略や職場の変化なども観察が可能であった。

しかし長く調査に従事しても同期生だけの話などは期が違うだけで全く伝わってこないことなど、内部にいても知り得ないことは職場にはよくある。同業他社の知人から自社についての知らない話を聞かされ驚いたこともあった。職場の情報のネットワークは縦横多重構造で、社内試験の問題と解答の情報をいかに共有しているかとか、上司が部下に法的に訴えられたことなど、まことしやかに伝わってくる話もしばしばある。社内規定はマニュアルを見れば客観的にわかることだが、それがどの程度守られているのかは外部者が知ることは難しい。社外に漏れたりメディアに載ると恥ずかしいと思われる自社の話は滅多に部外者に語らないのは、サラリーマンの仁義のようなもので、それを破ることは産業人としてタブーである。緊急訓練の内容などにも機密が多く、人命がかかっていることに関しては絶対に外部に漏洩することはない。大企業の業務は何でもマニュアル化がされているように思われがちだが、航空ではハイジャック対応の訓練などの高次の機密は国家機密でもあり、そのような訓練は訓練所でもマニュアルを意図的に作成しない。乗務員にさえ文字化した情報を提供せずに漏洩を防いでいる。企業に関する情報は社会的な影響が大きいので、本論文の中でも一切記述を避けてある。地域研究であれば、フィールドの地図を添付するが、本調査に関しては機内の内装や配置図、職場の中がどうなっているかという図や写真を割愛したのは危機管理上の配慮からである。従業員として知り得た乗客に関する情報も企業機密と同様に個別の報告としては出していない。何を個人情報として機密と考えるかはビジネス規範に則って判断している。職業倫理として従業員が客の写真を撮ることはタブーであるし、またビジネス場面であることから、仕事とは関係のないことで仕事を放置してメモを取ったり、ビデオやカメラで記録を取ったりすることはできない[28]。「パソコン入力くらい多少はできる環境がないのか」と、ある研究者から尋ねられたことがあったが、一般常識的に考えて、対人サービスの仕事の従事者が、客を放置して自分のことにかまけていればクレームが出される。それは文化人類学的に判断しても、フィールドの文化に影響を与えてしまうことになる。筆者は社会的義務を優先して一〇〇パーセントの仕事をこなすことによって、ありのままの文化に参与することが実現できたと考えている。

以上のように、文化の中から文化を語るにあたって、利点と不利益の両方を認めつつ本調査は実施された。

筆者は社内や業務で特に目立った問題やトラブルは起こしたことはなかったし、他の客室乗務員と比べて仕事ぶりも普通だったと思う。社内の人間関係は全く問題がないというわけではなかったが、仕事に差し支えるような派閥や人間関係の影響は無い環境で本調査は行われた。組織共同体の一員として十分に機能し、H航空の企業文化や組織行動、客室乗務員の気質や文化・習慣・慣習、機内の乗客の規範や航空業界のことなど、他の客室乗務員と同じ程度には理解し、把握していた。

ビジネスのフィールドワークという点で、困惑を感じたエピソードとしては、最初に本調査のねらいや筆者の興味を上司に説明したときに、「日本路線の機内サービスと、日本の一般的なサービスとの比較調査をやってくれないか」と依頼されたことである。外国人を束ねる管理者の立場からは大変に興味深いマーケティング調査に成り得るし、日本人従業員が自文化の中で実施する調査であるならH航空にとっても貴重な情報になることは間違いなかった。しかし筆者は文化人類学の学徒として、フィールド内部の権力保持者の要求に巻き込まれずに自分の調査をやり通すことを選択した。上司も従業員としての筆者に本来業務以外の仕事を強制できる立場にはなかったので、結果としては最後まで企業の経営戦略に付き合うことなく、自立的に調査を実施できたと考えている。

ひとつはっきりと理解したことは、ビジネスの場をフィールドワークするということの特徴だ。従業員全員が生産活動をしているために、'Time is money' という規範がある。こちらの都合で時間をもらうだけでは相手に対する搾取となってしまう。それはビジネスの規範に反するタブーである。互いにメリットがあるようにかかわることがフェアなのである。これを経営学や産業社会では 'Win & Win' と呼んでいて、自分のプラスのために相手にもプラスになる形でかかわろうとすることが望ましい。相手の文化を壊さないようにかかわっていくという文化人類学のフィールドワークの基本形を当てはめることにおいては、ビジネスの場面においては 'Give and Take' でかかわる方がむしろ自然体であるようにも考えられる。このような早い返済をともなう互酬性の関係は、金銭やモノの交換よりもむしろ、情報、技術、知識、人脈、労力（手間暇）などのことが多い。従って筆者が調査許可と引き替えに訓練所などでは大いにただ働きをしたのは、産業界の文化に応じたビジネス規範に則った調査方法だったと考えている。

第Ⅰ部　航空移動サービスの価値モデルと技能レベル

第1章　機内のサービス価値モデル

序論では、サービスを「情報」と定義しなおし、梅棹の「情報価値説」に則って、「サービス価値説」を原理とする仮説を立てた。サービス提供者の創造的な情報発信と、サービスの受け手にのぞましいサービス・リテラシーとがともに成り立ったときに、有効なサービスが共創（co-creativity/ co-creation）として生み出され、顧客価値として認識される。

第1章では、この「サービス価値説」に則って、サービス提供者が顧客価値の共創に向けていかに客に対して情報発信するかをモデルとして提示する。ここでは主に「サービス価値モデル」の構造がどのようになっているのかを説明する。

第1節　サービス価値モデル

サービス提供者の情報発信の方法は、企業内教育プログラムを通じた学習の結果が当然含まれてくるが、新入社員とベテランの仕事の処理力が明らかに異なることからわかるように、訓練所を出たばかりの客室乗務員はまともにサービスができるとは言えない。サービス現場に出てＯＪＴ（三〇九頁参照）で手取り足取りの指導を受け、本物の客とのやりとりを通じて学習を積み重ねることによって次第に上達していく。訓練所で教えられたとおりに情報発信するばかりでなく、人のやり方をまねたり、失敗体験から学んだりしながら、顧客価値の共創を目指してより効果的な情報発信の方法を獲得してゆく。

「サービス価値モデル」は、H航空日本路線の客室乗務員の仕事、ならびに企業の人材教育プログラム作りの参与観察、H航空の客室乗務員やその他複数の航空会社の客室乗務員の面接調査、企業内や関連企業で機内サービスを設計する人たちの従業員の聞き取り調査などによって集めたデータであり、それを体系立てて再構成したものである。

このモデルは、一見企業の人材教育プログラムやマニュアルのように見えるが、似て非なるものである。教育プログラムやマニュアルは企業の経営方針であり、生産活動のための労働管理を目的としたものである。このようなルールは職場で共有されなければならないために、文字化され、図や写真などで情報が補足してわかりやすく示され、体系化されたルールとして提示される。

一方、この「サービス価値モデル」は、客室乗務員がサービス現場で実践している仕事の実態を整理して体系化したものである。従って、企業の人材教育プログラムやマニュアルやさまざまな資料など、文字や絵図で可視化されたものも内包するが、マナーやエチケット、礼儀作法などの社会の見えないルール、仕事の実践を通じて職場で共有認識がされている規範、国籍や民族、ジェンダーなどの文化も含んでいる。対人サービスの目的は客を満足させるという点で共通だが、ルールが同じでもさまざまな実践が可能であり、職場全体で共有するルールもあれば、一部の人の間で共有しているルールもあり、いわば階層化している。

こんにちの人的サービスの仕事に関して人類学的な分析が行われたことはなかったし、行動体系のモデル化がなされたこともなかったので、筆者は参与観察とフィールドワーク、インフォーマントの面接調査を中心に集めたデータによって、独自のモデルを抽出してみた。

このモデルは、言ってみればラングとパロール（ソシュール　二〇〇七：二九）のような関係に例えることもできる。ソシュールは、言葉は世界の中にある事物を指し示すものではなく、世界は言葉によって区切られてはじめて意味ある事物になると考えた。その句切りは恣意的なものであり、言語によって異なっているという（小田　二〇〇九：七四〇）。言葉は言語行動（langage）であり、諸事実の雑多な相対で、そこから何かの単位を抽出することは不可能である。その中に社会的（制約的）、構造的（体系的）側面である「ラング」と、個人的、具体的、瞬間的側面である

「パロール」を区別して、ラングこそが分類原理をなすと考えた（崎山　一九八七：二五七）。

このような考え方を当てはめて「サービス価値モデル」を説明すると、ラングとは、客室乗務員が乗客を満足させることを目的とする仕事の実践のルール体系で、これには企業のサービス設計にもとづいて与えられた教育プログラムやマニュアル、さまざまな資料といった企業による業務管理のルールも含まれている。その他にマナーやエチケット、礼儀作法といった社会に広く共有された規範や個々の文化に根ざすもの、ホスピタリティやもてなしの心などと呼ばれるようなもの、客室乗務員が仕事を通じて経験したことからできあがってきた乗客が満足すると考える態度に関する暗黙のルールや、職場の仲間に対する仕事のやり方に関する規範など、文字化はされていないけれども、そうするべきだとして暗黙のうちに共有されている決まりもある。パロールは個々の客室乗務員の仕事の実践であり、ラングであるところの職場の規則を反映しつつも、実践を通じて決まりや規範を強化しているものである。文化差や個人差が表れ、形式化され、具体的に可視化されている。

このたとえは、レヴィ＝ストロースが親族構造を分析する際に構造言語学者の分析方法をモデルとして取り入れた視座と共通している。親族体系をひとつの言語と見立てて、言語は伝達の役に立つが親族関係は語彙によって表現されるものではない。名称の体系とでも呼びうるもの（語彙の体系）の傍らに心理学的・社会学的な性質をもつもうひとつの体系（態度の体系）が存在すると説明した（レヴィ＝ストロース　二〇〇五：四四）。社会の制度をラングと見立てて、それに則った社会行為がパロールとするモデルである。例えば近親婚の禁止などの婚姻規則のルールとタブーがラングであり、婚姻の実態がパロールである。その目的が女性の交換でありその構造が維持される限り未来もその通りのことが繰り返されるということが論理的に帰結される。神話を分析する際には、神話そのものをラングとして理解し、それが語られる状態をパロールとするところから分析がはじまる。そのモデルを社会構造に採用すれば言語記号の選択はア・プリオリには恣意的でもありえるが、記号は固有の価値、独立の内容を持ち続け、それが意味機能と結合してそれを転調させると説明している（レヴィ＝ストロース　二〇〇五：一〇六）。

筆者は客室乗務員の仕事の実践をパロールと見立ててその実態を分析し、それを「サービス価値モデル」というラ

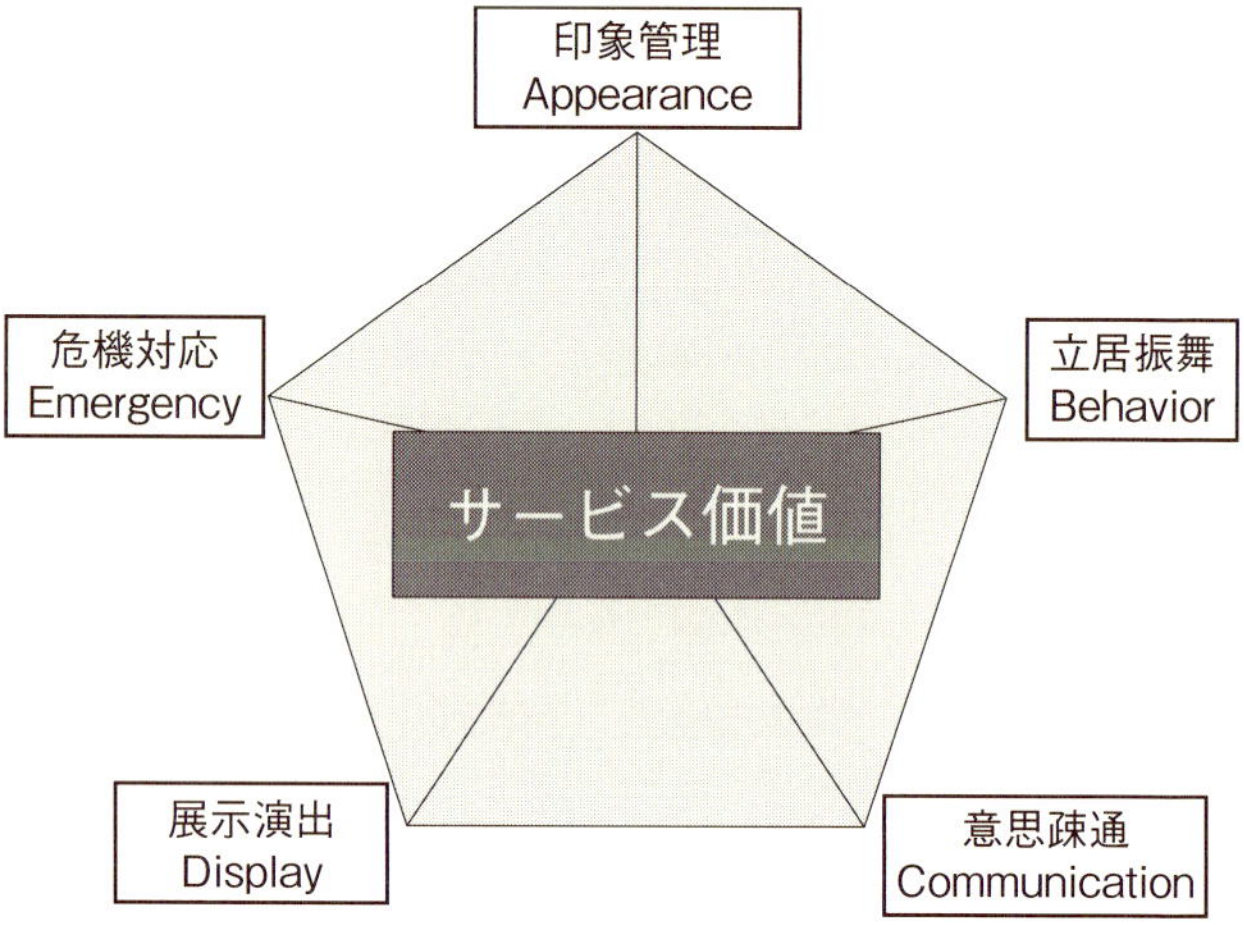

図1　サービス価値モデル

ングに体系化した。それは印象管理、立居振舞、意思疎通、展示演出、危機対応の五つのカテゴリーに分類することができる。つまり客室乗務員が乗客と共に顧客価値の創造を目指すときに、客室乗務員が乗客に向けて発信する情報は五つの要素から成り立つ規範であると言うことができる。

　筆者は、複数航空会社の何人かのベテラン客室乗務員にこの「サービス価値モデル」を見せて意見を求めたが、客室乗務員の仕事を要素分解すればこの五つの分類でほぼ網羅できているだろうという回答が得られている。

A.　印象管理

　見た目や身だしなみ、表情や態度のこと。清潔感の他、顧客と直接接する担当者や、企業の広告イメージづくりの実践として演出が計算される。

B.　立居振舞

　ふるまい、行為、行儀、品行、態度、作法などのこと。社会人たるふるまいや接客スキルを、礼儀作法やエチケットといった文化の規範に則って、身体行動を通じて表象する。

C.　意思疎通

　報告、連絡、相談による組織のコミュニケーションを図ると同時に、客とのやりとりによる相互理解を図る。言語的、非言語的コミュニケーションの両方で、職場の安全、保安、規範を守り、良いサービス空間をつくることが目的。

D．展示演出

サービス空間や外観などのしつらえ、道具や装飾をはじめ、企業のイメージ戦略やサービス戦略としての広告や配置。

E．危機対応

安全と保安は常にサービスに優先する。病気や怪我や事故のない仕事がサービスの大前提。また苦情や問題の発生を未然に防ぐよう、早期発見と対処。

このモデルを体系化した経緯には、日本の産業界で多くの企業や人材教育会社で活用されているビジネスマナーのモデル「接客五原則」[29]が念頭にあった。日本企業の人材教育はモデル化、パターン化、プログラム化が発達している。職場のルールの共有化が積極的に行われるために、誰にでもわかりやすい情報共有の方法が構築されている。「接客五原則」はそのひとつで、日本の航空会社の客室乗務員の教育訓練もこの原則が採用されている。

これは別名「社会人研修」「ビジネスマナー研修」と呼ばれることがあり、接客担当者に限らず、一般社員にも同じ教育が提供される。日本企業が考える「接客態度」とは顧客だけが対象ではなく、取引先やおつきあいのある人びと、出入りの業者、近隣社会で生活を営む住人など、会社の「そと」をとりまく世間との交流、組織共同体の構成員としてふさわしいふるまいができるようになることを想定している。さらに組織の「うち」の人たちとの関係においては、職場の人間関係、組織の命令系統、産業社会人としての心構え、仕事の効率や効果、電話の取り方やビジネス文書（土屋　二〇〇〇）など、人間関係やコミュニケーション、マインド・セットに関するルールや規範はすべてビジネスマナーと考えられている。

この教育訓練は日本においては入社式とセットで実施されることが多く、その内容は行動や言動を強制的に「型」[30]（源　一九九二）にはめるものである。これは共同体を強化するための日本の伝統的な社会のシステムを、こんにち、企業が担っていると見ることもできる。中牧は、ソニーやダスキンといった大企業の調査から、入社式を「企業への加入儀礼」と表現しており、人類学的な視点から、オセアニアの島々、アマゾンの密林、アフリカの戦士集団に分布している年齢階梯集団のイニシエーションと似ていると比較分析を行っている（中牧　二〇〇六：一〇七―一〇九）。また中牧たちの研究報告、「サラリーマンの通過儀礼に関する宗教学的研究」で、山田慎也が日本企業の冠婚葬祭や企業アイデンティティと儀礼の調査を実施しているが、やはり「入社式はイニシエーションである」と説明している（山田　二〇〇一：六六）。これまで身につけていた身体行動や価値観を否定し、有無を言わせず全員を同じ型にはめてしまう服従のやり方は、近世日本の加入儀礼のなごりが現代の産業社会にも見られると言って良いだろう。

「接客五原則」の前提にあるのは、米国の心理学者、アルバート・メラビアンの「メラビアンの法則」である（Mehrabian　一九七一）。メラビアンはカリフォルニア大学（ＵＣＬＡ）で、人間の感情やコミュニケーションに関する言語的メッセージと非言語的メッセージの影響についての研究を行った。その結果、人と人との'face to face'のコミュニケーションにおいては、言語的なメッセージは七パーセント、声のトーンや口調など「周辺言語」[31]と呼ばれるものが三八パーセント、ボディーランゲージは五五パーセントを占めるということを明らかにした。

接客マナー研修ではこの法則を用いることで、人が最初に挨拶をする瞬間のボディーランゲージ＝「見た目」と、周辺言語＝「聞いた感じ」の九三パーセントの情報で第一印象が決まると考える。だから接客は第一印象が重要だと考え、それが決定される要素は、挨拶、表情、態度、身だしなみ、言葉遣いの五つが原則だとした。

アーヴィング・ゴッフマンは、人は行為の実践者として特定の役目を演じ、自分のことを観察している人びとに対して、つくり出される印象がそのように受け入れられることを求めて印象操作（impression management）をすると考えた（ゴッフマン　一九七四）。印象操作は、企業がサービス設計の中に盛り込む重要な課題であり、乗客との共創を目指すための効果が計算されている。顧客と直接接する客室乗務員は企業イメージを伝達するメディアとなるために、その言動すべてに品質管理が行われる。

したがって「接客五原則」は職場の実態ではなく、企業が従業員行動を管理しようとするモデルのひとつであり、顧客に与える従業員の第一印象を演出しようという経営戦略のひとつであり、生産性向上が目的である。

筆者が本研究で明らかにしたかったのは、このような企業主導の印象操作であるところの「強制された労働」「見える仕事」だけではなく、見えない仕事も含めた職場の規範そのもの、仕事の実践現場から創り上げられたルール、個々の客室乗務員の自主的な仕事の創意工夫なども考慮して新たなモデルを考えた。さらに西洋のホスピタリティの概念、日本型のもてなしとして茶席の亭主と主客の関係に生きる思想、大量生産型のサービスモデルのマニュアル構成や、プロシューマーと呼ばれる共創型のサービスを生み出す人びとの行動なども考慮した。

その結果、多文化環境のサービス・コミュニケーションや仕事の実践に言語や身体表象といった文化差はあっても、乗客の価値体験を共に創り出そうという行動規範は同じと考えた。

以下、五つに分類したサービス価値モデルの各要素についてさらに詳しく説明を行う。

企業内訓練では従業員のふるまいの模範や禁忌を提示することはできても、いつ誰に対してどのタイミングで情報発信をするのが顧客価値の共創に効果的かは一般化しにくく、客室乗務員自身が臨機応変に判断する。企業内教育は仕事の一部を規則化したものでしかなく、客室乗務員の実際の仕事はマニュアルよりも個別で創造的である。

顧客価値の共創を目指す方法は模範（モデル）の実践であるが、軸の反対極には禁忌（タブー）がある。すべてをルール化することはできないのである。ここでは暫定的に各十項目ずつ列挙することにした。

以下、サービスの印象管理、立居振舞、意思疎通、展示演出、危機対応の五分類をもって「サービス価値モデル」として追いながら明らかにしていく。

第2節　印象管理

印象管理（impression management）は社会学者のアーヴィング・ゴッフマンが言うところの自己呈示（self-presentation）のことである。自己呈示とは、自己と他者との相互行為の中で、自己に割り当てられた役割を遂行し、それを通して形成される一定のイメージを保持すべく行う印象を操作することである（ゴッフマン　一九七四）。

印象管理モデルは、企業共同体の一員として期待されているイメージの実践を積極的に引き受け、第一印象として

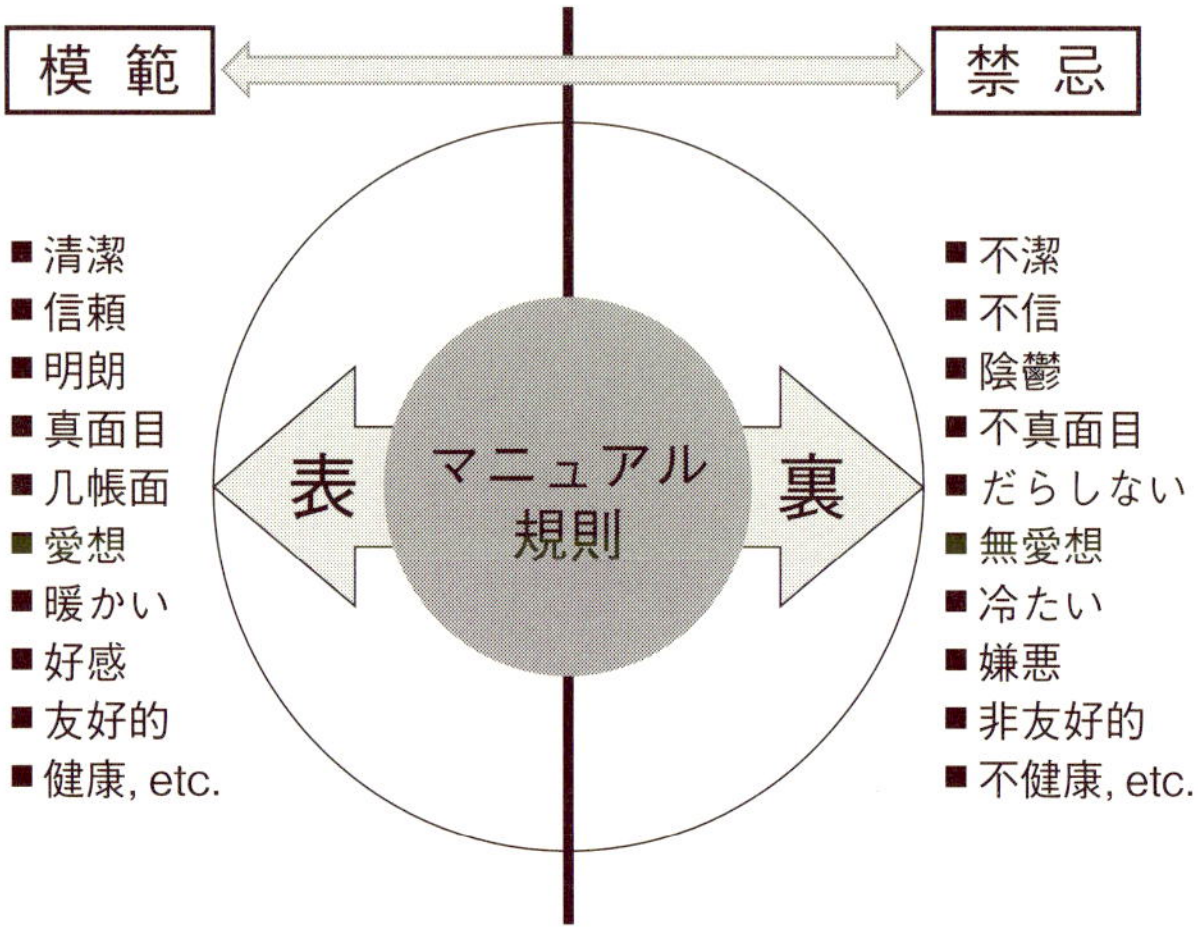

図2　印象管理

自己呈示するモデルを示している。身だしなみ、表情、態度を通じて「ぱっと見た感じ」の印象が、清潔、信頼、明朗、真面目、几帳面、愛想、暖かい、好感、友好的、健康などの肯定的な情報が伝達できるよう、印象管理を整えることで表現する。顧客から評価を得てリピーター獲得につながるよう役割を遂行するのである。

1　制服

制服はシンボルである。着用することで客室乗務員は個から社会的役割を担う存在へとシフトし、社会の期待に添うよう印象管理をする。企業は客室乗務員の制服の着こなしに関して実に神経質で、スカート丈は膝上膝下五センチ、スカーフの結び方やブラウスとの合わせ方、着崩し、アクセサリー類の数や大きさ、制服着用時に持っても良い私物やその色に至るまで、実に細かく文章化し、できるだけ数値化したルールにして統一感を図ろうとしている。

皇室や王室などの社会階層がたいへん高い乗客が公務で搭乗する場合は、歓迎の挨拶に列席したり、直接サービスをすることもある。その際には担当部署から制服の組み合わせ方の指示が出る。企業内マニュアルではなくヨーロッパの階級社会のプロトコルやエチケットに準じる。女性はできればワンピースに帽子、ブラウスは柄や色が入っているものよりは白、袖の長さは長袖、ストッキングは肌色を履くなどの指示が出るが、そのような印象管理は歓迎の正装としてヨーロッパでは理解されているようだ。

人物を判断するときに客室乗務員が相手の印象管理を手がかりにすることはよくあることだ。よごれやほつれ、しわなど身だしなみの乱れはたまたま気づかないことも多々あるが、個人の心の緩みの現れであることもしばしばある。その「パロール」が職場の「ラング」とずれていないかと客室乗務員は注意を払っている。相手を緊張感がない人物と判断した場合はその者の仕事ぶりに注意を払う。安心して任せられないのである。

制服は、大型機の登場による空の大量輸送時代の幕開けに、航空史上もっとも個性的でファッション性に飛んでいた。一九八〇年代は航空業界の黄金期で乗客の大衆化が進み、制服は誰もが知っている有名な一流デザイナーによるものが主流で、企業のブランド・イメージでもあった。一九九〇年代になると航空規制緩和による空の自由化が一気に進み、制服のデザインを一般公募する企業も出てきた。グローバル化が進むと多文化と自文化が意識され、民族色の強い航空会社は民族の伝統衣装のモチーフを制服のデザインに取り入れたりしている。現在は従業員の意見が反映されたり、複数デザインから選べてアレンジを楽しめるような個別性やエンターテインメント性が増している。

2　化粧

働く女性は化粧をすることがマナーであり、ヨーロッパではマニキュアもしなければならない。企業人としての化粧は強い個人的趣味や極端な流行、濃すぎたり、時代遅れであったり、奇抜で逸脱しているものはタブーである。健康的で好感が持てる明るい印象になるように指示されるが、実際は昼も夜も関係なく人工の灯りの下にいるため、色をしっかりと入れるなど機内向けに工夫をしている。ある種の舞台化粧で公私を区別し、ゴッフマンが言うように役割を意識した自己呈示である。化粧品会社のコンサルテーションやカラーコーディネーターの個別指導が社内訓練の中にあり、コーポレートカラーや制服の色に合うものが奨励されていて、企業によってはより詳細までルール化されている。H航空のような多民族・多文化の職場では緩やかだ。骨格や肌の色が違ったり、「明るい」印象にしたつもりが別の文化保持者からはけばけばしく見えるといった異文化ギャップも想定して、企業内ルールが主体ではなく、所属する社会や民族の価値基準としている。印象管理は自分本位のおしゃれに走りすぎて文化的規範のタブーを犯すと、乗客からクレームという形で批判され、社会実践の中でタブーが淘汰されていくこともある。流行にも影響されるので、ラングも柔軟である。

3　髪型

日本の航空会社は、機内サービスにふさわしい髪型を五パターンほど提案し、新入社員は強制的にそれに変えてしまう。新入社員の髪型を型にはめることが顧客に向けた印象管理であることはたてまえで、加入儀礼であろう。中山太郎によれば、日本の近世の慣習であった各町の若者組の組織では、どんな命令にも従う服従を強制し、忍耐力を養う新参者への儀礼があったという（中山　一九八三）。

食べ物を扱う仕事があるため、髪を留めたりまとめたりすることが重要なのは世界共通の認識である。長い前髪で顔が隠れないことや、保安業務に邪魔にならない動きやすい髪型など、働きやすさを考えれば自ずと髪型はパターン化してくる。しかし例えば、北欧などの背の高い白人がブロンドの細い髪をカールさせるとふんわり柔らかい印象を与えるのと比較して、そんなに背が高くない日本人の堅い黒髪をカーリーヘアにすると重たく暗いイメージを与える。全員が黒髪の日本企業では、カーリーヘア＝接客向きではないというルール化が可能だが、多民族国家の国では人権問題にもなりかねない。「日本人はカーリーヘアが嫌い」とインストラクターに言われ、髪型を強制的に変えさせられたことで、「大変に傷ついた」と述べた、日本の航空会社に勤務していたヨーロッパ出身の客室乗務員に会ったことがあるが、髪型を強制的に変えて型にはめることが加入儀礼として機能する文化圏でなければ、パロールの意味が理解されない。

日本では、日本ヘアカラー協会というＮＰＯがヘアカラーリング・レベルスケールというものをつくり、基準を数値化して職業や場面に応じてふさわしい番号を提唱している。多くの日本企業はこの規範を参考にしており、入社試験や会社訪問をする受験者はこの基準からはみ出さないように準備をしてくる。日本ではおしゃれのためのヘアカラーが定着したのは一九九〇年代のことで、それまでは職場にふさわしい印象のヘアカラーの基準を持たなかった。個々の主観で茶髪や金髪の境界もはっきりせず職場のルールが混乱したために、客観化するために美容院の団体が企業と協力して啓蒙活動を始めた。ほぼ全員が同じ色の髪をしていると思いこんでいる人が大部分を占めている国家だからこそのマニュアル化現象だが、ラングの構築過程として興味深い。

H航空では規定も緩やかで、民族別のヘアカラーのガイダンスや規定もない。したがって日本人が金髪にしても社内規定違反にはならないが、企業広告を担う認識があれば印象管理モデルが理解できているので、あえて客の期待を裏切ることはやらない。例外的に禁忌（タブー）を犯す者が現れた場合は、コミュニティの規範が働く。同僚や職場の仲間から注意されるし、それに対して本人が意固地になれば働きにくい職場の雰囲気の中に置かれることになる。

4　姿勢

日本の礼儀作法は「型」が細かく規定されている。十二世紀から伝わる弓馬術礼法の小笠原流をはじめ、現代社会の一般的な礼儀作法、ビジネスマナーのマニュアル本にも、立ち方、歩き方、お辞儀の仕方、ものの持ち方等の、態度の「型」の美が示される。これを従業員に身につけさせることが企業の品質管理でもある。日本企業の印象管理はパロールのコントロールが強く入るのが特徴で、全員が横並びで型をそろえる形式美をよしとする、外資系航空会社では個々が模範（モデル）に近づけているかどうかに興味があり、個性は尊重される。

外資系航空会社が外国人として日本人客室乗務員を雇用するとき、日本人らしい印象管理ができる者に価値があると、筆者の調査で管理者がインタビューに答えている。単にマンパワーではなく日本という文化資本保持者に価値を置いている。一方で、年に一人も入社してこないこともあるような企業内マイノリティの日本人のために、専門のインストラクターを常時配属するコストはかけられない。素養として日本の礼儀作法が既に身についた日本人を期待して、社会人経験者を好んで採用したがる傾向はある。訓練所では日本の礼法教育のノウハウも蓄積が少ないので、外資系航空会社における日本文化的な接遇は、日本人従業員コミュニティの規範が管理する。訓練所から出てきた新人のパロールをコントロールしてラングを強化する。

第3節　立居振舞

立居振舞はハビトゥス（ブルデュー　二〇〇四：八三）として、文化的かつ社会的に獲得され、慣習的に身体表現している。サービス価値説にもとづいて立居振舞モデルを実践する場合には、型として学習する方法がある。例えばお辞儀の仕方や握手の仕方、挨拶の仕方、レディー・ファーストなどの儀礼は、マニュアル化して学習し、身につける方法がある。

一方、立居振舞は美的なもので伝統に根ざしている。日本の立居振舞には着物文化の物腰や動作の美的感覚が残っているし、またヨーロッパのような階級社会が残る社会では、エチケットには品格や気品が求められる。感覚が異なれば意味は理解されにくいし、身体実践も不可能だ。どの場面でどのようにふるまうかのマニュアル化も難しい。自然に、迅速に、円滑に、反応する、察する、などは型やマニュアルの学習ではなく、ハビトゥスとして心身に取り込み、体現ができるようになった。

1　感情表現

「機内で客室乗務員の笑顔が重要とされるのは、無意識にも意識的にも乗客は飛行機に乗ることに対する恐怖心があるからで、笑顔の存在自体が乗客の不安への緩和剤となる」とホスピタリティ・マネジメントなどでは説明する。乗客のアンケート調査結果からは客室乗務員に対する笑顔に高い要求があることが数値でわかっている。H航空の分析によると、笑顔がないことはフレンドリーさに欠ける人物の印象に伝達されるらしく、クレームの原因になる。

接客場面の表情づくりや笑顔、笑い方はパロールで、文化差がある。H航空の人材教育会社の異文化間コミュニケーションの責任者は、「一部の文化圏では接客の笑顔の訓練がとても難しい」と筆者のインタビューで述べた。訓練生の中には、「おもしろくないのに笑うのは頭がおかしい」「挨拶もしない客にこちらから笑って話しかける必要がない」と訓練に対して拒否反応があることが珍しくないという。比較して、愛想笑いを得意とする日本人や、「危害を加えませんよ」という歩み寄りの笑顔を持つアメリカ人には、サービス人材としての笑顔の訓練は難しくないという。

　日本の人材教育では、「お客様をお迎えしていつでも対応できる」という状態の笑顔を「スタンバイの笑顔」と呼んでいる。H航空の訓練所ではこの呼び方を導入して教育プログラムを作成した。笑顔はスタンバイの意味という概念をラングとして教えることで受講生は笑顔を作ることが無駄だとは考えなくなったという。同じ表情を引き出すために、文化の背景を考慮すると教育プロセスのイノベーションが必要だった。

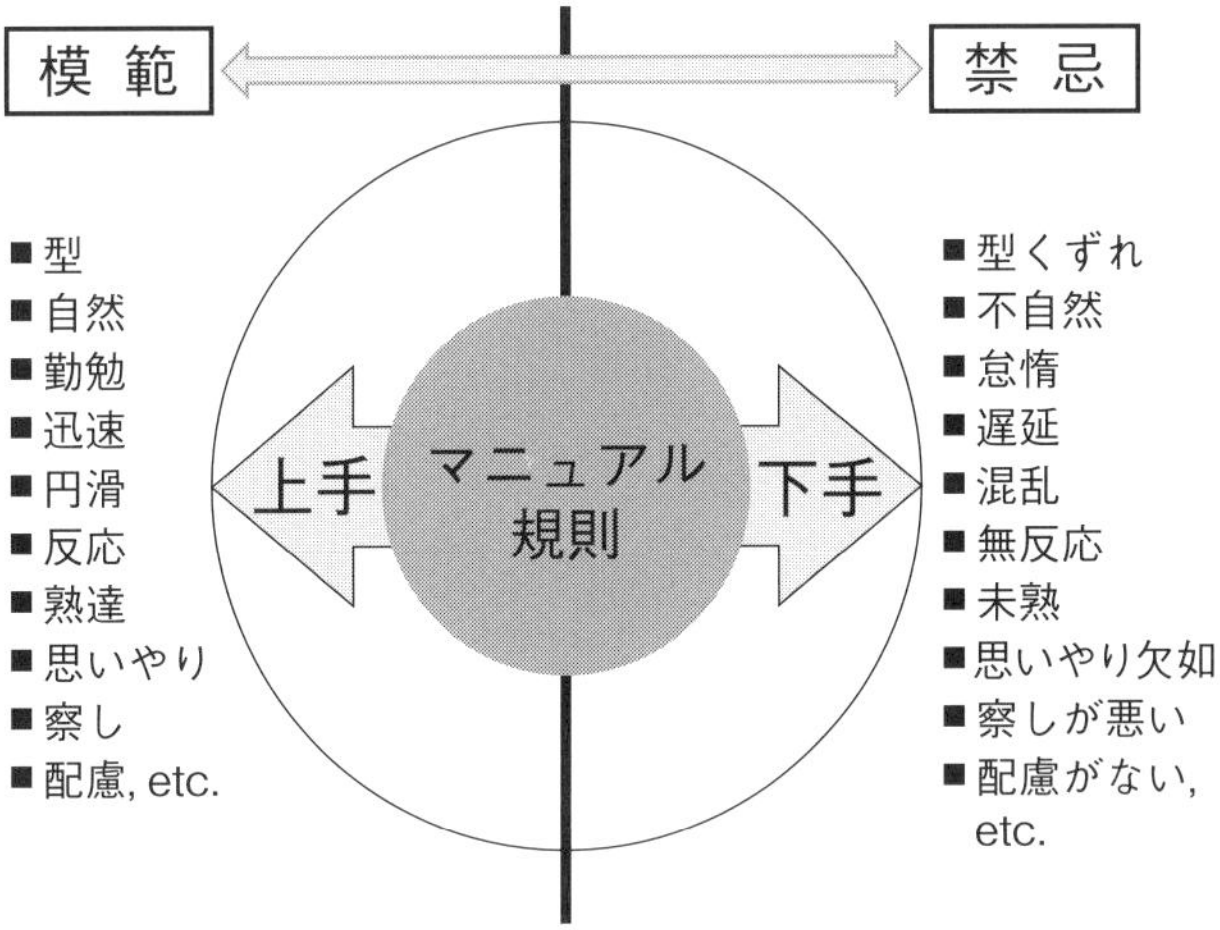

図３　立居振舞

　機内の密室空間では、たった一人の苦情や不満、泥酔者、素行の悪い者が、周囲を巻き込んでも逃げることができない。乗客の気分や感情は機内で起きたことだけで決まるわけではなく、航空機に乗り込む前に起こったことが影響していることは多い。客室乗務員は乗客の感情管理をするためにも立居振舞の模範を実践する。ホックシールドが「感情労働」と呼ぶもののひとつである（Hochschild　一九八三：七）。個人的な事情を持って搭乗してくる人は少なくないが、そのことを言葉で説明する乗客は多くはない。離陸前に座席にしがみついて身体を硬直させていた飛行機恐怖症の乗客は、恐怖の感情を怒りにすり替えて客室乗務員に苦情としてぶつけてくる人は少なくない。

　表情が硬かったり、目を見て話さなかったり、話しかけてもちゃんと答えないなどの乗客の態度は何かのサインであり、体調が悪かったり、苦情を我慢していることもあるので、飲み物や食事を手渡すときなどの接触機会を利用して対話を試みる。

機内は密室で乗客は他に行くところもないし、旅の途中で気分は開放的になり、人間関係は密になる。乗客は客室乗務員にとてもプライベートな話をしていくことがよくある。写真を見せながら旅行中の詳しい話をしていくことは珍しくない。旅には別れがつきものなので機内で泣いている人も時折見かける。衛星電話で何度も電話してはうなだれている客、同じツアー客にいじめられているといって何時間も泣いた客、新婚旅行で喧嘩をした夫婦をツアーコンダクターと一緒になだめたり、旅行中スリに遭って貴重品を全部なくしたとか、持病の話、家族の話や仕事の愚痴話も多い。長時間身の上話を聞くこともあるし、人生哲学を語っていくような人もいる。思いやりや状況を察するといったような、立居振舞を実践することで乗客の気持ちを解きほぐし、個別の対話に進むことができたら顧客のサービス経験の価値の共創もできる可能性がある。言葉が通じないことで状況把握が難しいこともあるので、トラブル時には共通言語を持っている乗務員に依頼し、同じような試みをする。

2　礼儀作法

礼儀作法とは、礼儀と作法の二つを組み合わせた言葉である。作法がマナー（manner）で、社交上の決まりはエチケット（etiquette）である。礼儀正しい態度のことを、polite や courteous という英語を当てはめて表現することができる。

ビジネスマナー研修のようなものは、日本では教育プログラムやマニュアルが非常に発達している。H国にもホワイトカラーを対象にビジネスマナー研修はあるが、米国と同じく、ビジネスチャンスをつかむための戦略的な自己表現としての教育プログラムであり、型にはめるものや加入儀礼的な意味はない。H航空では、通常のサービス教育以外に日本人による日本の礼儀作法の講義はあるが、通過儀礼的な性格がないし厳しく型にはめることもしないので、新入社員に聞いても何を学習したか記憶に残っていないという。

ホスピタリティ産業におけるサービス人材のためのプログラムは、マクドナルドのクルーやディズニーランドのキャストの育成マニュアルは世界的に有名で、誰もが同じ品質のサービスを効果的に提供する方法を指導するものである。例えばホテルであれば、誰が設置しても部屋にセットするグラスの種類や置く位置もすべての部屋が一センチと狂わず同じに仕上がるようになる。これも一種の「型」にはめる教育である。日本のマニュアル教育は米国から導入されたもので、ホスピタリティ・マネジメントやサービス・マネジメントといった学問も米国で発達した。

H航空の客室乗務員のサービス教育もマニュアルはあるが、どちらかというとひとつの模範呈示である。サービス設計の式次第がラングとして決まっているが手順の詳細は現場で担当する人がやりやすい方法でやればいい、他の人と同じでなくても良いというスタンスだ。例えば、コース料理を出す順番は決まっているのはラングでトローリーの上に置くものは自ずと決まる。それらをいくつどこに置くかといったアレンジは担当者が働きやすい方法で、個人の美的センスに任せて飾り付ければいい。

H航空の訓練所を何度か訪問してわかったのは、日本や米国のように、サービス人材全員が同じ作業をするためのマニュアル教育はなく、むしろエチケットの概念の方が重要に考えられていることだ。例えばファーストクラスのための特別なガストロノミー教育で、キャビアのプレートを盛りつけるときのキャビアのかたちが「涙型にするのがカンパニー・スタンダード」と教育しても、「丸や楕円でも客に失礼にならない」と客室乗務員の側も主張し、仕事の型としてのはめ込みを拒む傾向がある。形よりも客と個別に対話ができ、よい人間関係を作ることの方を重視している。ヨーロッパにおけるエチケットは皇族や貴族の階級社会の文化に通ずるものである。

エチケットの起源はヴェルサイユ宮の立て札で、手入れした庭を宮廷人がむやみに踏み荒らさないように、通路を示す「エチケット（立て札）」が立てられたことにある。立て札に従うようにという内意で、「エチケットに従う」という言葉が「正式にふるまう」という意味になった。「礼儀作法」という意味の日常用語になったのは十九世紀後半の英語圏であり、フランスでは savoir-vivre（処世術）と言っている（春山　一九八八：三六六―三六七）。

パリ国立図書館で出版された、日常生活関係史を集めたカタログの中で記されているのは、十九世紀には“savoir-vivre”（処世術）の要約書が多く、その目標はもはや宮廷ではなく、よい社会、世の中（bonne compagnie, société, monde）に変わっているとのことだ（春山　一九八八：三七八）。また中世の騎士道精神は、現代の紳士の信念や行いの中核として残っているし、上流階級の人びとに上品な作法を教えるための作法書は、中世の終わりにはブルジョアなどの新興階級の人びとに上流階級の行儀を覚えさせるための作法書として出版されていた（春山　一九八八：一五五）。

H国本国ベースの客室乗務員は国籍を問わないので、五十以上の国籍の客室乗務員がいる。訓練所では職場のエチケットを教えている。例えばH航空の乗務員たちの間で交わされる正しい握手の仕方を教えている。この目的は、日本の社員研修でお辞儀の型を身につけさせるのと全く同じと言ってよい。お辞儀文化で育った日本人も、正しいお辞儀の仕方や悪いお辞儀の仕方は教えられて初めて区別がつくように、握手をするときのタイミング、力加減、誰がいつ誰に対して握手を求めるのか、どのような挨拶を述べるのか、表情や目線、男女差、タブーなども、教えられて初めてわかることだ。「儀式の行程（Etikette ／ Ritual）」と訓練所のインストラクターは言う。

礼儀作法のタブーはたとえ機長でも許されない。たとえば出発時間ぎりぎりになって機長がスタンバイ[32]で呼ばれて機体に駆けつけてきたとしても、できるだけ早い機会に乗務員一人ひとりのところに自らが出向いて、握手をしながら自己紹介をしなければならない。その儀式を怠ると、「仕事上の事務的なことで対話をしても、到着地に着いた後、誰も夕食に誘ってくれないだろう」とインストラクターは説明する。社内規定にも、業務マニュアルにも、どこにも書いていない職場の決まり事が挨拶の仕方である。それはH航空の社員にとっては仕事の手順を規定するより重要なパロールになっている現実をふまえて、訓練所が教育に盛り込んだのである。

立居振舞モデルに関して、サービスの実践は同様に見えて、エチケット文化とマニュアル文化がある。マニュアル文化はマクドナルド化が進み、誰がやっても同じ品質のサービスが提供できるよう作業の型にはめようとし、スローガンなどが明確にされ文字にして書かれたものを共有したりするのに対して、エチケット文化は作業の詳細にはさほどこだわらず、即興劇を求めている。気品や品格といった規範は重視している。場と相手と状況に応じて、相手との関係性の中でルールやタブーを守り、自然に迅速に反応して、円滑な所作が熟達することが期待されている。

手を口に当てて笑うしぐさは日本のエチケットでもあるが、大笑いと同様に日本の航空会社では接客行動としてタブーと指導している。民族色の強い航空会社は国民文化をそのまま職場規範に取り込んでもあまり違和感がないが、多民族・多文化国家の航空会社は特定の民族文化の慣習を企業の行動規範とすることは繊細な問題だ。

3　しぐさ

H航空には一九七〇年代に今でも語りぐさになるほどストイックなカリスマ美容部門担当インストラクターがいた。足を組むことは日本では良くないしぐさだが、ミニスカートが流行した時代には、「美しい足は大いに出すべき」と指導し、美脚の日本人の客室乗務員を指名して客前で足を組んで見せるよう指導していたという。H航空はマニュアル文化ではなくエチケット文化であるために、足を組むこと自体が日本の礼儀作法の善し悪しに触れていることよりも、それがエレガントで美しいかどうかが重要だった。

腕を組むこと、立ったまま食べること、左手を使うこと、両手を使うこと等々、しぐさは文化的に意味を持ち、パロールが違うので誤解が起きやすい。H航空の立居振舞モデルは、日本のお辞儀のように十五度は会釈、三十度は普通礼、四十五度は敬礼など、角度まで決めて型にはめ、身につけさせるということまではしないが、異文化間コミュニケーションの訓練の中で取り上げてタブーを教える。担当者によれば、新入社員の訓練は五日間、広く浅く学ぶ。乗客へのマナーと同時に異文化ショックへの準備目的でもある。そこではラングの全体像というよりは、禁忌を教えている。パロールのレベルでは、特別食の扱い方とその思想は実践的な教育である。筆者はH航空がかつてそれを訓練していなかった時に、あるH国人の同僚がコーシャー・ミール(33)の扱い方を知識として知らなかったために、間違った準備方法をして乗客と大げんかになったのを見たことがある。別の航空会社のインフォーマントはインタビューの中で、「知らずに箱を開けて自分ではきれいにアレンジして出したつもりだったのに、乗客は『私の食べ物が無くなった』と泣いてしまった」という苦い経験を話してくれた(34)。

ある客室乗務員は、長く茶道を学んでいる経験から、茶道の所作の美しさはサービスのパフォーマンスに通じていると述べた。「お茶会でも、お手前の準備をする水屋ではばたばたなんですよ。誰がお客様として来るか知らないこともある。だけどもてなしの空間はお客様のための場所ですから、隣でばたばたしている様子を全く感じさせないような、美しく落ち着いた所作でもてなしの空間を作り上げるんです。それと同じことを機内サービスにも心がけています。ギャレーの中は本当に忙しくてたいへんだけど、キャビンに出たときには丁寧にゆっくりとサービスをするように心がけています[35]」。

しぐさは異文化の中では評価がまちまちである。たとえばいくつかのアジアの国々では、サービスにスピードを求めてくるため、時間をかけて丁寧に対応するとかえってクレームにさえつながる。スピーディなアジアの人たちの働き方は、ヨーロッパの人にとってはてんてこ舞い（hectic）にうつるというし、ヨーロッパの人たちが二時間も三時間もかけてワインや会話を楽しみながら食事をする習慣に合わせた仕事の速度は、日本人には客室乗務員が仕事を怠けているとさえ受け取れる。

背筋と腕をピンとのばして片手でシャンペンのボトルの底をつかみ、グラスに注ぐ姿の美しさは、背が高く骨も手もしっかりと大きな人が実践すれば格好がつく。日本人にとってシャンペンのボトルは重たく、女性が片手でつかむことは乗り物の中では危険なチャレンジである。

日本の礼儀作法では両手でものを手渡すのが基本動作で、ペンや紙など小さなものでも片手で手渡すのは丁寧さに欠ける。しかしテーブルマナーは西洋式でワインボトルは片手で持つのが美しいとする。逆に、西洋人が日本人と同じように両手を添えてものを渡すしぐさも妙な印象がする。文化的に規定されるしぐさは異文化間サービス現場ではどれもが正解で、やり方が混在しているが、ラングとしての印象管理は共通である。

4　言いぐさ

何を言ったかという話の内容よりも、どんな言い方をしたかが「言いぐさ」であり、ものの言い方である。機内サービスのやりとりの中で、いろんな言いぐさに出くわす。言葉は必ずしもその人の思いや考えを正確に表現しているわけではない。ちょっとした言いぐさに込められた感情に、本人さえ気づかないこともある。言いぐさは何かのサインでもあることがある。引っかかって気になることもあれば、聞き流して気づかないこともある。乗客の言いぐさに込められた感情に気づき、立居振舞全体から考察し、その日の出来事や状況も考慮して意味解釈を行い、必要な場合には積極的に介入する。

乗客に好印象を与えるための戦略的な言いぐさもある。マジック・ワード（magic word）と呼ばれるもので、日本語ならクッション言葉がそれに当たる。依頼するときには「恐れ入りますが」、断るときには「たいへん申し訳ありませんが」などの言い方もできる。英語でも、他の言葉でも、同様に相手が聞き入れやすいフレーズの決まり言葉がある。これは言いぐさの型であり、仕事に役立つ知恵のようなものだ。

サービス業では「ＮＯというな」というフレーズがあるが、ＮＯを言わなくてもＮＯの意図を伝えることは十分できる。苦情の中で、「土下座して謝れ」「社長を呼べ」というのも何度か聞いたことがあるが、それが本当の要求ではないので、社長を呼べない理由を説明することもしない。これも苦情の言いぐさの型で、決まり文句である。例えば機内販売で乗客の希望に添えないとき、乗客の言いぐさや言葉尻を捕まえて会話を継続させ、代替案を提案して買い物が成立することはよくあることだ。これが上手な客室乗務員は売り上げ成績が高い。

第４節　意思疎通

客室乗務員は、航空機のクルーである以前に企業組織の一員である。フライトのために短期プロジェクトとしてチーム編成を組んだものがクルーと呼ばれる運行・客室乗務員である。機内の仕事は初対面同士のチームワークの意思伝達が図られるが、それは大きな組織の意思疎通システムを基盤として実践されている。機内サービスにおいては、サービス・コンセプトが乗客に対して常に一貫しているべきであり、そのために作業プロセスがシステム化され、マニュアル化がなされている。航空機移動は企業のサービス・コンセプトがプロダクツとして具現化される空間であり、客室乗務員の身体表象を通じて価値が提供される場面である。その空間創造のプロセスを執り行う客室乗務員同士の仕事の意思伝達に行き違いが生じると、サービスがうまく提供できなかったり、場合によっては苦情へと発展する場合がある。

1　ほう・れん・そう

日本企業の新入社員ビジネスマナー訓練では、仕事の受け渡しにおける基本的コミュニケーションのルールとして、報告・連絡・相談の三つの漢字の頭をとって、「職場のほう・れん・そう」と呼ぶものがある。組織の命令系統のシステムの中で仕事の受け渡しがどうなされるべきかを理解することで仕事の実践が可能になる。情報や業務を共有し、意思疎通のすれ違いによるミスや延滞、それによる時間と労力の無駄を省き、効率の良い仕事を組織全体で遂行していこうとするものだ。

ほう・れん・そうの思想は、仕事は一人でするものではなく、職場集団やチームで実践し、企業一丸の活動なのだという規範の共有で、座学でラングの理解をさせ、パロールは日常的な実践の中で学ぶ。一方、H航空の職場でもコミュニケーションを重要に考えているが、ラングを強調することはあまりない。

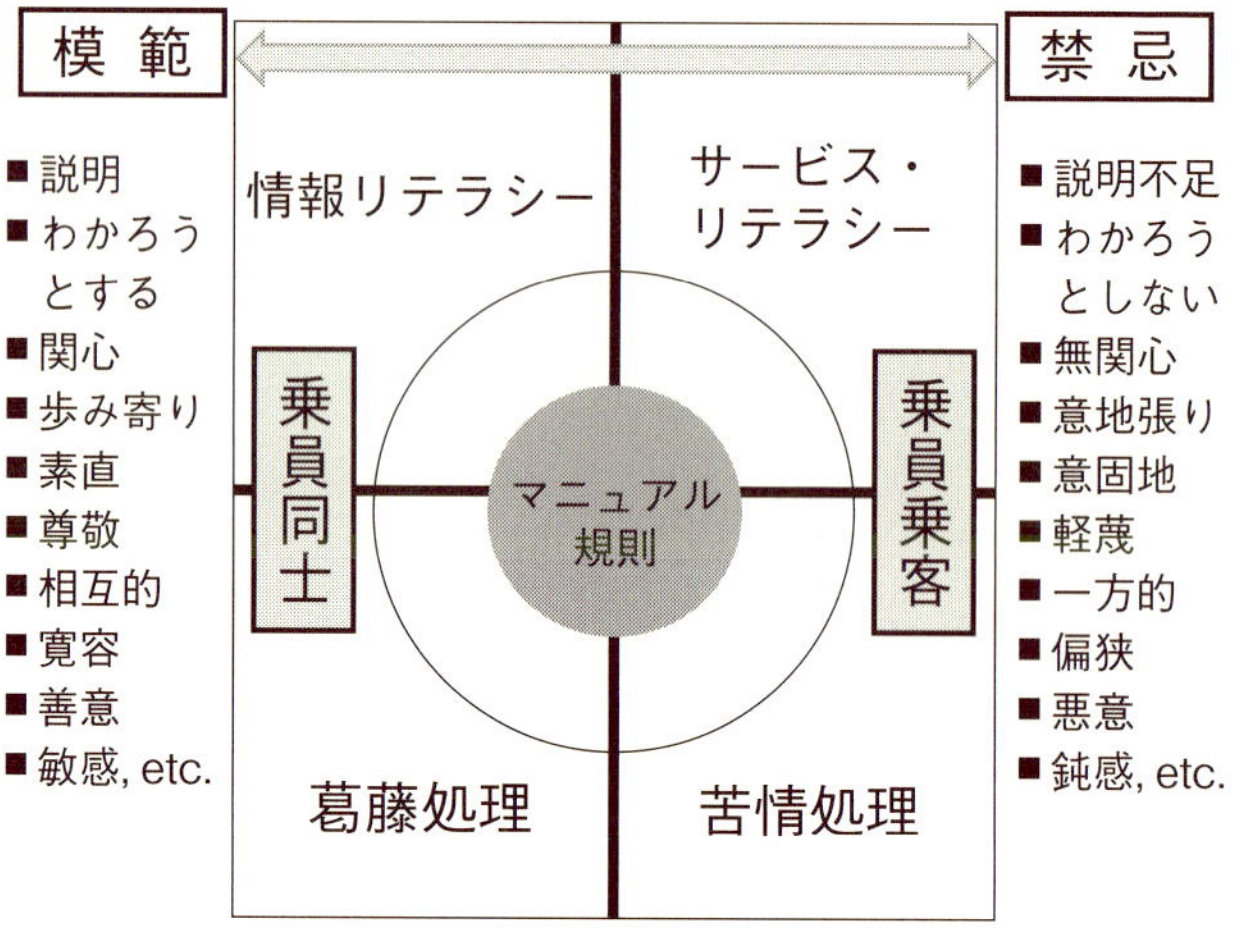

図4　意思疎通

乗員同士の仕事における情報リテラシーや、乗客との間のやりとりでサービス・リテラシーがなければ良い意思疎通とならず、すれ違いから葛藤や苦情が起きることになる。

2　乗員同士

航空機のサービスの仕事はチームによるものであり、自己流で乗客をもてなすことはない。特に乗客数の多いエコノミークラスでは、一緒に働くチーム・メンバーの数も多くなるために、業務遂行のプロセスで意思疎通や確認作業が頻繁に行われている。サービスの進捗が前後左右シンメトリックに行われるためには、互いに関心を持ちながら自分の作業分担を遂行する。

乗務員はそれぞれに異なるスケジュールにもとづいてフライト業務をこなしている。したがって航空機のクルーは大半が初顔合わせ同士の集団で共に業務をこなす。初対面同士でチームとしてサービス業務が可能なのは、企業が顧客に提示するサービス・コンセプトや、サービス設計が十分に情報として共有されているからである。基礎知識を基盤に定期試験や定期訓練、随時変更されるサービス設計の具現化の方法の周知が必要である。オフィスを持たない客室乗務員は、情報のほとんどをイントラネットかメールファイルに入っている資料で受け取り、それらの情報は相当な量だが乗務員同士が挨拶を交わす以前に理解を深めて来る規則になっている。個人がそれぞれに関心を持って手抜かりなく情報理解に努めなければサービス現場で混乱が起こる。同様に、機内の出来事について本社への報告は積極的に情報発信されなければならないが、実態は理想通りではない。そのために企業が歩み寄って工夫を凝らしたのは、情報共有の方法を構造的にシステム化したことである。例えばイントラネットへは二十四時間誰でも報告書が書き込めるが、できるだけ数値化された情報をインプットするように作られている。文字情報のレポートを書くこともある。

3　乗員乗客

航空機はサービス現場であり、ビジネスの場である。乗務員と乗客の関係はホストとゲストである。航空会社は安全で快適な空の旅のイメージを消費者に伝えようとするために広告活動を行うが、客室乗務員がそれを実証するのは機内である。

航空機に流れる時間は、ジョン・トムリンソンが指摘するように、時計によって刻まれる時というよりも、何回食事をしたか、何回映画を見たかという経験としての認識である（トムリンソン　二〇〇〇）。食事を出す時間、寝る時間などの時の刻み方や、トイレにいっても良いとき、座ってシートベルトをしていなければならないときなどの行動規制は、航空会社側が状況判断し、乗客に強制しているものであり、命令の権限は機長をはじめとするクルーにある。

「快適」を売りながらも行動規制を強制するという矛盾の中で、トラブルがなくサービスが展開できるのは、サービスの受け手とサービス提供者との間に規範が保たれているからであり、ここがどういう場かという共通理解があるからである。これがサービス・リテラシーである。

国際線では特に異文化ギャップで誤解が生じやすく、客室乗務員は即興劇的要素で対応が求められる。機内では乗客は自由行動が限られているのでサービスも受け身になりがちで、言葉が通じないことでも不自由である。異文化間サービスは、ギャップが楽しい経験として旅の思い出に残ることも多いが、逆に日常で受けているサービスが受けられるものと期待して裏切られた気分になったり、言葉が通じないことで無視されたと感じたり、言われていないことを言われたと勘違いしたり、客として大切にされなかったように思えたり、手を抜かれたと受け取ったりしてしまうこともある。サービスに対する要求が通らなければ不満が残るので、異文化ギャップから起きたズレだと寛容に受け止められないこともある。外国人の客室乗務員が仲介をすることは多いが、そもそも誤解によるトラブルを避けるためには、客室乗務員は母語以外の情報伝達方法に長けているよう求められる。客に尊敬と善意と関心を持っていることを言葉抜きにどう伝達するか、乗客のニーズをどうわかろうとするかなどは、多様な実践があってルール化はされにくい。H航空の場合は民族や宗教などをめぐるエチケットやタブーなどの最低の規範は座学学習をするが、実践にはマニュアルより事例を掲載したヒント集が役に立つ。乗客はパロールを認知して評価するのでその部分をより強化する。経験を積むうちにラングとパロールが理解されてゆき、リカレント教育で強化されるというしくみである。

異文化保持者同士でも、同文化保持者同士でも、個別の相互的なコミュニケーションから相手をわかろうと努めることが重要である。サービス・リテラシーが共有されている状況では、予期せぬ事件や大失敗が起きても決裂に至ることは少ない。

4　苦情処理

苦情は、乗客によって明確に言葉や態度で申し立てる人と、不快な気持ちをほとんど表現しない人と、後日申し立ててくる人などさまざまである。理想的には現場で「小火」の内に鎮火させることである。小火の鎮火とは、乗客の表情や言いぐさ、態度の違和感を読み取って先回りをして対処することで、苦情を述べられた後の対処ではない。乗客が不満を口にする前に、できれば不満として認識する前に介入できることが理想だ。

苦情対処はマニュアル化されていてたいていの企業にそのノウハウは存在する。営業や販売など、客と接する業務に就いている一般的な会社員なら、企業内教育で実技訓練を受けている人が多いだろう。苦情を述べる客の心を聞く傾聴訓練や、問題解決に持っていくまでの顧客心理、対話分析などが教育プログラムやマニュアル化されている。この技能を身につけるための人材教育のノウハウは、企業別で学習内容に大きく違いがあるとは思いにくい。しかし苦情処理の難しさはラングではなくルールにならないパロールであり、正解がない。実際の苦情対応は即興劇で、ルールを実践しているのではなく、瞬時の情報処理の作業を行っているのである。

苦情が出れば乗客は気分を害すだけでなく、乗務員がその対応の時間に取られると他の乗客へ使う時間を失うので、顧客価値の共創の機会も必然的に奪われていく。苦情は避けられないこともあるので、できるだけ早く気づいて小火で手を打つのが鉄則である。このようなこともラングである。

客室乗務員がいつも乗客の気持ちや状態に関心を持ち、尊敬の念を持って関わろうとする態度が重要だし、そのことを情報として乗客に伝えることが大切である。乗客の気持ちをわかろうと努めたり、何かが起こった折には十分に説明をしたり、素直に乗客の言い分を聞いたり、寛容な態度や歩み寄りをするなど、文章化するのは簡単だ。実践の即興劇は情報処理をする技能が問われる。情報処理が上手な人は問題解決が早い。下手な人は火に油を注ぐこともやってしまうし、トラブルや苦情が多い客室乗務員はいる。あるベテランインフォーマントは、他の客室乗務員の苦情の後片付けをした経験を振り返って、次のように述べた。

「やりとりを続けているうちにどんどん客が怒ることがあるけど、そういうときって客室乗務員の側がへんなものを出してるんだと思うよ。客にはそれが伝わってるから怒りをエスカレートさせちゃう。」

「へんなもの」とは何かを尋ねた。事例はH国の客室乗務員が日本人乗客に対して何か失敗をし、不十分な対応をしたことが発端で、目の前の本人には文句を言わず、たまたま近くにいた新人の日本人客室乗務員をいきなり怒鳴りつけたというものであった。状況がわからないままに対応しているうちに乗客の怒りは収集がつかなくなったので、パーサーの指示で日本人のベテラン乗務員が事態を引き継ぎ、乗客の怒りを収めることができた。このように担当者を変えたり、時間をおいたりというのは苦情処理の典型的なマニュアルであるが、ルール通りにやったから問題が解決したわけではない。インフォーマントは次のように分析した。

「たぶん、その日本人の新人は、『私がやったんじゃないのに、ついてないわ』っていうような思いがどこかにあったんじゃないかな。そういう感情は無意識でも表情なんかに出てたりするもんなんだよね。そういうへんなものってちゃんと相手に伝わるんだよ。乗客だってたぶん、話しても話しても聞いてもらっていない、僕の怒りをわかってもらってないっていう思いが募って、どんどん気持ちがずれていく。わかってもらえないからしまいに我慢の限界がきて爆発しちゃう。対応しながらだんだん相手を怒らせる子って、自分でも知らないうちにそういうへんなものを出してると思う。」

また受け取った苦情について、客室乗務員が会社に適切に報告しないと、企業が事態を認識できない場合もある。イントラネットによる報告や、担当部署や上司と直接話ができる環境など、コンタクトポイントにアクセスしやすい環境設備は企業内のシステムが機能していなければ変化は起こりにくい。

例えば、筆者が乗り合わせたある便では、デザートにブルーベリーチーズケーキが搭載されていた。ソースがスポンジにしみている部分はすこぶる美しい真っ青な色で、それを知らない慣れない乗客から「カビが生えている」と言われた。客室乗務員が「それが自然の色」だと説明をすると乗客は納得するから問題は解決している。これはラングである。しかし一機で三人の乗客に同じことを説明したある客室乗務員は、「紛らわしいものを出すから乗客に不安を与える」と判断し、このような乗客のコメントを苦情ととらえて会社に改善案の報告書を写真付きで提出した[36]。乗客からの情報を苦情ととらえるかどうかはパロールで、客室乗務員の裁量にかかっている。乗客が苦情を述べているのか、不安を述べているのか、質問をしているのかといった事実がポイントではなく、相手がどんな気持ちで訴えてきたかという感情をわかろうとする創造力が顧客価値の共創を生み出すことになる。これには乗客が話しかけやすい客室乗務員であることが前提なので、印象管理や立居振舞といったものの重要性と連動している。

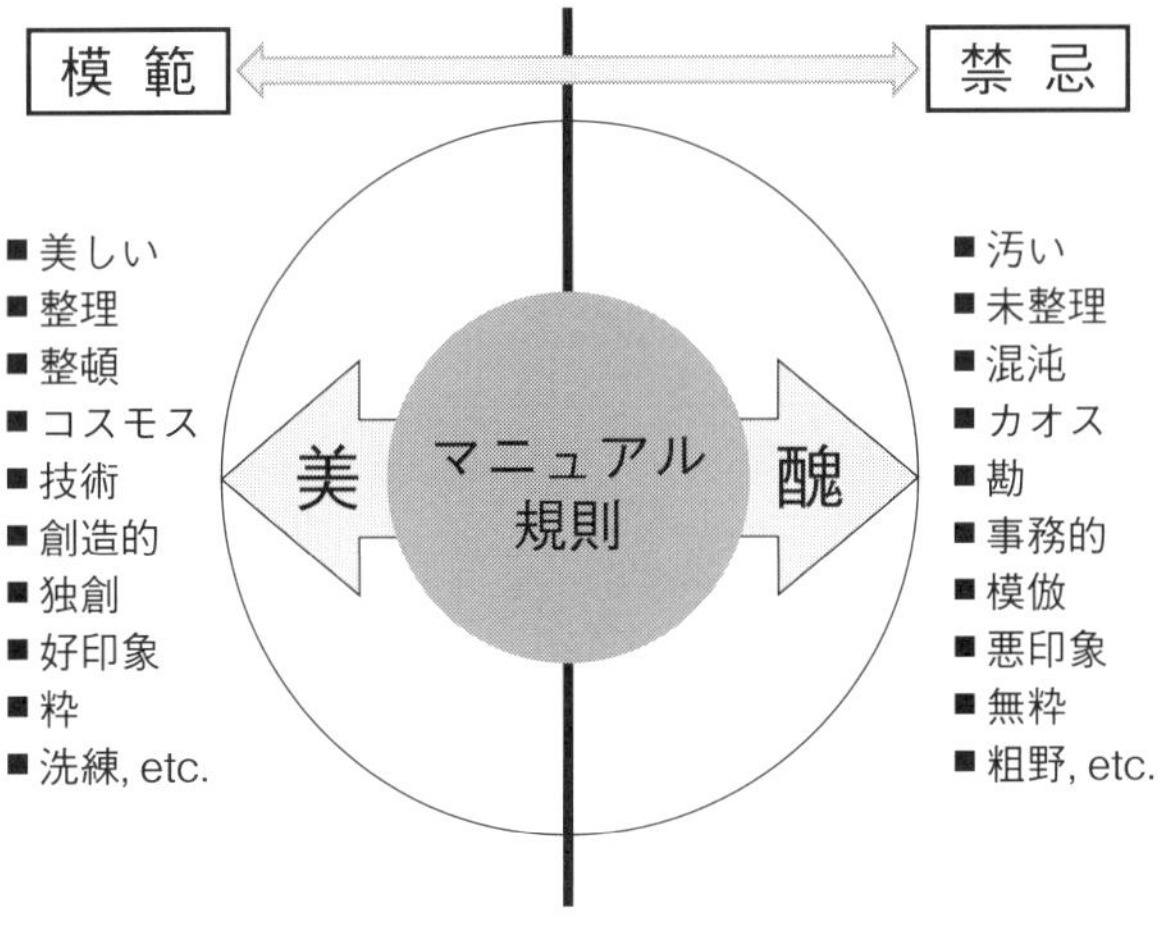

図5　展示演出

第5節　展示演出

航空サービスの展示演出とは、企業の思想や理念をさまざまなシンボルに変えて情報伝達をする行為である。イメージ戦略は意図的かつ操作的だが、企業の本質や体質が意図しない場面で表出することもある。

一九八二年に初代国立民族学博物館長である梅棹忠夫の提唱によって設立された日本展示学会は、「展示」を「総合的なコミュニケーション・メディア」としてとらえ、単なる「陳列」とは異なる概念として、その研究の必要性を設立主旨にうたっている。展示はマス・メディアのひとつではあるものの、「みるもの」と「みせるもの」・「みるもの」と「みられるもの」とのあいだに双方向的な対話と相互作用が成立する点で、一方通行的な情報伝達となりやすいマス・メディア（例えば印刷媒体による言語的情報伝達や、テレビ、写真などの映像）とは性質が異なるという。展示は情報の受け手が自ら身体をはこんで積極的に参加する側面があり、言語情報や映像情報をも包含しつつ実物による情報や実体験による情報を加えることができる。いわば展示は五感すべてによる体験情報をあたえることができる総合的メディア、あるいはコミュニケーション手段としての特異性をそなえている。

航空会社にとっての客室乗務員は展示そのものであり、メディアであり、企業はそれを有効に活用しようとする。倉田公裕は博物館の展示論において、「展示（exhibition）」とは見せること（to show）であり、ものを選び意味のある表示（meaningful showing of things）を行うことであり、目的のある陳列（display with purpose）を意味し、そこには人に積極的に見せようとする意識があり、コミュニケーションのひとつの形態であると説明している（倉田 一九七九）。

企業のブランド・マネジメントはいわば神話作りである。乗客は広告宣伝、メディア報道や既利用者の評価などを通じて、ある程度イメージと期待を持ってやってくる。航空機を利用するプロセスで乗客が目にするものは、企業のシンボルマークや洗練された美しいデザインをともなった機体の内外装、施設、道具、配布物などのモノであり、それを利用してサービスという情報を客室乗務員が発信する。機内はサービス設計された独創的な空間が創られ、演出されているが、それ以外にも企業の本質が展示される場面がある。客室乗務員の仕事ぶりを通して見える組織文化は、ギャレーが整理整頓されているかや、キャビンのごみの回収やトイレの掃除が行き届いているか、機材の故障や事故が少ないかなどの実態で顧客サービスに対する企業の姿勢が把握できることがある。

1　内装

航空機自体はどの航空会社も同じ航空機メーカーから買い付けるため「入れ物」としての航空機はすべて同じであるが、外装と内装に航空会社による独自性が表現される。

森川嘉一郎は、民間航空会社の飛行機のボディのデザインの変遷について、「官から民へ、民から個へ（森川　二〇〇三）」の変化と呼び、航空会社が規制緩和によって国営から民営化し、さらにグローバル化の影響で人の国際間移動が個のものへとシフトしてきた現象と、デザインとの関連を、事例を示しながら説明している。民間航空機は国家や領土や時差や市場を越えたところにあるサービス産業の場である。乗客が過ごす客室の内装は企業イメージの色で統一され、天井は高く、壁のあちこちに企業のロゴマークやモチーフが飾られる。客室乗務員の制服と統一感のある、過ごしやすい空間のコスモスが演出されている。一方、客室乗務員の業務ステーションであるギャレーは、コンテナやトローリーなど作業用の道具がむき出しで配置され、天井は低く、陳列ルールにもとづいて収納場所が決められている。隠しテーブルや引き出しなど働く人のための機能性に配慮し、作業効率に優れた作業場で、常に整理整頓しなければ立っている場もなくなるほど狭い。サービス演出のための表舞台と裏舞台のふたつの世界が内装によって区別されている。

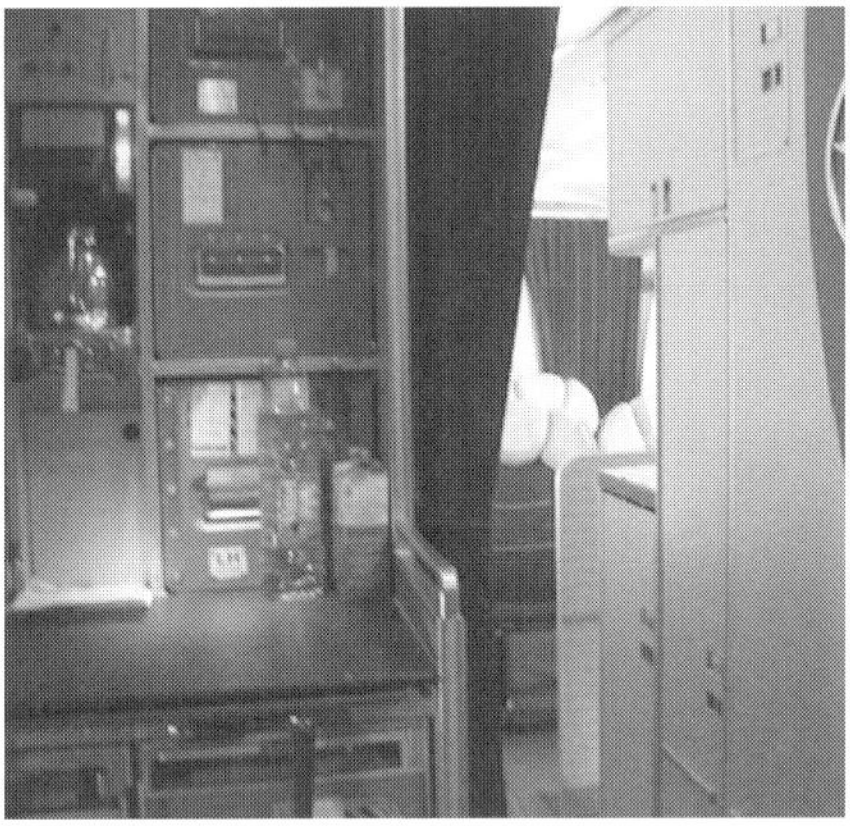
内装（ギャレーから見たキャビン）

機内サービスが展開するキャビンは、チケットの代金によりクラス分けされたたった一枚のカーテンで仕切られている。その線引きによって乗客は所属クラスよりも上の階層には出入りすることが許されていないという意味として、乗客の行動管理が規制されている。

航空機は時差を移動するので、トムリンソンが指摘するように、空間的な体験ではなく時間的な経験をしている。オジェも言うように、場所の変化という体験をしない空間なのである。映画が何回、食事が何回といったエンターテインメントの仕掛けやサービス設計によって、自然な時間の流れ方とは異なる無機質な機内時間が区切られているのである（Augé　一九九五）。

航空機メーカーの技術もエンターテインメントを搭載している。たとえば海のリゾート地に向かう便では、食事が終わって照明を落とすときに、あたかも海岸のサンセットを思わせるかのような青と赤の照明を、まるで夕焼けの中にいるかのように時間を掛けて落としていく。朝食サービスが始まる前には、いきなり照明を付けて明るくすることをせず、海の夜明けを思わせるかのようなピンクの照明を使って、徐々に客室を明るくする演出をする。このような展示演出モデルは、施設として搭載されていても、客室乗務員が演出を意識しなければ使われずに無駄になってしまう。

2 座席

快適な座席はサービス・プロダクトであり、広告シンボルのひとつである。その開発は企業間競争になっている。クラスによって座席は大きさも機能も異なるし、スペースも異なる。例えば高級車にも使われる座席メーカーに依頼して人間工学にもとづく技術研究を重ね、長時間フライトでも疲れにくい座席を導入するのもサービス設計のひとつである。一八〇度フラットシートやマッサージチェアも、空の移動時の空間の質を高めることに貢献している。新しいデザインに改良されると、座席そのものをサービスの象徴として広告宣伝の展示を行う。

座席は乗客が航空機にいる時間帯のほとんどの時間を費やす場である。座った状態で目に入る範囲はおおむね展示スペースなので、広告満載の機内誌やビデオスクリーン、安全規定のしおりなど、さまざまな情報が置かれてある。エンターテインメント用の電気パネルは英語が読めない人のためにボタンはピクトグラムで記されて、ライトやオーディオなどのスイッチがどれかわかるようになっている。

退屈な機内の時間を少しでも楽しく過ごすことができるよう、娯楽機器が設置されているが、乗客が体験するサービスはソフト・コンテンツである。デジタル・コンテンツの多チャンネル放送が可能となってからは、出発地や到着地がどこかに関係なく、複数の異なる言語でたくさんの映画や音楽などが同時に視聴できるようになった。グローバル化の影響で乗客の国籍や民族が混在しているので、日本路線にもポルトガル語やイタリア語の映画のニーズがある。チャンネル数も増えている。ヘッドフォンには飛行機のエンジンの轟音がシャットダウンされるノイズキャンセリング技術仕様のものが早くから導入されている。サービス・プロダクトとしてのハードウェアやソフトウェアをサービス設計の中に組み込んで提供すること自体も、またそのことを広告に掲載することも、展示演出モデルの実践である。

3　食事

機内食は乗客が楽しみにしているものでもあり、航空会社がその品質の向上に最も力を注いでいる展示演出モデルのひとつである。

航空機の食事は西洋料理のフルコースが基本形である。それにローカル文化の展示をする工夫がサービスとして発達してきた。たとえば日本路線だと、暖かいメインコースや前菜の一部が日本食になっていて、海外旅行から帰国する日本人乗客にはふるさとの印象の味に、日本を訪れる海外からの乗客には粋な異国情緒を感じさせる食事を提供している。海外で調達できる食材は限られているため、日本と同じ日本食の再現が難しい料理も少なくないし、輸入食材はコストが掛かるので、担当者は創造的演出を試みなくてはならない。

ビジネスクラス日本料理の機内食

航空機移動や乗客と共に一九九〇年代には食事そのものも大衆化した。牛肉のステーキなどよりもカレーライスやどんぶりものなどの人気があがった。その結果、航空機のエコノミークラスの典型的なトレーは、前菜にはすしやそば、メインコースがどんぶりものやカレー、デザートのケーキにロールパンがきれいに整頓され、非日常的かつ独創的な食い合わせが定着してきている。これはトムリンソンが指摘するような、グローバル化が進んだスペースにおける文化的均質性や文化的一元化の傾向のひとつである（トムリンソン　二〇〇〇）。

国際ビジネスマンが増加して、美しい高級日本食を知っている外国人の乗客も増えると、本格的な料理を求めてくるようにもなってきた。ファーストクラスはコースごとに食事を選ぶことができるため、乗客が主体的に和洋折衷にして独自のメニューを組み立てることも可能になった。フュージョン料理と呼ばれる無国籍の創造的料理も発達してきた。ごはんにキャビアをのせたキャビアどんぶりや、そばを野菜とドレッシングとあえたサラダなど、出発地で調達できる食材を使って第三文化的な料理を出現させるのも粋な展示演出モデルの実践である。

4　販売

海外製品がとても高価な時代には、海外旅行に行った際に免税でアルコール類や化粧品類を購入すること自体に価値があった。高級化粧品を持っているというだけで、海外旅行に行ってきた、贅沢をしていることの誇示になり、おみやげも喜ばれたので大量に買い物をする人たちが絶えなかった。

現在は、輸入が活発になり国内価格もかつてよりはずっと買いやすくなったし、海外旅行にも行きやすくなったために、免税品の買い物をする意味がかつてほど大きくなくなった。大量に買い物をする人が減ったその代わりに、商品を多様化させたり、免税品の代わりに各航空会社のオリジナルのみやげものにバラエティを増やしている。

航空会社そのものをブランド化することに成功した企業は、その航空会社を利用したことの記念になるような独自の商品をたくさん出している。航空会社ごとに異なる越境空間の観光みやげを創出させたと言える。航空にはマニアやファンがいるので、その航空会社の便で飛ばないと買うことができないオリジナル商品のコレクターの購買意欲を刺激している。そこにしかない商品を手に入れる経験に価値をつけるというサービスのひとつの形である。客室乗務員が身につけることも広告宣伝になるし、映画の合間にビデオで広告を流したり、販売するときには乗客に実物を展示しながら薦めるなどの工夫も行われている。また先住民族がいる国家であれば、伝統文化の工芸品やモチーフを取り入れた商品に航空会社のロゴをつけて販売することなども行っている。機内にしかないものを提供するというのも付加価値をつけるというサービス設計の展示演出モデルである。最近はインターネットでのオリジナルグッズ販売も充実してきた。

第6節　危機対応

危機対応とは、通常ではない何かに迅速に気づき、あらゆる危機や危険を防ぐこと、あるいはすでに起こってしまった危機に迅速に対応し、協力して通常に戻すことであり、危機状態にならないよう、日頃から注意し、危機に備えて用心や対応のシミュレーションに励むことでもある。訓練にはプログラムがたくさんあり、マニュアルもあるが、機密性の高い訓練には文書化されたマニュアルは配付されない。

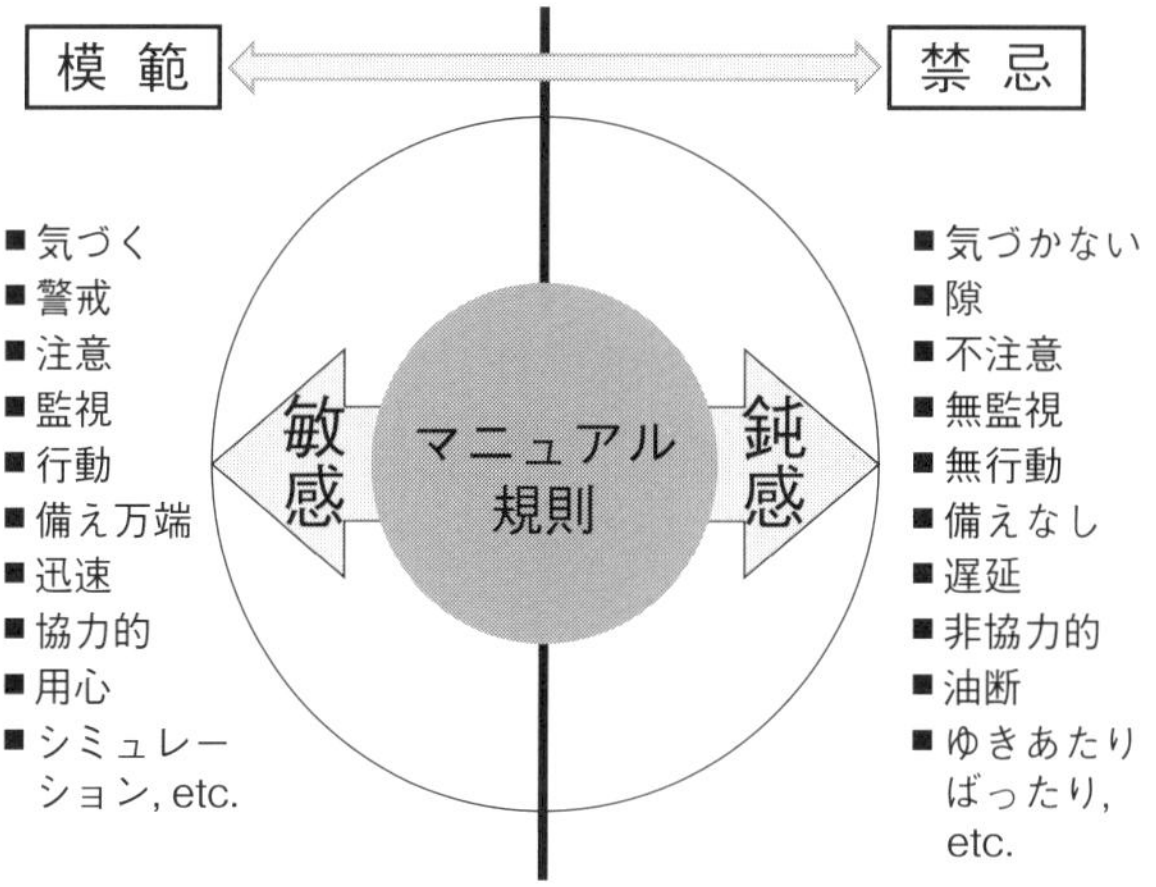

図6　危機対応

危機とは、航空の場合は事故やハイジャック、テロなどの事件、急な病人やけが人の発生、機内の安全運航の妨げになるような迷惑行為などが考えられる。サービスに関する危機は、苦情やトラブル、作業ミスや仕事の失敗、職場のコミュニケーションの問題などである。顧客価値の共創は、危機的状況を回避してこそ成り立つので、サービスは危機管理が前提となる。

航空の危機管理は人命にかかわることなので、想定される危機には対応の手順が徹底的にルール化されている。ここで大事なのは「ラング」以上に「パロール」であり、実践重視である。訓練はシミュレーションを何十回も何百回も繰り返す。しかし実際の危機状況では想定された通りになるとは限らないし、命の危機に瀕したときにはマニュアルよりも生きのびるための判断が重要なので、状況把握をして行動するのは個人である。その気づきの技能を高めるための認知行動科学の訓練も取り入れられている。敏感に状況に対して気づくことと、迅速に判断して行動を起こすことが重要で、いざというときに動けるように普段から備えていることが義務づけられている。

1　事故

航空機は移動手段であるため、万一の事故に備えての避難脱出を想定している。客室乗務員は緊急脱出のための訓練と試験を毎年受け直しているが、アメリカ航空宇宙局や航空機メーカーの報告を受けたり、実験の分析の結果を開示されたりして、脱出プロセスの変更など、随時、危機対応方法は改善される。近年の一番の変化は、乗客を避難脱出プロセスに積極的に関与させようという動きで、安全もサービスとするならば、企業と顧客との共創によってより高次の安全をサービスとして創出するという考えでもある。

客室乗務員は、乗客が搭乗して挨拶を交わしている時から補助要員になれそうな人材を捜している。訓練所のインストラクターによると、身体の大きな男性だからといって緊急時に役に立つとは限らないらしい。お年寄りや小さな子供、身体の不自由な人たちに手を貸して援助できる人や、先に機体から脱出した人が後から来る乗客の脱出を補助したり、機体からなるべく遠いところへと誘導する人が必要だ。こういった援助をかつては客室乗務員が平時に乗客に依頼することはなかったが、近年は非常口に近い特定の乗客に直接依頼したり、機種によっては非常口の開け方など具体的な役割を伝えることもある。客室乗務員が乗客を助けるのではなく、共に危機に対応するという考え方への変化は、CRM（Crew Resource Management）という米国航空宇宙局NASAが開発した、航空会社の乗務員のための特別な訓練プログラムの思想であり、それは機内のあらゆる資源を活用して危機に対応するというものである。

事故は航空機そのものから脱出しなければならないものや、気流の悪いところを飛行したり、急な減圧によってものが落ちてきたり飛んできたりする危険な経験、火事や盗難、機内暴力や問題行動など機内で対応すべきもの、テロやハイジャック、脅迫のように外から仕掛けられるものなど、さまざまな状況が考えられる。

普段、機内で小さな事故による怪我をするのは乗客よりも圧倒的に客室乗務員だ。乗り物なので基本的に足元が不安定だし、狭い場所で重い荷物を運ぶことも多いので、職場は危険な所だと注意を喚起されている。筆者の目の前で、着陸の振動でブレーキが外れて動いてきたトローリーから身を守るためにねんざをした者がいた。筆者の同期生は機体が大きく揺れた拍子に座席とトローリーに足が挟まって、みるみる足が倍ほどに腫れ上がったというアクシデントに遭遇した。いずれもしばらく働けなくなった。揺れでコーヒーなど熱いものをかぶった者や、身体のあちこちをぶつけたり挟んだりするようなことはきりがない。航空機は常に機首を上げて飛行しているので、機内は坂道である。一〇〇キロ以上ある食事のトローリーを押したり引いたり、重たいものを持つことで腰や腕や手首などを痛めるといったことは日常茶飯事である。暗い通路で足や荷物を投げ出している乗客につまずくこともよくあることで、運が悪い者は入院する。深夜勤務明けで疲れていて足元がふらつき、雨に濡れたタラップから落ちて大けがをした者もいる。オーブンや熱い食事を扱う際にやけどをしたり、ガラスやプラスチック類が割れてざっくりと手を切ったり、ファーストクラスで朝食の卵を焼いていた油をかぶって大やけどをして救急車で運ばれた者もいた。黄熱病蔓延国出身の乗客が興奮して振り回した長い爪が、乗務員の目に刺さったということもあった。

2　病気

機内で貧血や立ちくらみで倒れる客は、日欧路線のような長距離便だとほぼ毎便に近い割合で現れる。旅行中は疲れがたまっていたり寝不足だったり、非日常的経験が続く緊張感があって、さらに航空機の狭さや空気の薄さ、気圧の影響、おまけに機内ではプライベートな空間がほとんどない。こういった複合的な原因から乗客は体調も心理状態も不安定になりやすい。気分が悪くなるとトイレに行こうとするので、通路の真ん中でいきなり倒れたり、トイレから戻れなくなったりすることが多い。またはもっと具合が悪くなって座席から動けなくなっている乗客もいる。食事サービスの合間は十五分おきに客席とトイレの見回りをするのは客室乗務員の危機管理業務のひとつである。「ラング」として「見回りをする」ことが決まっているが、何を見て何に注意を払うのかという「パロール」が重要で、深刻な乗客は声も出せなくなっていることがあるし、座ったまま亡くなっていた乗客を、「ずっと寝ていると思っていた、申し訳ないことをした」と筆者に述べた同僚もいた。

深刻な病気で一番多いのは、心臓発作と脳関連の病気である。人間の脳は呼吸が止まってから四～六分で低酸素により脳死にいたる。機内では心肺蘇生をするのは客室乗務員で、運良く医者がボランティアで名乗り出てくれたらその指示を仰ぐ。地上なら救急車を呼べるが、病人発生後に機長が直近の空港を探して着陸できたとしても、機体のドアを開けられるのは最短で三十分である。運悪く機上で亡くなる人は時折いる。

命にはかかわらなくてもすぐに地上に降りられないために、激痛や苦痛で長時間苦しむ場合もある。尿管結石で七転八倒してうなり続ける乗客を見たことがある。乗り合わせた医者によると、痛み止めを機内で使うことはリスクが高すぎるらしい。

機内には医者だけが使える医療器具や医薬品をはじめ、酸素ボンベ、一般の人でも使える救急医療用具や薬や器具などが搭載されている。酸素の使用頻度は日欧路線のような長距離便だとかなり高い確率となる。

パニック発作や恐怖症は乗客の中に少なくない。発作として出るものもいれば不機嫌な態度として出る者もいるためにわかりにくいことがある。非日常空間で閉鎖空間、異文化接触などのストレスが多い場面なので、耐性に強くない者は精神的不安定として言動に表れるために、小さなことでも感情的になって大変な剣幕で怒りを表したり、号泣する乗客もたびたび現れる。他にもてんかん発作や過呼吸症候群もよく遭遇する。

かつては、急病人が出たら機内で何とかしなければならなかったが、現在は衛星電話を通じて医療に関するアドバイスを受けられる組織が設立されている。

急病人が現れたとき、第一発見者がイニシアティブをとり、第二発見者が乗務員に知らせ、第三発見者以後は器具を集めたり環境を整えるなど、第一発見者の処置の援助を行う。このような手順で救助体制チームを作ることが、訓練の中で徹底している。この訓練内容もやはり「ラング」よりも「パロール」の優先で、身体レベルの実践に主眼が置かれる。症状や状況に気づき正しく迅速に判断して対応することが要求される。危機対応モデルの実践のためには教育プログラムの徹底と技能向上のための定期訓練、加えて危機に対する備えを万全にしようと考える職場のモチベーションなどが必要である。

航空機の客室は飛行すると密室になるために、風邪やインフルエンザなどの感染症に掛かった人間がいるとウイルス感染しやすい環境ができる。アメリカの事例では、たった一人のインフルエンザの乗客がいた六時間のフライトで、百人以上に感染した記録が残っているという。空気が乾燥しているために感染しやすいのだ。

航空アライアンスが設立されてからは乗客の客層が多様化したこともあり、どんな感染症保持者が機内に乗ってくるか予測がつかない。アフリカに行く機会がある乗務員は、黄熱病の予防接種を受けているし、客室乗務員は普段から指など身体の露出している部分に怪我をするとかなり神経質に傷口を消毒し、空気に直接触れないように気をつけている。普段から消毒ジェルを置いて頻繁に手を消毒し、警戒している者もいる。

また鶏肉や牛肉など、食肉を通じて感染する病気について、航空会社は相当神経質になっており、間違っても機内食に出さないよう管理されている。

3　事件

国際民間航空機関（International Civil Aviation Organization：ＩＣＡＯ）には、機内の事件に関する分類方法のガイドラインがある。特に一九九〇年代には「アンルーリー・パッセンジャー（unruly passenger）」と呼ばれる手に負えない乗客による、いわゆる機内迷惑行為が増加して世界的問題になり、機内暴力騒動の報告が急増加した。シートベルト利用の拒否、危険物の持ち込み、アルコールやドラッグ、身体的かつ言語的な暴力や虐待行動、嫌がらせ行為、武器や道具を利用する破壊的行動、飛行中に非常口の操作をする者、携帯電話の使用、トイレでたばこを吸うなどの機内のルールを守らない人、迷惑行為の延長の暴力や危険行為が、世界中の航空会社から国連機関である国際民間航空機関に報告された。利用者の大衆化と増大、グローバル化の影響や、禁煙便の増加、ハイテク産業や長引く経済不況による社会的ストレスなど、複数の原因が指摘された。さらに二〇〇〇年代に入って特にビジネスクラスで迷惑行為が増加したという現象もあった。

航空の安全運航妨害は世界の治安の乱れとして、国連レベルで深刻な問題として取り上げられた。国際民間航空機関において議論を繰り返し、二〇〇一年十月の総会で安全阻害行為等を犯罪とする立法モデルが承認された。これに準じて各国は航空法の改正を進め、取り締まりの強化や罰金制度などが具体的に決められた。

安全運航を守るために客室乗務員は常に警戒と監視をしている。スカイ・マーシャル（sky marshal）という特別な訓練を受けた警察[37]が機内に乗るようになってからは、客室乗務員は暴力から身を守るための訓練も受けるようになった。九・一一米国同時多発テロ後の訓練で、H航空では自衛防衛に関する客室乗務員の法的な保護が保証されると説明を受けたが、これに関しては各国航空法に準じている。

機内が密室なのでめったに盗難は起こらないとはいえ、たまに騒ぎが起きる。筆者の便では、自分が事件の被害者だと大騒ぎをした乗客自身が、愉快犯でブラックリスト客だったというケースがあった。乗客同士の喧嘩は時折起きるので仲裁に入ることがある。他の乗客の態度が気に入らないから状況改善をしろと客室乗務員にくってかかってくる乗客もいる。グループ・ツアーが集団で騒いでうるさい、子供が騒いでいるのに親が面倒を見ないから迷惑、反抗期のティーンエイジャーの素行が耐え難い、酔っぱらいに絡まれている、痴漢行為など、大小の事件が密室で起きる。倒した背もたれを元に戻したくないと主張して喧嘩になったり、空いている飛行機で隣人が自分よりも多く空席を確保したことが気に入らないために、寝ていた乗客を怒鳴りつけ周辺の人びとを驚かせた乗客もいた。機内文化の規範やリテラシーが低下した現象と言えるが、グローバル空間の公共性の課題が考えられる。

4 テロ

犯罪心理学によると、二〇〇一年の九・一一米国同時多発テロに見られるハイジャック犯の心理は、かつてのハイジャックの動機づけとは明らかに変化したという。ハイジャック犯の心理は、多くの犠牲者を出し、世界中の人びとに知れ渡り、国をまたがって社会への影響や宣伝効果が大きいことを利用して、自らの目的を遂げるために乗客や飛

模範	マニュアル・規則		禁忌
清潔，信頼，明朗，真面目，几帳面，愛想，暖かい，好感，友好的，健康，etc	印象管理		不潔，不信，陰鬱，不真面目，だらしない，無愛想，冷たい，嫌悪，非友好的，不健康，etc
	表	裏	
型，自然，勤勉，迅速，円滑，反応，熟達，思いやり，察し，配慮，etc	立居振舞		型くずれ，不自然，怠惰，遅延，混乱，無反応，未熟，思いやり欠如，察しが悪い，配慮がない，etc
	上手	下手	
説明，わかろうとする，関心，歩み寄り，素直，尊敬，相互的，寛容，善意，敏感，etc	意思疎通		説明不足，わかろうとしない，無関心，維持張り，意固地，軽蔑，一方的，偏狭，悪意，鈍感，etc
	情報リテラシー	葛藤処理	
	サービス・リテラシー	苦情処理	
美しい，整理，整頓，コスモス，技術，創造的，独創的，印象的，粋，洗練，etc	展示演出		汚い，未整理，混沌，カオス，勘まかせ，事務的，模倣，印象なし，無粋，粗野，etc
	美	醜	
気づく，警戒，注意，監視，行動，備え万端，迅速，協力的，用心，シミュレーション，etc	危機対応		気づかない，隙，不注意，無監視，無行動，備えなし，遅延，非協力的，油断，シミュレーション欠如，etc
	敏感	鈍感	

表1　サービス価値モデル５要素

行機そのものを支配してコントロールするものである。かつてのハイジャックには政治的な目的達成のために死にたくはないという犯人の感情があった。もうひとつは、一九九九年に起こった全日空六一便ハイジャック事件などのような「ルナティック（lunatic）」と呼ばれる、狂気によるハイジャックのタイプがあった。九・一一は自殺的暗殺を目的とする新しいタイプのハイジャックで、死をもって天国に行くという思想にもとづく行動であり、航空機そのものが大惨事を引き起こすための殺人ツールになった。

　歴史をたどれば、航空機のハイジャックやテロは繰り返されてきた。二〇〇一年の九・一一のテロは、グローバリゼーションの負の現象として表出したものと言われている。このテロによって、航空会社はハイジャックやテロに対して認識を変え、訓練も社員管理もシステム全体を見直すことになった。それまでのハイジャックには「乗員乗客は救出を待つ」というシナリオがあったが、それは書き換えられることになった。詳細は国家と企業の重要機密であるためここでの説明を避ける。

　ハイジャック犯は乗客に紛れているだけでなく、空港関係者として長年働きながら時を待っていた者もいた。国境や空港地域、関係者への警戒と監視は厳しく強化されたが、そのような「ラング」の強化だけでなく、異常に気づくという認知行動科学の訓練や、シミュレーション訓練などによって「パロール」の強化も意識されるようになった。

このような危機管理体制があることをあえて乗客に知らせようとしないのは、機内がサービスの場面だからである。危機や治安が管理されて安心できる空間が確保できてこそ、乗客も客室乗務員も機内サービスの顧客価値の共創を目指すことができる。

以上、印象管理、立居振舞、意思疎通、危機対応、展示演出の五つの要素から構成されるサービス価値モデル（ABCDEモデル）について、フィールドワークにもとづいて客室乗務員の仕事を分析し、模範となるものと禁忌となるものとに分類してみた。五つの要素が具体的にはどのようであるのが模範であるか、あるいは禁忌であるのかは、前頁表1のように整理することができた。模範と禁忌の枠の中には例として十項目ずつ記入した。

第2章　機内のサービス技能モデル

第1章では、サービス価値説にもとづき、サービス提供者である客室乗務員が、顧客価値の共創を目指すために客に対してどのような情報発信を行っているのかを、サービス価値モデルという仮説を立て、その内容を説明した。サービス価値モデルは企業の教育訓練やマニュアルに規定されている規則や客室乗務員の職場の規範を内包し、さらにそれを反映した仕事の実践について仮に分類してみたものである。仕事の規範と実践のモデルは、さながら言語行動のラングとパロールの関係にも例えられる。

第2章では、新人客室乗務員が訓練を終えて実際にサービス現場に出たのちに、教えられた仕事のやり方を基盤にさらに実践を通して学習し、サービス技能のレベルが向上し、一人前になっていずれベテランになってゆくプロセスを「上達の構造モデル」を用いて説明する。

サービスに関するイノベーションはサービス・イノベーションと呼ばれ、特に近年の産業構造の変化を受けて、製造業が中心となって積極的に研究と実践が進められてきた。例えばＩＢＭは二〇〇三年に新しい学問体系としてサービス・サイエンス（service science）を提唱した。インテルやマイクロソフトなどのＩＴ産業や、富士通やパロアルト研究所などは文化人類学的なフィールドワークを利用した調査方法で成功し、ビジネス開発のリーダーシップを握ってきた。これらの企業は、「経験と勘に頼らない科学的・工学的なサービスの創出」をめざすことをうたっている。他にも産業デザインのＩＤＥＯはデザイン・イノベーションで成功し、芸術や創作などの付加価値をつけると共に、文化人類学的なフィールドワークの手法を取り入れたマーケティング・イノベーションを実践したリーダー的な企業である。また研究開発・製造・物流などの業務プロセスに改革を起こすプロセス・イノベーションや、生産技術部門の技術革新によるプロダクト・イノベーションなどが推進されてきた。

他方、対人サービスに依拠するサービス産業の学問的体系化は、未だ完成していないと言われている。それは対人サービスの実践が個人の中でどのような認知にもとづき情報処理が行われているのかが定量化されにくいからである。また、科学的・工学的なサービス・イノベーションが「経験と勘」を否定するように、個人的であって再現性がないからでもある。製造業は再現性を目指すためにモデル化を考え、効率の良い生産性向上をめざしている。しかし一方で、対人サービスは、芸術家や職人のように、再現性やモデル化をあまり重要とはみなされない傾向もある。製造業における品質管理の論理でイノベーションを目指し、人材教育を行うとき、往々にして作業効率や生産効率をあげることで、「むり・むだ・むら」をなくすといった話になりやすい。これはいわゆる労働価値にもとづいた合理化で、同じサービスを誰がやってもできるという大量生産の論理である。結果としてマニュアルに依存するリッツァのマクドナルド化の進んだサービスができあがる。

本論文では、貨幣経済以前からある「お布施の原理」に立ち戻って、大量生産を前提としない社会的交換を、サービス価値説にもとづいて考えてみる。そのひとつの手がかりとして、客室乗務員のサービス技能の取得とその上達のプロセスがとりあげられる。

サービス価値モデルは、サービス提供者が創造的に情報を発信し、客がそれを理解するサービス・リテラシーを持って、相互にかかわるやりとりを通じて客がサービス経験を認め、顧客価値を共創するという考え方である。このように考えれば、対人サービスのもてなしは、サービス担当者の技能の習得とその上達を明らかにすることである程度の説明がつき、ひいては企業のサービス・イノベーションへとつながっていく。そのような仕事はサービス工学のように数値化した説明を欠くことが多いが、経験と勘に頼るというわけではない。

第1節　サービス技能の習得

対人サービスは、客とサービス提供者とのやりとりを通して顧客価値を共に創出することである。梅棹の情報価値説に則ってサービスが情報だと考えれば、サービス技能の取得の第一は、客がより多くの情報を受け取りやすいよう、自らの情報発信の方法を技として身につけることである。

新人がサービス技能を取得する訓練とは、客に対する情報発信の実践が、より身体的にわかるように行動変容するためのものである。航空会社では新人をいきなりサービス現場に入れ、見よう見まねで先輩の模倣をして客にサービスをするようなことはさせない。各航空会社にはそれぞれの工夫で効率の良い教育プログラムがあるが、共通する基本的な考え方は、単に行動変容の「型」にはめ込むのではなく、技を知識として学習するのはもちろんのこと、なぜそうしなければならないか、それによってどのような効果を生むことがねらいかなど、合理的な説明がともなう。接客サービスは、たとえて言えば、泳いだりピアノを弾いたりするようなもので、頭で理解しなければならないことと身体でできなければならないことの両方があって成立する。つまりいきなりパロールからはじめるのではなく、ラングをして、パロールが依拠する決まりを知識として得る。訓練所ではパロールの模範や禁忌までをガイダンスし、サービス現場で実践が可能な人材であると認められたらＯＪＴの許可を出す。

このことは弁証法の基本であるところの「否定の否定」に該当する。印象管理、立居振舞、意思疎通、展示演出、危機対応のそれぞれについて、それまでに身につけているやり方を一度否定する回り道である。鏡のように他者を見ることで観念的に自分自身を二重化して、自分のあり方を変えて型にはめ、いずれは型を壊して自分のものするために二度の否定を繰り返して自分に戻ってくるというやり方を、教育訓練の中に構造的に組み込んでいるものである（三浦　一九七六：二二六）。

先にサービス価値モデルの概念を説明した。例えば印象管理は清潔で美しくまじめがよい、などといった項目をいくら並べても、それはあくまで概念でしかない。それらについてのイメージはわくが、その形式化は個別のレベルになると異なってくる。例えばそれは年齢の違いによってもさまざまな実践となるだろう。複数の文化圏から来ている従業員がいると、印象管理の美しさの感覚も、立居振舞のしぐさやタブーの意味も異なることがよくある。意思疎通では客の敬い方や苦情処理の方法が同じではない。展示演出ではデコレーションの色彩感覚も変わるし、危機管理では文化圏によって時間感覚や許容範囲が異なる。

概念を形式化したときのずれは乗客との間にも起こりうる。左手が不浄とされる民族文化保持者、片手でものを手渡すことは丁寧ではないと考える立居振舞の考え方、客室乗務員が手すりに腰掛けて乗客と話しをするのは不謹慎だと思う人々、カーリーヘアや男性のピアスはサービス業には向かないと考える身だしなみ規範、女性は公共の場では顔や肌を露出するものではないと考える文化等々、いろいろ思い浮かべることができる。

航空機を利用する乗客にはさまざまな価値基準があることを想定して、H航空とはこういうサービスを提供するエアライン、その客室乗務員とはこういう人たち、という企業の広告イメージを取り込んだイメージ・モデルを訓練所ではマニュアル化する。そのためにはサービス価値モデルの概念の形式化をできるだけ詳細に具体的なルールにしたものに換えて、新入社員に知識の伝達を行う。スカート丈やアクセサリーの大きさなど、数値化できるものは数字にして記述し、色や形、態度などイメージのずれが起きそうなものは、写真やイラストにする。明確にルール化できるのは禁忌（タブー）だけであり、あとは模範のガイドラインである。「パロール」を通じて得られる経験の積み重ねから、サービスの仕事の「ラング」をより確信を持って自分のものとしてゆき、またリテラシーの異なる相手によってコードの使い分けができるよう上達を目指すのである。

マニュアルはそれを守ることが目的ではない。例えば明るい挨拶の仕方、美しい言葉遣い、誠実な態度、わかりやすいコミュニケーションの取り方などは、「型」に則り、型に忠実である限り、「こうしなければならない」というようなものではない。訓練中はインストラクターが一つのモデル（模範）として新入社員に提示するのである。ＯＪＴに出るまでの座学の約二カ月の間、インストラクターの一挙手一投足が手本である。訓練を通じて、あるいは休み時間などの個別の交流を通じて経験されるインストラクターたちとの交流を手がかりに、モデルから情報を得ることによってひとつの「サンプル」としての型を学習するのである。

客室乗務員で、訓練所でインストラクターの業務も担当するインフォーマント[38]に、訓練生の学習と成長について話を聞いてみた。

「知識のない人は実践できない。接客の訓練は知識を実践に結びつけることで、勉強をしてこない人はどうしようもないんだけど、頭で理解していても身体が動かない人もいる。緊張してできないこともあるけど、接客の実践は運動能力のような適性にも依存するので、なかなか動けない人もいる。」

サービスは、その表現や実践が頭の中でわかっているだけでは客には伝わらない。概念を知識として学習することにより、印象管理、立居振舞、意思疎通、展示演出、危機対応を「わかる」ことからはじめる。ペーパーテストは実践訓練を実施する準備ができているかの確認のための試験でしかなく、わかっていても実際にできなければ訓練に通らない。なかなかできなかったり、頻繁に苦戦するようであれば、適正に恵まれているとは言えない。最終的にできたとしても成績評価は厳しいものになる。できるようになるまでのプロセスが重要である。頭と身体で「わかる」ことで行動変容がおきる。この「わかる」をおこすことが、サービス技能の習得のポイントである。

このインフォーマントによると、接客要員養成の教育訓練は、ある程度適正に依存するものであるために、良い成績の人と悪い成績の人がクラスの中で総入れ替えになることは滅多にないのだという。

「適正に恵まれなかった者にはより多くのシミュレーションが必要」であるとインフォーマントは言う。すなわちイメージ・トレーニングの繰り返しが有効なのだという。充分に勉強して知識がある者でも、なかなか身体が動かない者、何度やっても間違える者は、仕事の手順を声に出して言いながらすべき動作を思い浮かべる練習を繰り返す。実際の場面を想定して身体を使って動作をシミュレーションしてみるのである。この練習は一人でやると間違いに気づかずに進み、のちにさらに混乱を招く可能性があるので、同期生や友人と一緒に練習をすることを薦めている。間違えた時点でフィードバックを受けることが重要で、この繰り返しが行動変容の効果を高める。授業時間以外にもモックアップ（二〇九頁参照）の解放や共有パソコンを設置するなど、自習が可能な環境支援も整備される。

訓練所での試験は、訓練生をOJTに出せるレベルに仕上げるのが目的で、入社試験のように選抜するためのものではない。したがってインストラクターや直属の上司も支援的で、慣れない社内のことやプライベートな問題に至るまで、親身に相談に乗ることが多い。訓練中には個別の面接時間もあるので、成績や改善点に関しても個別にフィードバックはあるが、訓練生を勇気づけ励ます内容である。それでもなかなか成績が向上しない者の中には、適正を自覚してあきらめてしまう者も多い。同じような成績レベルの受講生がグループを作りやすいために、成績の悪い者同士があきらめてしまえばお互いになぐさめ合うことで足を引っ張りあうことになる。訓練所の試験に落ちれば、事実上入社はできない。失業寸前のプレッシャーに数週間もさらされるのはつらいことで、現実逃避したりやる気を失う者もいるという。

しかし成績が悪いことで自分が人生の岐路に立たされているという自覚をもって、逆境を跳ね返す意識変革ができた者が成績向上につながる行動変化を起こす。ごく一部、本人の仕事への取り組み意識ががらりと変わった結果、成績が向上する人の例があるのだという。

急に成績が上がる理由を、インフォーマントは、「本気のスイッチが入る」という表現を使って説明した。最近の訓練生の事例では、「お母さんが毎日励ましてくれた」というような、家族などのごく親しい人による心理的な支援が得られたことを理由に述べたという。

「本気のスイッチが入る」状態とは、具体的には、他の人よりも毎日数時間も早く出勤して学習したり、毎日残って自習したりというものだ。そういったことは他の受講生もやっていないわけではない。しかし誰か親しい人の期待に応えたいというような意識が強くなると、学習の集中力を高める効果につながると考えられる。「お母さんのおかげ、というのは訓練生の語りでしかないけれど」とインフォーマントは前置きをしたうえで、「その子の場合はそれがきっかけになって本気のスイッチが入ったのでしょう」という本人の意識変革が行動変容の理由であると指摘した。

このことは、弁証法でいうところの、「量質転化」である。何度も繰り返してシミュレーションし、体験の量を積むことを通じて本当に行動が変わる。量的な変化が質的な変化をもたらし、また質的な変化が量的な変化をもたらすことで、全体の活動に変化をもたらす相互のつながりが示されている（三浦　一九七六：二二六―二三〇）。

以上のインフォーマントの話をまとめると、サービス技能の習得にみられるイノベーションとは、

1．知識＝理論
2．実践＝知識が身体行動と結びつくための「シミュレーション」
3．気力＝「本気のスイッチ」を入れる

の三つといえるようだ。

倉島哲は、行為者が「わざ」を身につけることによって経験する世界のことを「身体的リアリティ」と呼んでいる。「わざ」を身につけることは、それを通じてさまざまなことができるようになるという意味でも有効だが、最も根源的には、すべての有効性を包括した新たな身体的リアリティを享受するためにこそ有効だと倉島は主張する。これについて子供が自転車に乗るという「わざ」を手に入れる例で説明している。例えば子供は自転車に乗れるようになることで主観的な意味世界が変化するのではない。自転車に乗れるようになって池に遊びに行くようになったのは、遠くにある池が近くにあると主観的に思いこんでいるからではないし、池が動いて客観的に近くなったためではない。遊びに行ってもその日のうちに帰ってこられるような場所に池が存在するようになったからである。家にいて親にほめられることよりも、自転車で遊びに行って友達に認められる方が重要になった子供は、家の決まりは身体的なふるまいにおいて無視されるだけであって、それは無視されるものとして主観的に信じられているというわけではない。自転車に乗るという「わざ」を身につけることで変化するのは子供の身体が存在する世界そのものである。それは自転車に乗れるその子供の身体だけにとって存在する世界である。自転車に乗ることでこそ経験される世界、自転車に乗ることを子供に誘いかけてくる能動的な世界が経験されるようになる。このようにして享受される世界を「身体的リアリティ」と呼んでいる（倉島　二〇〇七：二一一四）。

倉島の「身体的リアリティ」に則れば、サービス提供者は、サービス価値モデルにもとづいて形式化されたサービ

ス価値モデルの知識を、身体レベルで表現ができるようになる「わざ」、つまり技能として身につけることで、対人サービスの場面でおこるさまざまな経験の世界を「身体的リアリティ」の世界の経験として手に入れることが可能となる。これがサービス技能の習得である。

サービス現場では、サービス提供者がサービス価値モデルを概念的に理解しているだけでは意味がない。実際に身体を使って実践ができなければ、サービス現場に出たところで身体的リアリティの経験はできない。だから実践が困難な訓練生は適性がないとして訓練所では不合格としてしまうのである。

適性が不十分でも、個人の努力で克服することは可能である。「本気のスイッチ」が入ることもまた個人の内面的なイノベーションで、これによって身体的リアリティの世界にせまることができる。

第2節　サービス技能の上達

訓練所から出たばかりの新米客室乗務員は、印象管理、立居振舞、意思疎通、展示演出、危機対応の形式を、マニュアル・レベルで実践可能な状態までに仕上げられてきているが、情報発信の実践はいつ、どういった場面で表現するのが効果的なのかは、まだわかっていない。モックアップの中でシミュレーションを通じて身につけてきたものは最低限の型であり、マニュアルによるルール、ないしガイダンスでしかない。インストラクターという数人のサンプル・モデルしかいない狭い世界から、本物の飛行機の中で乗客がいる世界へと入って、実際のサービス場面でも有効な技能かどうかを試すことになる。

サービス現場では、頻繁に乗客から呼び止められ、大小の質問や課題をうける。最初は応えられないことや解決できない課題ばかりだが、先輩に聞いたり判断を仰いだりしながら解決の方法を覚えてゆく。恐れずに多くの乗客と接してみることや、先輩にたくさんの質問をしたり、手本を示してもらったりアドバイスをもらうことから学ぶ。やったことがないことや失敗することを恐れたり、遠慮したり、わからないことを確認せずに自分で判断したりすることは、学習機会を失うことであるし、間違った解決方法を覚えてしまう可能性もある。

企業の新入社員研修で、新人が訓練の最期にインストラクターから言われることはサービス技能の上達についてと同じである。素直な態度で人と接すること、他者に対して開かれた心を持つこと、常に周囲に注意を払うことなどが最も早い学習のための秘訣である。自分で体験し、経験を増やしたり、先輩をモデル（模範）としてたくさんの良いモデルを見ること、そこから学ぶことである。そのためには、同僚との意思疎通はきわめて重要である。

企業のサービスとは一人でするものではない。組織共同体のメンバーに依存する。他の共同体構成員と協力しながらサービスを実践するとはどのようなことか、サービスの流れ全体がわかるようになることなどは、シミュレーションでは学べないことである。左右の通路のバランスを取ってサービスのスピードをパートナーと調整をすることや、苦情や病人が出たときなどのトラブル発生時に、欠けたマンパワーをどのように補助するかなどもマニュアルにはない。臨機応変に解決することが肝要であり、その判断力が技能として問われるのだ。良い同僚（クルー）に恵まれるかどうか、乗客がいつもフレンドリーに接してくれるかどうかも毎回違う。人間同士だから勘違いや行き違いで誤解を招くこともある。子供が泣いてシートベルトを締めるのを嫌がったり、搭載ミスで配布物が足りなかったり、飛行機が故障して飛べなくなったりと、さまざまな経験をしながらどういう方法が解決策として効果的なのかを一つひとつ覚えることが学習である。

客室乗務員の面接調査をすると頻繁に出てくるセリフのひとつに、「この仕事に正解はない」というものがある。何が正解かは常に乗客が知っている。しかし乗客も自分にとっての一番の正解に気づいていないということが頻繁にある。そのようなときには、乗客とのやりとりを通じて正解を引き出すという作業をする。引き出した答えがぴったりと乗客のニーズにはまったときに、乗客は「ありがたい」という気持ちになる。ここにおいて価値の共創が実現する。苦情を上手に処理するとファンになって戻ってくるというのは、「こんなに腹が立ったけれどもかえってこんなによくしてもらえてありがたい」という心理である。

新人訓練の中では、苦情処理のシミュレーションやロールプレイも行われる。苦情処理の鉄則は情に流されないことである。怒っている客に対して恐れてはいけないし、同情しすぎるのもよいとはいえない。ビジネスライクに完璧な解決を成立させても満足はされない。こういったことは「ラング」で学ぶ知識を背景にして「パロール」を重ねて学習される。誠心誠意、乗客とかかわるということは、乗客の言い分をよく聞いて、気持ちをよく受け止めることが具体的な実践である。訓練所で顧客心理や苦情処理のノウハウを学習し、対話分析や話法を技能として身につけることで、客の要望をある程度引き出すことが可能になる。

　客観的事実を把握することも重要だが、乗客の経験を理解することも、同じように重要である。問題が把握できたら乗客が望むように問題解決に努めることである。しかしこういったことは座学では学べることではない。サービス現場の実践を通じて徐々に場を読み解けるようになってゆく。例えば無理難題を言う客は、できない望みを言われるままに叶えることが重要ではなく、特別に扱われたいという欲求に対応することで解決ができる。これは顧客心理の訓練で学習する理論的知識である。問題が起こった経緯とその解決方法をどのように行うか、乗客がよくわかるように説明し、納得してもらえたらよくお詫びをすることで対応としては終了し、事務報告をして処理をするが、その後も気持ちよく最後までいられるようにたびたび声を掛けるなどの気配りをチーム全体で実行する。こういったことも顧客心理に関する一般書にマニュアルにして簡潔に書かれてある。このようなことは文章化すると簡単なことのように聞こえてしまうが、その実践は客室乗務員の状況判断にかかっていて、実際にいつ何をどうやって問題解決をするのかをマニュアル化することは難しい。例えばどの程度時間をかけて対応をするとか、どのタイミングで解決案を提示するか、いつ責任者を呼ぶかなどは相手と状況による。苦情処理の方法のマニュアルには、苦情処理に使う用語、話法、顧客心理のステップに対応したいくつかの作戦のような技術はある。それらはあくまで問題解決のツールであり、最も重要なことは乗客の気持ちに対応したやりとりを遂行することであり、それは客室乗務員の情報処理の技能にかかっている。同じ問題が起こったとしても人によって感じ方は異なるために、一人ひとりは個別のこととして対応し、その人の気持ちを理解し、感情に沿うように問題解決を実施するのである。

　このような高度な技能は新人の客室乗務員が最初からできるものではない。けれども、できないからといって尻込みしたり、逃げていては学ぶ機会を失う。失敗は誰でもするし、何度でも、何年経ってもする。その時に、運が悪かったとか相手が悪かったという合理化をすることでその場の感情は楽になるかもしれないが、事実を率直に受け止めて、嫌な経験でも何かしら学んだと思える人は「身体的リアリティ」の世界をどんどん広げてゆける。

勤務二十年以上になるあるインフォーマントは、「私たち、嫌なことは忘れることのプロだから」と自負しながら言ったことがある[39]。

失敗を恐れずチャレンジし、失敗しても早く立ち直る人が早く上達する。その学びがどんなに小さなことであったにしても、サービス技能の上達にみられるイノベーションがおこるのである。これは「失敗は成功のもと」と考える弁証法の「否定の否定」である（三浦　一九七六：一二三六）。

逆に、失敗や恥をかくことを恐れて問題を避けたり、嫌な経験をしたことを感情的に引きずる人と比較すると、何年か経ったのちに仕事の上手・下手が現れることになる。

接客の仕事は経験が大事だと言われる。経験が必要な理由を以下のように説明したインフォーマントがいる。

「例えば日本人のビジネスマンって（外資系の航空会社では）逆に私たち（日本人客室乗務員）とあんまり喋りたがらない人多いじゃない。ベタベタされるのは嫌よ。日本人のカードホルダーとかフリクエントフライヤー、ファーストクラスやビジネスクラスにいる日本人に挨拶に行って来いって、ボスは良かれと思って言うんだろうと思うんだけど、外国人が行った方が好きみたいよ。多分旅行者は外国に行っただけで楽しいとか、そのお客様のニーズによって違う。だからむしろ日本人に来てもらった方が有り難いと思う人もいるかもしれないし、来て欲しくないって人もいる。（パーサーとかボスは日本人だから行けって、単に外見だとかナショナリティで判断してるだけで、だけど日本人客だけどあの人は違うとか、あの人はそうだとかってわかるのは、それは読めるでしょう）うん。だから行けって言われても行かない時ある。行ったふりする事も。ああ、この人、必要としてないなって。（それ、どうやってわかる）うーん、雰囲気かなあ。うーん。そうだねー。やっぱり完全に仕事で行ってるなあって、パソコンで忙しくやってるなあって人なんか特にそうだよね。挨拶なんてうざったいわけよ。必要ないし、別に君にフォローもヘルプもしてもらわなくたって僕は結構、みたいな人が多いから。でもやっぱりね、老夫婦だったり、もたもたしてそうだなって思うような人なら、御挨拶に行ったりするけどね。いつでも声を掛けて下さいって感じで。うん。まあ、そこら辺は雰囲気だよねえ。経験だよね。（じゃあ経験のない人にはわからない？）そりゃあ、そうよー。こういう仕事をやってない人にはわかんない。この職業は特に経験が必要と思う。[40]」

日本人乗務員だから日本人客を日本語で助けるという杓子定規なことではなく、日本人にもさまざまな人がいて各自要求が違うのだから、相手に合わせて臨機応変にするようにしているという。日本語が話せるということだけを理由に自分が出て行くことで、押しつけがましいことになってしまうと、不愉快な思いをさせるだけになってしまう。一人ひとりの様子を見て、自分が今必要とされているのか、そうではないのか、他の人に来て欲しいのかなどが感じ取れるようになったという。それは乗客の持ち物や服装、目つき、表情、立居振舞などから、その乗客の旅の目的やどの程度旅慣れているか、外国語が少しでもできてコミュニケーションが取れるかどうかなどを見ているのだが、その情報処理が早くなっているのである。もちろんそれまでにはこの客室乗務員もたくさんの失敗も経験しているはずである。

以下は、文化のブローカー[41]として時折聞かれる語りである。

「例えば、日本人のお客様相手に日本語で対応してる時に、日本人に対しての日本語だったらここまでは絶対に言わないけど、英語でだったら外国人の人にここまで言うとか、あるいは言わないとかっていうの、あるよね。英語的に言うっていうか。日本語的に説明いかないから、ボスの英語をそのままダイレクトには言えないよね。翻訳装置だね。外国人だったらはっきり言っちゃった方が納得するけれども、日本人にこれを言ったら立腹するだろうって思うことは、私のところで翻訳装置のスイッチ入れて、浄化させてからこっちにやるね。[42]」

これは単に翻訳を意訳しているというたぐいの話ではなく、よりスムーズな解決になるよう自分で判断しているというサービス技能の実践についての話である。英語の論理思考や表現をそのまま日本語に直訳すると、誤解を与える可能性がある場合は、上司の業務命令で通訳業務に携わっているときでも、インフォーマントが言語を転換して日本語にするときには、より日本人が理解して受け止めやすい表現に換えているという。言語の翻訳の課題ではなく、サービス文化の違いを考慮して、文脈を含めてコミュニケーションが成り立つよう工夫をしているということである。

また新人の時にはサービス価値モデルを実践することや、一つひとつのケースを解決することに精一杯で、自分が学ぶことに一生懸命になっていたが、やがて仕事が一通りできるようになり、一人前になってからは、自らのことを客観的に見るようになる。

「一般的にはわからないけれど、おもてなしは言葉でいったら心配りに近いような気がする。私がやってる仕事はサービス業っていう職業だと考えると、自分が発信する気遣いが必ず相手に伝わって、正当に評価されなきゃいけないと思ってる。仕事がサービスだからおもてなしの意味もすり替わっちゃうけど。一般的に考えておもてなしもホスピタリティもお仕着せがましくないと思う。見返りを期待しないとか。もっと営業的なのはサービスだとか、サービスはお金をもらうし、営業的なものって、正当に評価されてお客さんをまた呼び戻そうっていう自分の中で社員意識ってのがあるでしょう。社員意識ってのはあまりない人でも講釈はあるかもよ。社員意識っていうのは後から意味づけするわけ。自分の信念からやってることの方が多いから。自分もそういうふうにやってきたけど、そういう風に人を育てていかないとね。(43)」

このインフォーマントは、乗客に対する心配り、お仕着せがましくない、見返りを期待しないおもてなしやホスピタリティの提供を、自分の信念でやってきていたという。同時に、自分がサービス業の職業保持者であることを客観的にとらえたときには、「社員意識」について話している。会社員としてサービスを提供する代わりに対価を得ている立場であるから、営業的に考えるという。例えば正当な評価を得て乗客をリピーターにすることを考えている。それは会社員としての意識ではあるが、それは後から意味づけしたに過ぎないということまで説明している。

このインフォーマントは、企業の業務であると自分を客観視したときに、自分の気遣いが、乗客に必ず伝わって正当に評価されるように、もてなしの展示を意図的に行うことは自らの身体行動を通じたサービス価値モデルの実践につながっている。それは、とりわけ展示演出のモデルを意識している。

新井重三の「展示」の説明は、「ものを用いて、ある意図のもとにその価値を提示（presentation）するとともに展示企画者の考えや主張を表現・説示（interpretation）することにより、広く一般市民（この場合は乗客）に対して感動と理解・発見と探求の空間（場）を構築する行為」である（新井　一九八三）。加えて「展示は、最終的には提示する技術、説明する技術で勝負することになり、出来栄えが評価の対象になる」と説明している。このインフォーマントが評価につながるサービスの展示を意識している点においては、プロ意識がうかがえる言説と言っても良いだろう。

サービス技能の上達は、場数を踏むことや経験年数を重ねることと比例しているとは必ずしもいえない。入社試験の面接官が、他の航空会社からの転職希望者のロールプレイを見て、「勉強になることがたくさんある(44)」とこたえているが、経験年数の浅い人でも接客上手な人もいれば、逆に経験が長くても上手になれない人もいる。自分の行為に気を取られて失敗しないようにうまくやることを考えるのではなく、サービスの受け手の反応を見ること、サービスをしている自分を客観的に見ることなどを通して、小さな学習効果をあげることがサービス技能の上達に見られるイノベーションなのである。

第3節　上達の構造

図7は上達の構造モデルである。新入社員の時は同期もいて共にスタートする人々は大勢いる。しかしサービス技能が上達してベテランの域に達するのは一握りである。

入社して比較的年数が浅い人たちに、サービスの工夫について尋ねると、「なるべくお年寄りに話しかけるようにする(45)」といった意思疎通に関することや、「機内に搭載されているものはできるだけすべての種類を提供するように心がけている(46)」「トイレ掃除を頻繁に細かくきれいにする(47)」などの展示演出や危機管理の具体策、「笑顔を絶やさない(48)」「第一印象を良くするよう心がけている(49)」「ものすごく忙しいときにも優雅に見せるようにする(50)」など印象管理や立居振舞などの回答が聞かれる。

二十年以上勤務のベテランのインフォーマントは次のように答えた。

「そういうこともそりゃやってるわね。あんまり気にしたことないけど。私はとにかく最初に話しかける。コミュニケーションを取るということはすごく心がけている。長くじゃないのね。ちょっと短い間にでもなるべく接触をして。ほっといてっていう人って必ずいるじゃない、お客さんで。で、かまって欲しいっていう人もいて、ファーストなんかでね。それを見極めるまではコミュニケーションを取ってみる。ビジネス（クラス）はそういうのは人数が多いから難しいけど、にこっと笑ってジャケットを預かりましょうというだけでなく、話しかけて、この人がどういう人か、どういうことを求めてるのかというのを探るっていったら変だけど。それによって変わるじゃない。ほっといて欲しい人はそれなりに快適にほったらかす。快適な状態を作ってもらって手を貸してほっとく。かまって欲しい人はこちらとの会話を楽しみながら旅行するっていう方がいらっしゃるから、日本食のことや日本の習慣のことを言ってみたり。ワインを注ぎなおすときにも、『ワインをもう少しいかがですか』なんて同じ会話になっちゃうでしょ。同じ言葉は言わないようにしてる。最初はワインをどれ飲みますかって聞いて、感想も聞いて、もしよかったら他のワインもどうかって聞いて、なるべく同じことを言わないように心がけてるかな。ファーストってより他のクラスよりもフレキシブルだから、コミュニケーションかな。[51]」

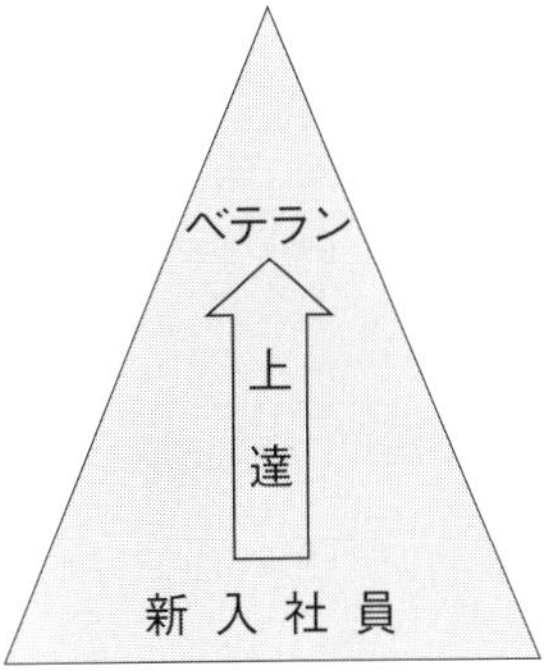

図7　上達の構造モデル

このインフォーマントは、ファーストクラスだからこのようにしているのではなく、新人の頃からエコノミークラスでも、できるだけこのようにできるよう努力をした結果、ファーストクラスで働くときにはより時間や余裕ができるので実現ができるということである。最初に、「マニュアル仕事以外でサービスの創意工夫に心がけていることは何か？」という質問をしたときに、このインフォーマントは答えに詰まってしまった。そこで「例えば新入社員だったら上のような答えをした人がいた」と言ったときに、「そりゃそういうこともやってるわね」という答えから自分のことを語り出した。新入社員時代に一生懸命やっていたことは、ベテランになると無意識でやっている当たり前のことになっているのである。これも弁証法でいうところの「量質転化」である、経験が増すことで行動そのものが質的な変化をもたらされた現象である（三浦　一九七六：二一六—二二〇）。

「快適な状態を作ってもらって手を貸してほっとく」という表現でわかるのは、サービス提供者としては、客の主体的な選択を尊重し、あくまで自分の側は客のやりたいことを援助する立場にいるという文脈である。これは日本を代表するソムリエの田崎真也の「もてなしのトライアングル[52]」と同じ考え方である（田崎　二〇〇七：二一〇）。会話を楽しみながら旅行をしたい客だと見極めたら、そのように機内で過ごせるように合わせる。客とのやりとりから要望を見極めて、それぞれに合わせるというところの深さがある。

またベテランの客室乗務員は、多くの情報を無意識で処理して場を理解しているということを語るが、ベテランだからできるということではないという発言もする。

「結婚している夫婦か不倫カップルか？　そりゃわかるわよ。（どう見分ける？）雰囲気で見分ける。場を読んでる。あうんの呼吸。全部見て総合的に判断してる。外見、持ち物、仕草、表情、一人ひとりも見るじゃん。カップルがいたら男の方はどんな感じ、女の方はどんな感じ、互いのやりとりの仕方、かかわり方、相手に対する態度、目つき、総合して読む。観察力と想像力だよね。要素分析なんてできないわよ。いっぱいのパターンを知ってる。そういうのを読むのにうまい下手はあるよ。だって三十五年やったって場を読めない人、いるじゃん。でも三十五年で場を読めない人でもきっと仕事はできるのよ。仕事だと思うから一生懸命やってるし、お客さんはちゃんとしてサービスをしてもらってると思ってると思うよ[53]。」

つまりこの発言からわかるのは、機内サービスという仕事について、業務を遂行することと、接客の上手・下手ということのふたつを区別して認識しているということである。仕事ができることが接客のうまさと同じとは認めていないのである。

ある程度経験のある客室乗務員に、客を読むことや入社試験の面接で適性を見分けることについて尋ねると、誰もが「わかる」と答えても、何を見てどう判断しているのかを説明できる人はほとんどいない。瞬時の情報処理が反射的に行われるので、いちべつでどのような情報を受信し判断を下しているのか、そのプロセスは無意識なのである。だから対人サービスの従事者は、どんなベテランでも自らの技術をうまく言語化して充分な説明ができる人は、筆者の調査中はほとんどいなかった。彼らの中では言語化することが重要だとも考えられていない。仕事がどの程度のものかは「見ればわかる」ので、当事者同士は説明の必要がないのである。しかし仕事は決して勘や経験に頼っているのではなく、言葉選びに悩みながらも「総合的に判断している」[54]という答えが返ってきた。瞬時に見て感じ取り認識して判断を下すという情報処理が行われていることは認めている。その総合的な判断の中身は、一人ひとりの外見、しぐさ、表情であり、他者とのやりとりであり、場面を読み取っているのである。つまりサービス価値モデルの個々の要素をとらえていると考えられる。なぜならそもそも自らがサービス価値モデルを管理して実践する主体だからであり、相対的に他者の観察も可能なのである。それらの要素を観察し「総合して読む」、そこから相手を想像するというのがベテランのサービス技能なのである。実際には、「想像する」と言うよりも判断するといった方がふさわしいと考える。

ベテランの語りに共通するのは、サービス技能は仕事だと考えない、その人そのものだと考える点にある。

「気配りっていうのは、私たちの仕事をしてる人はみんな結構できるの。そういうのが好きだからやってる。でも目配りは経験がないとできないの。私の最終的な目標としては、心配りのできるようなサービスをやってみたいなと思ってる。（二十五年もやってればできるじゃない？）いつも謙虚に、もっとできるかなと思ってやってる。この仕事はホスピタリティっていうキーワードから考えたら、永遠につきまとうことじゃない。私は死ぬまで（ホスピタリティを）持っていたいと理想的には思うわけよ。エアラインで働くということだけではなく、自分が生きていく中で仕事以外にホスピタリティを磨きながら生きていきたい。じゃないと楽しくないじゃん。[55]」

このインフォーマントの語りによれば、客室乗務員は一般的に人をもてなしたり世話をしたりすることが好きなので、仕事の中での気配りは自ら好んでやっているという。しかし目配りは、好むと好まざると、経験を積むことでしかできない。これこそは仕事経験によって鍛えられたプロのサービス技能のひとつだからであり、理想の人間像としては心配りができるサービスをやってみたいという。

このインフォーマントがここでいうサービスとは、決して給与や対価としてのサービスではなく、生きる姿勢としての他者へのホスピタリティのことであり、仕事の中で心を配るだけでなく、自分が生きる間にかかわる人すべてに心を配れる人間でありたいと願う語りである。

また別の三十年以上の勤務歴のある大ベテランのインフォーマントA(56)は、十数年後輩で、二十年以上勤務歴のあるベテランB(57)に対するアドバイスも含めて、以下のような語りをした。

A「私があなたたちにやって欲しいのは、本当に良いレストランにいって本当に良いサービスを受けて欲しいのよ。」

B「でも、たとえ行ってそれを見て学んだとしても、私はファーストクラスのお客さんにそれを生かせない。」

A「もしもそれができないならファースト（クラスの仕事のポジション）を取るのを辞めてちょうだいよ。もしもそれができないのだったらファーストは取ってはだめ。でもね、できるよ。（日本の会社なら一年も経てば後輩が入ってきて面倒を見ろと言われる。先輩として『わかりません』といえない状況に追いやられるんですよね。外資系のマイノリティだと同文化の後輩がなかなか入ってこないからそれがない。）そうなの。しょうがないからやりながら勉強してよ。肩肘張りながらえばりながらやるしかないのだけれど、うちの会社は周り（に日本人の同僚）がいない、誰もいない、あそこ（ファーストクラス）で一人舞台だから、自分で自分を磨かなきゃならないんだよ。そのときに自分ができることを精一杯やればいいのよ。仕事にまだ慣れなくてもはったりかましてほしい。そのうちに自分のものになるの。できなかったらできなかったでしょうがない。でもその次の機会に何か、そのときに気がつかなくてもいいのよ。『今日はすごくよくできたわ』でもいいの。でも次に機会がまわってきたときに、○・一ミリでいいから何かaddingであれば、それでいいのよ。本当に少し。私だって自分でそう思う。最初にファーストをしょっちゅうやり始めたころの私と今の私とは全然違う。余裕も違うし、気配りも違う。」

このインフォーマントの語りも、サービス技能を上達させるためには、自分で自分自身を磨くことだと述べていて、仕事や会社の業務の話としては収まっていない。技能として「極める」ことを語っている。自分磨きをするひとつの方法として、このインフォーマントは、「本当に良いサービスを受ける体験」を後輩のベテラン客室乗務員に薦めている。本物を見ることによって体感するものから自身の感性を磨くことを重視しているのである。それは市場や貨幣価値において価値が高いとされるサービスだという意味だけではなくて、サービスの受け手と提供者との間に高いリテラシーが共有され「お布施の原理」が機能している価値体験をすることであり、そのことは技能の上達には役に立つと薦めている。

また以下のインフォーマントは、同様に、外国人枠で外資系航空会社に雇用されたマイノリティの日本人客室乗務員の、サービス技能の向上についてこのように述べている。

「私たちみたいな、向うの会社の中の外国人っていうのは、どっち向いてるかっていったら、会社員として評価されるのは向こうの文化だけど、現場でさ、乗客の評価っていうのは、全くこっち（日本）の価値観で評価されるから、私たちが気にするのはそっち（日本における評価）が気になるのよね。そっちでうまくいく、満足できてるかとか、やれてるのかな。だけどそこのスキルアップをする為の情報っていうのは本社がもたないが為に、みんな思考錯誤する。個人的に情報ソースをゲットできる人もいるだろうし、できないで自信がないまま来ちゃう人もいるかもしれないし、そんなこと考えもしない人もいるだろうし。なんでも自分でご用立てしなきゃいけない部分がある。私たちみたいな職人は。[58]」

このインフォーマントは、「職人」という表現を用いていて、「スキルアップのための情報は自分でご用立てする」と述べている。つまりこれが上達の構造モデルの中で、ベテランとして上達していくための、進歩をもたらす方法である。インフォーマントが言うように、サービス技能を極めようとする人は、自己を磨く方法をさまざまな場面で見つけて体験し、そこでの経験を自分のサービス技能に生かす努力をするのである。それは本当に向上心のある人しかやらないことだ。

また全く別の文脈で、自己研鑽のモチベーションが聞かれることがある。例えば、

「私、逃げませんよ。たとえ自分に一番のシニオリティがあって、好きなポジションを選べる立場であっても、その日にビジネスクラスやエコノミークラスに空席が多くて、ファーストだけがフルだったとしても、意地でもファースト取りますよ。先輩面して楽な仕事を取って逃げるなんて後輩に思われたくない、プライドで取りますよ。[59]」

ここで語られているのは、意地とプライドである。同じ仕事をする仲間であっても、自分の方が長く働いているという自負であり、後輩からバカにされるような仕事ぶりは見せたくない。そのことがモチベーションとなっている。

また別のベテランはこういった。

「少し後輩に、『こんな高い給料払ってるのに働かない』って言われてショックでね。そんなことを言われるんだったら『やってやろうじゃん』って思った。[60]」

このインフォーマントの語りも、意地とプライドの文脈であろう。少し後輩であれば、客観的にはどちらもベテランである。後輩から非難されることに対して、そうとまで言われるなら挑戦してやる、という対抗心がモチベーションとして語られている。

客との共創する仕事がどのようなものかがわかり、業務の管理もでき、本社で作成されるサービス設計や企画に対して充分に意見ができるようなベテランの客室乗務員が自己研鑽の話をするときには、仕事の上達の話をするのではなく、サービス産業全般を学びのフィールドだと考え、何か自分の知らないことを知ることができる経験、あるいは刺激を受けられる場を求めていこうとするのである。特に外資系航空会社の日本人客室乗務員の場合、日本の航空会社のように日本語をベースにした社内検定試験やシステムがないために、企業内評価がない。職場環境も、美しい日本語の話し方や、上手な客あしらいを、日本文化に則って実践する場面を見る機会が少ない。そこで自分の仕事の品質に対して謙虚な思いのある人と、そうではない人に分かれてしまう。自己研鑽の意欲の高い人は、社内の自分の同

僚内で自分のレベルを判断するのではなく、積極的に社外のサービスを見てまわろうとする。その際には日本だけでなく海外のさまざまな国のさまざまなサービスを受けてみて、文化の型にはしばられずに、良いと思うもの、新鮮だと感じたもの、自らが客となったときに価値認識できるようなやりとりがあったら、その経験を生かして客室乗務員の仕事に取り入れていこうとする。社内評価がなければ、プロ意識が高く、勘の良い人は自己研鑽に励むが、楽な方に流れたり、「作業」と「技」の違いに注意を払わず、ラボール（labor＝強制されてする労働）を熱心にやり、オペラ（opera＝自由な創造的活動）（佐々木 二〇〇七：三四）[61]の楽しさを感じない人がいれば、サービス技能の上達には自ずと差が開いてくる。サービスがうまくなる人は、結局の所はサービスの仕事が好きで、「お布施の原理」にもとづく技磨き（opera）が楽しいものとして経験しているのである。

また、サービスがうまい客室乗務員は、自己研鑽だけではなく客のサービス・リテラシーのレベルをよく見ている。サービスは情報であるので、どんなに努力して情報発信をがんばってみても、それを客側が受信できなければサービスはないも同じで、ありがたみを感じ取ることができない。共創のためには、自分がされていることがわかる客の存在も重要である。リテラシーが低い客にはサービスのしがいがないという客室乗務員のなげきの一方で、客のリテラシーのなさに慣れたりあきらめたりしてはいけないと考えるのは、サービスがうまい客室乗務員である。

「こっちの気迫で客にクラス（class＝品）を教えなきゃいけない。あなたはこのクラス（ファーストクラス）にいるのよってことを教えなきゃいけない。客はそれにお金を払ってるようなものなのよ。態度が悪い客と一緒に引き下がっちゃいけないの[62]。」

リテラシーの高い客は、客室乗務員同様に、その日のフライト、その日のサービスで、何か印象に残るようなことがないかを楽しみにしてやってくる。わくわくするようなことを求めているばかりではなく、静かに快適に過ごしたいという場合もある。リテラシーの高い客は主体的で、積極的にサービスに参加してくる。要望もはっきりしているし、好き嫌いが明確である。客室乗務員にとってはむしろすこぶるサービスがしやすい相手である。なぜなら、気を配ったり配慮したりすればするほど、相手はきちんと気づいて評価してくれるので、きわめてやりがいのある仕事になる。

リテラシーの高い客の中には、自分の世話をさせていいと認めた客室乗務員としか口を利かないというような人がいる。いったん認めるとたいへんリラックスして自然なふるまいになるが、嫌われたら目も合わせてもらえないような客がいる。拒絶の態度である。搭乗した時点で客室乗務員を見極めてしまう。苦情を述べるのも時間の無駄だとでも思っているのだろう。それは一瞬の間合いで決まる。

客室乗務員はそのような客の態度を感じが悪いとか気むずかしいとは受け止めない。リテラシーの高い客は客室乗務員のサービス技量をいちべつで見透かす。サービス提供者からすれば道理にかなっていて、そのような客にはむしろ頭が上がらない。口を利いてもらえないような下手なサービスをするほうが問題なのである。

リテラシーの非常に高い客から援助を求められることは、サービス業冥利に尽きることである。その客が特に親切なことを言ったり冗談を言ったりして愛想良く振る舞わなくとも、黙って機嫌良く快適に過ごしてくれればよい。普通の態度を取っていることで仕事の充実感を味わうことができる。

サービスが上手な客室乗務員ほどリテラシーの高い客を好む傾向がある。サービスの評価がストレートに返ってくるのでやりがいを感じる。気配り、目配り、心配りをしただけ気づいてくれるからである。見落としや不注意はすぐにばれてしまう。緊張感のある質の高いサービスを創出することができる。客から育てられるとはこのようなことでもある。

上手なサービス提供者は、どんな客でも丁寧に扱い、敬い、客がして欲しいと思うことはクラスにかかわらず実践することができる。しかし同時に客にも場に応じたふるまいを「気迫」で要求する。こびへつらうことはしない。ファーストクラスならなおさら要求する。それがわかる客だと認めているからこそ要求するのである。認めない客には要求しない。

リテラシーの高い客だからといって決して要求が多いわけではない。リテラシーが高い客は感性が豊かである。して欲しいことをして欲しいときに、ポイントを外さないでやって欲しいだけで、ツボに対応して欲しいだけなのである。いちいち細かく言わなくてもさりげなく提供されるようなサービスのうまさを求めているのである。それができる客室乗務員がいてくれたらありがたい、けれども力量のない客室乗務員に当たったら今日ははずれたと考え、無理難題を言ったり苦情を申し立てることもせず、無視するだけのことが多い。

リテラシーの高い客はサービス価値モデルを保持している。身なりを整えてやってくる。男性でも女性でも途中で着替える人もいるし、中には十二時間一度も靴を脱がなかったという人もいるほど、行儀の悪いことはしないし礼儀もある。お礼など基本的なやりとりは言葉にして表現する。愛想良くよく話す人もいれば、無駄話はほとんどしない人もいる。ワインに詳しかったり、食事に詳しかったりすると、そこから会話が広がってプライベートな家族や仕事の話に及ぶほど話し込むこともあるし、おとなしい人もいる。いずれも客室乗務員の仕事や動きをよく見ている。だからむしろ客室乗務員がとても忙しいときに無理な要求をするようなことはない。客室乗務員は自分の仕事ぶりが観察され、評価を受けていることがわかるが、特別扱いやこびへつらわれたい訳ではないことも知っている。放置しておいて欲しいときには、邪魔されたくないが、手を貸して欲しいときには、顔を上げたら客室乗務員がそこにいて欲しいだけなのだ。他の客と十把一絡げに順番にサービスを巡回するのではなくて、一対一の扱いをされたいのである。だから気が利く客室乗務員はつかず離れずの距離で客に目配りをしている。気にかけていますよということがきちんと伝わるよう努力する。それを認めればだいたい客は満足をするのである。

このことは、弁証法でいうところの「対立物の相互浸透」にあたる。サービスの提供者とサービスの受け手が相対的に独立しているのであり、互いが対象として媒介関係にあると共に互いに相手の性質を受け取るという構造を持ち、このつながりが深まるかたちをとって相互に影響を与えあっているのである（三浦　一九七六：七八―八四）。

リテラシーのたいへん高い客との仕事はまるで何かの試合のような緊張感があり、刺激を受ける。トラブルなく滞りなく終わったときには充実感を感じるものだ。良い仕事ができたという爽快感、満足感のようなものだ。一般的に、「客の背中を読む」サービスというのはこのような緊張感のことなのである。主と家来のような関係と勘違いして、何でもやってもらおうとする甘えた態度とは本質的に異なるのである。

上達の構造とは、社内の仕事としてサービス業務が上手になるということではなく、サービス技能そのものを向上させるための自己磨きであり感性磨きであり、他者に対する謙虚な態度の心がけである。

世阿弥が「序・破・急」と呼び、茶人が「守・破・離」と唱えるものは、スポーツや演劇等広く多くの学芸の世界に通じる上達の構造である。客室乗務員の新人訓練では、接客や危機管理のそれまで身につけていたやり方を否定され、「型」を徹底的に身につけるために、鏡のように他者を見てシミュレーションを繰り返す。仕事の中では型を忠実に実践し、さらに技を磨くためには外に出て他者を見ることをし、さまざまに本物の良いサービスを受ける経験をして体験的に学ぶ。自分でサービスをするたびに、ほんの少しずつだけでも前のときよりも付け加えられれば小さな上達になる。そのような体験学習と実践を繰り返して積み重ねる。リテラシーの高い客にサービスをすることを通じて鍛えられ、客から学ばせてもらうこともある。また逆に客に教えるということもある。

今の自分への気づきと、小さな向上の積み重ねの結果、ごく一部の人たちだけが型から離れることができるようになり、ついには自身の独創的で自由なサービス技能を使い分けるベテランの域に達するのである。これは弁証法の「否定の否定」に該当し、二度の否定を繰り返して自分自身に戻ってくるというやり方を、教育訓練の中に構造的に組み込んだ「上達の構造」だ。

第Ⅱ部　日本人客室乗務員の接客業務と勤務体制

第3章　航空会社の変遷

第1節　航空移動サービス

1　航空移動サービスの創出

世界初の航空輸送会社は、一九〇九年に設立されたドイツのDeutsche Luftschiffahrts-Aktiengesellschaft（DELAG）である。これは飛行船を利用した商業運航で、初期は人の移動よりも郵便物などの郵送や物流を中心に定期運航サービスが実現した。航空機で人や物資を運ぶ民間航空会社の中で、現在も経営が継続されている一番古い航空会社は、一九一九年に設立されたKLMオランダ航空である。

航空技術は、飛行家や技術者、富豪たちの努力によって開発され、さらに「より速く、より高く、より遠くへ」とめざましく発展を続けながら、運輸サービス事業が設立されていった。飛行距離の延長や飛行速度の加速、路線拡大、夜間飛行の実現や世界一周の成功など、航空の歴史は次々に塗り替えられていった。

航空会社は、経営を開始するために莫大な資本が必要なために、国際航空会社の設立と運営には国家の資本金が投入されることが一般的であった。空路は国家の発展のために必要なインフラ事業だと考えられ、国家的な公共サービス事業として発達を後押しされていた。

航空技術の発達により人類が次々となしえていったことは、近代化のプロセスの象徴のひとつでもあった。最新鋭の航空機をより多く有し、広いネットワークを持つことは、物流サービスや人の移動のためのインフラの強化だけではなく、国力を顕示することでもあった。二十世紀前半に人類が体験した二つの世界大戦の裏には、国家権力の拡大

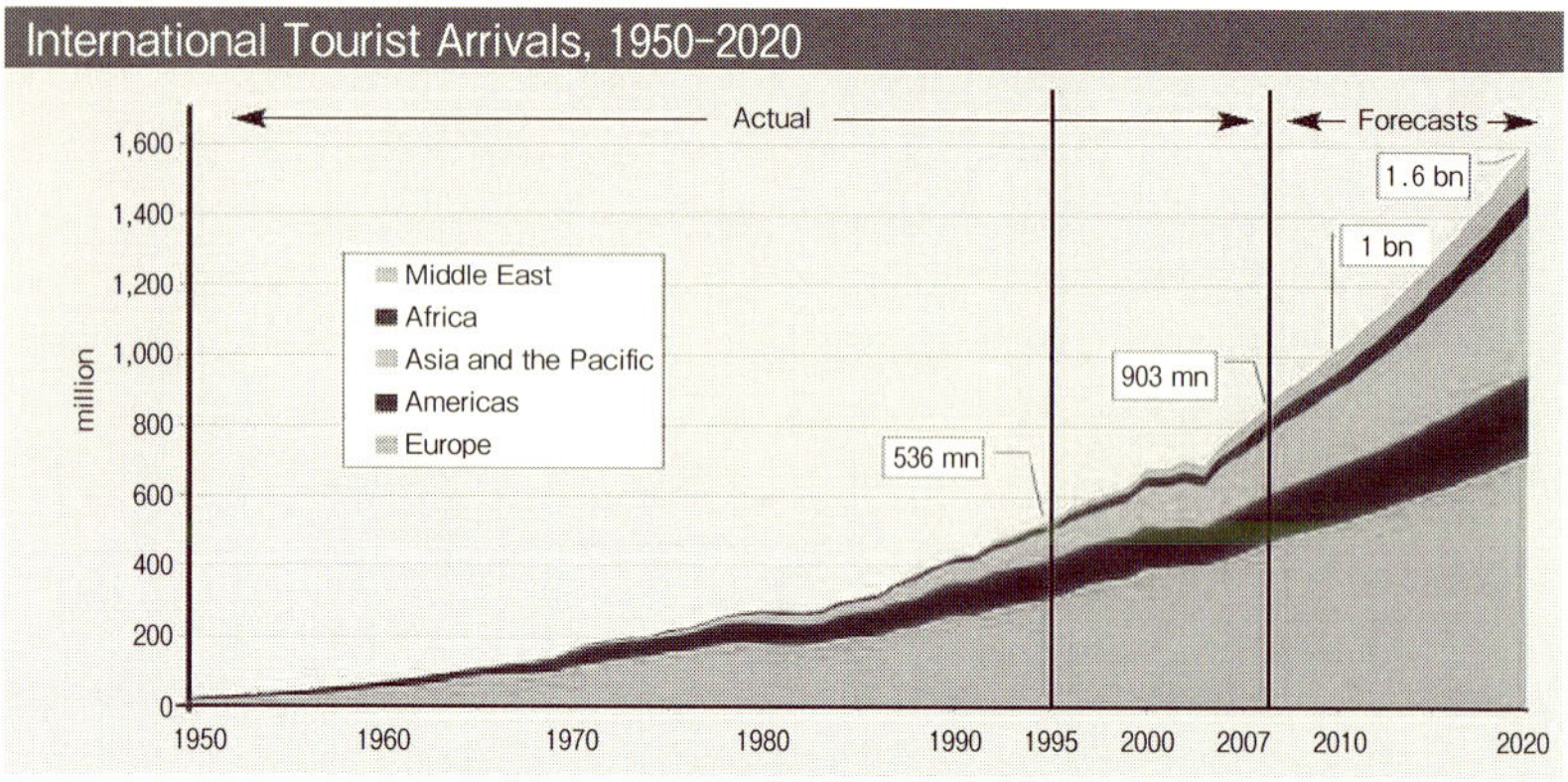

図８　1950年〜2008年の海外渡航者数の変遷と2020年までの予想数
出典：国際観光機関（World Tourism Organization: UNWTO）

をめざすためのプロジェクトとして航空技術開発が必要とされていた。戦闘機や爆撃機はジェットエンジンを搭載し、戦時中は国家が互いに制空権を争ったのである。

しかし戦後は、戦闘に利用されていた機体も色を塗り替えられ、もっぱら人や物資を運ぶ運輸サービスを提供するために用いられるようになった。民間航空会社は第二次世界大戦の戦勝国を中心に発展していった。

図８は、国際観光機関によって作成された、一九五〇年から二〇〇八年までの海外渡航者数と、二〇二〇年までの海外渡航予想人数である。一九六〇年代には、人の大量移動の兆しが徐々にみられる。一九七〇年代、一九八〇年代とその増加は加速しているが、その背後には航空機材の大型化が指摘できる。一九七〇年に「ジャンボジェット機」の愛称で知られるボーイング社のＢ７４７型機が運航を開始したことで、「大量輸送時代」の幕が開けたと言われている。一世代前のＢ７０７型機やＤＣ―８などは、百五十人〜二百人の乗客を運ぶことができたが、Ｂ７４７型機によって一挙に約五百人を運ぶことができるようになった。

航空機は、機体が大型化する以前は、高い社会階層に所属する人びとのサロンであり、機内は社交の場でもあった。乗客は国家や大きな組織を代表する人、富豪、あるいは国際的に活躍している映画俳優などが中心で、搭乗するときには正装していた写真が数多く残っている。航空機に乗ることができるような人びとは、特別な階層に所属していた。しかし航空機が大型化して国際間移動をする人びとが増加すると、機内の客層もそれらの人びとと比例して大衆化が始まった。この現象に対して航空会社は、ひとつの飛行機の中で異なる階層空間を設置するという方法で空間を区切った。機内にはファーストクラスとエコノミークラスという階層ができあがり、異なるサービス設計で顧客経験が提供されるようになった。

小さなプロペラ機しかなかった時代は、飛行中の揺れはひどく、気分が悪くなる乗客が続出した。怪我をする客も多かったし、事故もあった。航空技術が発達し、機体が大型化し、高速飛行が可能になり、天候や気流の解明がなされ、航路が開拓されていくと、民間航空機はより快適で安全な移動を提供する乗り物へと進化を遂げていった。

しかし一方で、機体の大型化にともなって、航空機事故が起きたときにはより悲惨なものになっていった。操縦席にボイスレコーダーやフライトレコーダーの搭載が義務化されるようになり、事故調査委員会の設置による事故の分析研究など、安全運航のためのあらゆる努力が続けられてきた。そのような中で、一九七〇年代になって目立った航空機事故は、「ヒューマンエラー」と呼ばれる人為的な事故である。ある状況下で、航空機の運航乗務員同士や管制塔のスタッフとのやりとりの、聞き違い、思い違い、思いこみ、過信、くわえて職場の上下関係や権力構造の影響などの複合的な要因により、個人の感情や認知が行動に作用した結果、大事故を引き起こすというもので、「テネリフェ空港ジャンボ機衝突事故」[63]「イースタン航空四〇一便墜落事故」[64]など、航空機運航の危機管理研究の事例としては現在でも取り上げられるような歴史的事故が続き、乗務員訓練が見直されるようになった。

また、政治的な思想を主張するために暴力を用いる人びとは、大型になった航空機により大きな利用価値を見いだした。政治犯などによるハイジャックは、一九三〇年代からたびたび起きていたが、航空機が大型化し、多くの人を巻き込むことによって、より大きな不安や脅威を社会に与えることができるようになった。

このような危機から航空運輸サービスを守るために、国連の専門機関である国際民間航空機関（ＩＣＡＯ）を中心として国際間条約が取り決められてきた。空港や航空会社への安全規定強化や、乗務員たちの人材教育、事故や事件の予防と対応は、社会の変化にともなって方法を変化させていかなければならない航空会社のサービスでもあるが、「国際民間航空の安全かつ秩序ある発展を目指す」ことは一九四四年のＩＣＡＯ設立の主旨でもある。これは航空の黎明期や第一次大戦時の航空運輸を巡る混乱の経験から、空路は世界共通の交通インフラ・サービスとして安全保証がなされなければならないという国際的な共通認識のうえに成立している。

幼稚産業（infant industry）と考えられていた航空会社が国家から独立をし始めたのは、一九七八年、米国のカーター大統領による航空規制緩和の実施が最初である。これにより航空会社間の市場競争が促されることになり、米国の四大航空会社は既得権を失い、新規参入の航空会社は格安航空券の販売を始めた。自由競争の結果、一九八〇年代には多くの航空会社の合併吸収や倒産を招くことになった。

同じ頃、国際観光旅行ブームが起こる。正装で飛行機に乗ってくる乗客は減少し、余暇や経済的ゆとりを異文化体験によって消費するライフスタイルが、先進国を中心に流行した。空の国際間移動のニーズが増加することで、それまで供給過剰だった座席は満席になった。国際ビジネスマンの移動が目立ち始め、国際線のリピーターやヘビーユーザーが出現し、各航空会社はビジネスクラスのサービスの強化を始めた。Frequent Flyers program：ＦＦＰと呼ばれるメンバーズ・システムが作られ、得意客にはさまざまな特典がつくサービスが始まった。国際間移動の多いビジネスマンにとっては、定時運行と乗り継ぎが便利なことや便数が多いことなど、新しいサービスモデルが求められるようになった。

米国に続き、一九九〇年代にはＥＵ領域内も、段階を踏んで「パッケージ」と呼ばれる自由化政策が進められた。英国の航空会社をはじめ、複数の航空会社が国営から民営化されることにより、効率の良いサービスの生産を目指す自由競争が始まった。

航空自由化政策により、ハブ&スポーク・システムの開発と、それをベースにした空のネットワークの再編成と機材の効率化、イールド・マネジメント(65)やＣＲＳ（Computer Reservation System）(66)などが新たなビジネスモデルとして登場した。効率的な経営をすることで顧客へ還元しようというサービスの多様化は、自由競争の中で始まった。

航空機はさらにハイテク化し、長距離飛行が可能になった。米ソの冷戦構造が崩れると、ロシア上空の飛行権も取得しやすくなり、日本とヨーロッパは直行便で結ばれるようになった。ＩＴの技術は、航空券の販売や予約システムの充実、顧客の情報管理、社内イントラネットによる世界中の支社と本社を結ぶ情報網の構築など、新たなサービスモデルを次々に提供した。

一方、人、モノ、資本、情報などの地球規模での環流が起こることでは、航空機はウイルスの国境越えもさせ、SARS（Severe Acute Respiratory Syndrome）や西ナイルウイルスなどを運び、感染を広げる媒体にも荷担することにもなり、空港や航空機は危険な場所であるという恐怖感を利用者に与えた。このことでは新たな安全強化の課題が提起された。

また二〇〇一年の米国同時多発テロ（九・一一）はハイジャックの性質を変えた。かつてのハイジャックは、自己主張を通すことが目的で航空機を乗っ取り、乗員・乗客を人質にして利用したが、九・一一により航空機は殺人兵器と化した。このことにより、航空会社はテロに対する対応策を再検討した。テロリストたちの思想や攻撃方法は、グローバリゼーションによる民族と宗教的アイデンティティの象徴的行動であり、テロリストにとって航空機は西洋文化の象徴でもあったのであり、その防御対策を考えなくてはならなくなった。

空港も保安対策や取り締まりを強化し、乗客にとっては物々しいことになった。搭乗前の安全検査は時間がかかり、持ち込み荷物の制限強化などの苦痛や不自由が発生している。しかしながら、航空移動の安全と治安維持は、企業が顧客に一方的に与えるサービスであるという考えは、航空会社は当初から持っていない。越境空間の治安を乱す事件が起きるたびに、乗客には協力して治安維持に努めるよう協力を促している。

このようにサービスは社会の変化や顧客のニーズと連動して変化する。例えば世界的な健康志向を反映した禁煙フライトも、多くの顧客のニーズと世界的なトレンドを取り入れて設計された顧客価値の共創のひとつなのである。

安全管理というサービスを強化するために、搭乗検査に時間がかかるようになった代わりになるものとして、航空会社は搭乗時間の効率化をはかるため、eチェックインや逆ピラミッド型搭乗システム(67)などを開発した。ファーストクラスや一定以上のリピーター客には、搭乗手続きが早く済ませられるチェックインカウンターや、搭乗前に静かにくつろげるラウンジなどが利用できる特典が付与され、それらは一九九〇年代に設立された航空アライアンスのグループによって共同サービスが提供されている。航空機による国際移動サービスは、移動が多い乗客ほど利便性や得点などの恩恵があるしくみになっている。

航空機移動サービスは、飛行機が人や物資の定期輸送に貢献できるようになって、二十世紀は主に国家の政策主導で、社会のニーズに合わせて技術としくみが発展されてきた。米国が主導で推進しているオープンスカイ政策により、空の市場が一元化しつつある中で、利用者にとっては、航空運輸の手段の提供という物理的なしくみだけでなく、それがどのように提供されているかという品質と選択肢があることがこんにちのサービスと考えられている。

このような顧客の価値規範の創出は、人・モノ・情報・金融・資本等の地球上のインフォーマルな流動を推進する主体として、航空会社が後押しをして創った新しいサービス文化ともいえる。オープンスカイ政策の進行は、空の市場のグローバリゼーションの例である。ボーダーレスな文化的環流が起こる最先端の空間に創出される新しい文化といっても良いだろう。航空の黎明期には、幼稚産業として国家に保護を受けていた航空会社は、一九八〇年代後半から世界各地で徐々に規制緩和が実施され、民営化されるところもあり、多国籍企業として国境を越えた企業間競争が繰り広げられるようになった。ITの発達と航空アライアンスの誕生によって顧客管理が一元化され、さまざまなサービス・システムをグループ企業間で共有することでコスト削減を図り、空のネットワークの拡大と定期運行の充実、乗り継ぎの利便性、離発着時間の正確な運行など「空の移動」というサービス商品の品質を強化した。これは急激に増加する国際移動民に対して、特にリピート率の高い顧客に対して、便利で早くて信頼ができる空の交通網の充実を提供しようとしたものである。これはハーヴェイが、「時間－空間の圧縮（time-space compression）」（Harvey 一九九〇：二四〇）と呼んだものの一つの現象であり、その現象を推進する産業であろう。

2 機内サービスの創出

一九三九年、経済学者のコーリン・クラークによって、運輸業の一活動形態としての航空会社は第三次産業であるところのサービス産業に分類された。人や貨物を空の路線を利用して運び送る業種、非物質的な生産・配分業、空中輸送をするプロセスで必要な貨物を一時的に貯蔵・保管・管理する倉庫業務や流通加工業務など、人の移動のプロセスで必要なさまざまな処理業務の提供をする組織である。ビジネスモデルとしては、航空会社は移動を提供し、それを利用する人びとから対価を得るというしくみである。

しかしながら、単にA地点からB地点への移動をするのではなく、移動が乗客にとってよりよい体験となるための工夫や人的交流を通じたサービス業であるという考えは、早くからあった。例えば乗客がたった一人しか乗れない時代でも、飛ぶことに恐怖を感じている乗客に対して、パイロットは励ましたり元気づけたりしている。

移動の空間をサービス空間ととらえて演出をするというビジネスは、航空機よりも飛行船の方が早かった。世界で最初に「スチュワーデス」と呼ばれる客室乗務員を雇用した現在のユナイテッド航空のホームページには、「世界で最初の客室乗務員（スチュワード）はハインリッヒ・クービス（Heinrich Kubis）」という記述がある。(68) クービスは先述の世界初の航空輸送会社DELAGに一九一二年に雇用され、グラーフ・ツェッペリン飛行船のダイニング・ルームでサービスにあたり、後にチーフ・スチュワードになったという。

飛行船のサービスは豪華客船のサービスがモデルであり、スチュワーデス（Stewardess）やスチュワード（Steward）という名称も、キャビン・スチュワード（Cabin Steward）という客船の客室担当係を指す職務から来ている。従って、飛行船はもちろんのこと、航空機の客室乗務員は、最初は男性の仕事であった。

グラーフ・ツェッペリン飛行船の客室には、展望サロンや食堂、バー、ロビー、シャワー室、さらにはグランドピアノが置かれたラウンジもあったという。当時の古い写真をいくつか見つけることができるが、現在のような機内における安全や危機管理の意識がなかったこともあり、一見、高級レストランのように見える。豪華な内装や家具がしつらえてあり、乗客同士は白いリネンを敷いたテーブルを挟んで向かい合い、シルバーや陶器の食器で、フルコースの食事を堪能する。キャビアをはじめとする高級食材を使った料理や、たくさんの種類のワインやスピリッツ類、あるいは葉巻なども白いジャケットと蝶ネクタイのスチュワードによってワゴンで運ばれ、一人ひとりにサービスされた様子がわかる。

航空機にスチュワーデスという女性の客室乗務員の職業を作ったのは、エレン・チャーチ（Ellen Church）という米国女性である。現在のユナイテッド航空の前身であったボーイング・エア・トランスポート（Boeing Air Transport）に、看護師であった自らを客室担当乗務員として雇用するよう掛け合いにいったという話はもはや伝説になっている。こうして一九三〇年に世界で最初の客室乗務員として、「看護師資格のある者」という条件で八人が採用され、のちにこの八名のことを「オリジナル・エイト（The Original Eight）」と呼ぶようになった。

チャーチが乗務したのは乗客十四人乗りのB80Aという機種で、グラーフ・ツェッペリン号のような大きくて豪華な客室ではなく、客室乗務員の採用試験には身長制限があるような小さな飛行機である。チャーチはそのときに客室乗務員の業務内容を明確にした。それによると、搭乗前には時計や高度計をセットし、シートカバーやクッション、トイレのアメニティなど、客室を整え、タオル類や食べ物、飲み物などの搭載品を確認する。搭乗時に乗客を歓迎して出迎え、搭乗券にはさみを入れ、荷物は持ち込み可能か確認し、大きさが合わなければ貨物室へ送る。乗客と荷物の計量を行う。機内では座席の案内や荷物の搭載を手伝い、シートベルトの使い方を説明する。上空に上がったら食事や飲み物を配膳、気分が悪くなった乗客の看護、その他には、客室に入ってきた虫を追い払ったり、乗客が窓からたばこやゴミを投げ捨てないように監視したり、乗客がトイレと間違えて非常口を開けないように注意を促すといったことなどが決められていた。チャーチは「オリジナル・エイト」の採用も行い、制服もデザインした（McLaughlin 一九九四：一七）。

ボーイング・エア・トランスポートでは、チャーチが看護師を客室乗務員として雇用するという企画を持ち込んだ段階で、スチュワードの採用が決まっていた[69]。客室に乗客の世話係が必要であったことは航空会社側も認識があったようだ。なぜなら、それまでは、乗客にサンドイッチを配るのは副操縦士の役割で、業務の一環であった。揺れがひどく、気分の悪い客はしょっちゅういたらしいが、その面倒を看るのも副操縦士の役割だった。しかし客室係が配置されてからは、運航乗務員は前だけを見て操縦に専念することができるようになった。チャーチが来た頃、空の職場は男性のものとされていて、「口も聴いてもらえなかった」という当時のスチュワーデスの回想録が残っている

(McLaughlin 一九九四：一九)。運航乗務員は特に荒っぽい気性の職業特性を持っていたという[70]。乗客を乗せる小型飛行機の時代は、パイロットは整備士でもあり、服が燃料で汚れていることなどは当たり前で、乗客に対してフレンドリーにふるまうことはあっても、対人サービスを行うというような観念はなく、航空機移動に伴う緊急時のガイダンスを行うことが主な接客業務であった。

飛行機が少しずつ大きくなり、操縦士達の仕事を補佐するために、キャビンボーイ（cabin boy）を雇用したケースはチャーチ以前にあった。一九二二年の英国、ダイムラー航空（The Daimler Airway）の事例が、ブリティッシュエアウェイズ・アーカイブズ&ミュージアム・コレクション（British Airways Archives and Museum Collection）に記録として残っている[71]。

チャーチたちオリジナル・エイトは、試験的な採用であった。だからチャーチは「女性も空の仕事で役に立つ」ことを証明しなければならないと考えて一生懸命働こうとしていたようだが、航空会社側は、看護師を乗せていることが、これまでになかった「安心感」をもたらすという企業広告としての効果を想定した。

この新しいサービスに対して乗客の評判は良く、他の航空会社でも次々と女性の客室乗務員を雇用しはじめた。このときすでに看護師資格を持つ者という条件は設定しなかったが、安心感という顧客価値は認知された。当時の小さな飛行機に乗る条件として、身長や体重制限、健康で若い独身女性であることなどの項目が列記され、採用試験に合格した者には、センスの良いフォーマルなデザインの制服を着せ、企業広告の宣伝媒体としても利用した。空の仕事が女性に開かれ、新しい職業として興味が持たれ、入社試験の競争率は上がった。その結果として「美しい女性が選ばれる」と言われるようになり、さらにスチュワーデスという職業に就くことに人気が上がった。また世間ではスチュワーデスと結婚することが男性のあこがれであると言われるようになった。それに対して企業は、「スチュワーデスは大勢の男性を見て目が肥えているので聡明に対処ができる真面目な職業人」という説明をすることで企業広告の効果を高め、航空機に乗ってサービスを受けることのプレステージを演出した。いずれも企業による巧みなサービス設計による価値の創出である。

サービス価値モデルで説明すれば、初期の客室乗務員は存在自体が展示演出であり、印象管理や立居振舞はその意味で注目され、特別な空間での乗客との意思疎通は親密でエンターテインメント色が強かった。だが、組織共同体としての意思疎通や危機管理の概念は未発達であった。やがて飛行機が徐々に大きくなり、数十人が乗れるようになると、航空機のサービスも大型客船のような贅沢で特別な空間としてのしつらえが可能になった。バーやラウンジがもうけられ、革張りのソファに座って葉巻をふかすことができた。フルコースの食事が何種類ものワインと一緒にワゴンで運ばれ、夜には寝台列車のようにベッドで寝ることも可能だった。朝食はスチュワーデスによってベッドまで運ばれた。

客室乗務員の回想録には、乗客の話し相手になって過ごしたり、カードゲームをして遊んだり、有名俳優が乗ってくると一緒に記念写真を撮ったり、機内の空間は日常とは異なる親密な人間関係があったことが示唆されている。

航空機が大型化し、国際間移動が増えると、外国人の乗客も増加し、国籍や言語の異なる客室乗務員との異文化間コミュニケーションがサービスの妨げになりはじめた。一九五五年、当時は世界トップクラスのメガキャリアだった米国のパンナム航空（Pan American World Airways）が、日本語を話すことができる日系アメリカ人の採用を行い、世界一周路線（round-the world service）に乗務をさせたという。クリスティーン・ヤノの調査[72]によると、公式には日本語のスキルをもって採用されたことになっているものの、実際には日本語ができた者はごく一部だったという。日本語を話すことで日本人乗客とのコミュニケーションを援助することよりも、当時は世界で最も開拓が進んでいた航路を持っていたパンナム航空の、目玉商品であった「世界一周路線」に、「日本人の客室乗務員たちは、コスモポリタリズムの外観（the "look" of cosmopolitanism）を提供した」のだと、当時の客室乗務員が語ったという。

日本は敗戦後、ドイツともども航空産業を取り上げられ、航空会社を保持することが禁じられたために、日本路線は海外の航空会社の草刈場となった。日本のナショナルフラッグ・キャリアである日本航空が再開できたのは、一九五一年のことである。その後、日本人のパスポート取得自由化が実施されたのは一九六四年のことである。しかしなお、航空機による日本人の海外渡航は、国家や組織を代表して国外に行くような限られた人たちのものであり、一部の豊かな庶民がプライベートな海外旅行に出るようになったのは、一九七〇年代に入ってからである。

日本に乗り入れをしている外資系航空会社が日本人客室乗務員を雇用し始めたのは、独特の言語を話し、コミュニケーションがとりにくいと思われている日本人乗客が増加してからのことである。一九六〇年代を知る筆者のインフォーマントによると、当時は日本を代表して海外に出る人も、ほとんどが英語を話すことはできなかったという。外国人として雇用された日本人客室乗務員が、通常の客室乗務員と同じ「マンパワー」として保安とサービス業務を担って仕事を開始するのも一九七〇年代になってからのことで、それまでは通訳や機内アナウンスを中心とした情報提供者としての役割が最優先であり、着物を着て機内をクラスに関係なくまんべんなくまわり、さまざまな要望に応じるのが仕事であった。例えば緊急時のための避難方法の指導や、入国用の書類の説明をしたり、乗り継ぎ案内や現地情報などのあらゆる質問に答えることが主たる仕事であった。飲食サービスの業務は、日本茶を配膳する程度であり、その際に乗客とコミュニケーションをとるのも重要なサービスであった。

外資系航空会社の中で日本人客室乗務員を雇用しているのは、先進国のナショナルフラッグ・キャリアの中でも大手の航空会社が中心だが、パンナム航空と同様に、外国人を機内に設置する「文化の展示」の意味が大きかったと言える。それは初めて日本に来る外国人にとっては最初の日本文化との接触であるかもしれないし、話をしたり記念写真をとることでは旅の一生の思い出になるような、特別な存在であった。異文化保持者としての日本人客室乗務員は、本社の所在する国で、「とにかく広告宣伝にはよく利用された」と当時を振り返り、それを記録に残している（矢飼　一九八七）。こういった文化展示のされ方は、珍品の展示といって良かっただろう。

日本人がほとんどいない越境という非日常的な空間では、同じ国民国家に所属し、同じ民族の血を引き、同じ言葉を話す者同士の関係は、血縁と地縁の拡大解釈をすれば同族同士であり、単に日本人同士だというだけでとても親しい感情を持ったようだ。乗客は、どのような目的でどこにどのくらい渡航するのかといった話や、日本ではどこに住んでいるかというような話、あるいは異文化体験の経験談、和食や外国食の話など、次々に話がつきず、プライベートな話もよくしたようだ。国外に出たことから生じる強い心細さや寂しさを感情的にわかってくれて、その気分を紛らわしたいという心理から話し相手が欲しいという欲求と、共通言語で話ができて国外での緊張感がほぐれるからであり、一期一会を強く意識したようである。当時の日本人客室乗務員は、乗客に促されて客席に座って話し込むことも珍しくなかったという。

しかしこのような「文化展示」と「意思疎通」は、一九八〇年代の国際観光旅行ブームが到来すると、サービス商品としての「越境の珍品」ではなくなった。日本人客室乗務員は、相変わらず通訳業務や情報提供などの仕事に追われ、さらに他の客室乗務員と同様に「マンパワー」として頭数に入れられ、保安やサービス業務の責任を負うようにもなった。そのことにより、業務として危機管理や組織共同体の構成員として意思疎通を図ることが求められるようになってきた。サービス現場では「文化のブローカー」として機能的に便利なサービスの提供者であることが仕事の内容になっていった。機内での記念撮影などの仕事も相変わらず多かったが、それは観光地で写真を撮るようなものであり、「ここに来た証拠を残す」ための観光記念の撮影を行っていた。サービス・プロダクトの開発も盛んになり、機内で退屈しないよう、機内映画や音楽番組、雑誌や新聞の選択にも力を入れ始めた。機内食も、単に高級なメニューというのではなく、異文化を意識しつつおいしいメニューの開発が進んだ。外国人の客室乗務員の採用が積極的に行われるようになり、乗客の多様化に対してニーズの取り込みやサービスの多様性が考慮されるようになった。客室乗務員の人数も増えはじめたために、人材教育プログラムや業務マニュアルの充実がはかられるようになった。米国から始まった航空規制緩和の影響は、機内でのどのような「楽しみ」を作るかの競争となった。

国際間移動ばかり繰り返すビジネスマンが徐々に増えはじめると、多くの航空会社がビジネスクラスという新しいサービス・コンセプトに力を入れはじめた。ビジネスマンは、それまでの富裕層の国際間移動や、新たに増加した観光旅行者とはかなり異なる種類の乗客である。ビジネスマンは定期的に同じルートを利用するヘビーユーザーで、利用する航空会社のサービスやライバル他社のサービスのことも熟知し、それを比較して主体的に好みの航空会社を選んで乗ってくる。

ビジネスマンの乗客は国際間移動に利便性を強く追求し、予定が狂うことを極端に嫌う。機内での過ごし方も日常の仕事生活との連続性を強く持っている。ビジネスマンにとっての機内での快適な過ごし方は、海外出張という特別な仕事と日常の仕事の間をいかに充実させるかという課題であり、それはひととき仕事を忘れて過ごしたいか、あるいは仕事に集中したいかの両極端である。人によっては洋服も着替えてしまい、仕事をひととき忘れてのんびり食事を味わいながら見たい映画やゲームをして過ごす。逆に誰からも邪魔されずに仕事に集中したい人や、あるいは仕事を済ませて疲れ切っていたり、到着後に時差を抱えてすぐに仕事に掛からなければならないために、飲食を抜いても睡眠を優先する人もいる。うとうとと仮眠を取るのではなく、アイマスクと耳栓をつけて集中的に寝る。したがって眠りやすい座席のデザインが追求され、「フルフラット」の座席が開発された。ビジネスディナーなどで外食が増えすぎていることを気にしている人びとのためには、ライトミール・メニューやクイック・メニューなど、カロリーを減らしたり、フルコースの食事の代わりに手軽に食べられるメニューの開発も進められた。

一方で、高級料理や海外の料理をよく知っているビジネスマンは味を追求しはじめたので、多国籍料理や高級感を出した料理、有名シェフの特別メニューなども同時に開発が進んだ。

グローバリゼーションの進行と、航空アライアンスの影響で、乗客それぞれのバックグラウンドが多文化化するようになり、サービスに求めるものも多様化してきた。機内で衛星電話が掛けられるようになったり、インターネットが使えるようになったり、パーソナル・ビデオを設置して一人ひとりが好みの番組を見ることができるようになったり、多言語放送の選択や、エンジンの轟音の中でもよく聞こえるノイズキャンセリング機能付きで高音質が提供できるヘッドフォンが導入されたり、マッサージ機能付きの座席を設置したりと、サービス・ツールのバラエティが増えた。もちろん、乗客が全くそれらを利用しないこともしばしばである。自分でゲームやＤＶＤを持ち込む客も増えているために、空間での過ごし方は乗客一人ひとりが主体的に考え出し、航空会社は選択肢を与えることが近年のサービスの傾向として指摘できる。機内だけでなく、空港での過ごし方も視野に入れて、ラウンジでの過ごし方や、空港手続きも、特にリピーター客の都合や希望に添うサービス開発の取り組みがなされてきた。

乗客の多様化とは対照的に、安全というサービスは一元化したまま徹底管理がすすめられた。航空機の技術が進み、かつてのような大事故は減っても、機内映画には悲惨なシーンはカットするなど、乗客の不安を刺激しないような配慮がなされている。不景気や政情不安の時期には乗客の不安も増す。飛行機恐怖症や閉所恐怖症、異文化接触による不安や、言葉が通じなかったりすることでたまる欲求不満など、機内の乗客の心理が不安定になる要素は高い。そういった心理状態がストレートに出てくることはまれで、通常はサービスに対する苦情にすり替えて表面化する。顧客心理の研究や乗務員の応対技術にもとづく人的サービスは間接的に機内の空間演出を行っている。機内は密室であることから、治安維持が最重要課題である。トラブルを予防したり、問題行動を未然に防ぐことは、閉鎖空間での集団パニックを回避することでもある。こうした課題は航空の場合、危機管理の範疇にはいる。苦情処理を含む人的対応の技術訓練は、単なる接客マニュアルにもとづくのではなく、アメリカ国立航空宇宙局（National Aeronautics and Space Administration: ＮＡＳＡ）が開発した訓練プログラムをベースに航空会社が開発したものに準拠し、これを使った人材教育訓練が社内で頻繁に実施されている。航空業界内ではその内容は周知の事実だが、人命に関わる機密が多いために公開されることはほとんどない。サービスの演出の裏側にはこのような物々しいことが存在し、航空会社にとっては当然の日常であっても、乗客に明らかにされることはない。

航空機が贅沢な乗り物であるという概念が無くなってからは、大衆の世情が航空機の規範に強く反映されるようになっている。戦争やテロなどが起きると乗客の不安は高まり、機内の雰囲気は一日で変化する。テロリストやハイジャックに備えた保安は乗客に見えないところでますます厳しくなされるが、乗客には治安維持の協力要請をたびたびする程度で、必要以上に不安をあおることはしない。航空機を爆破するなどのいたずら電話や、宗教的な信仰にもとづいてコックピットのドアを壊そうとしたなど、メディアには報道されないような事件はたびたび起こっていて、従業員間や同業他社間ではフォーマルないしインフォーマルな情報共有がある程度なされている。その管理基準については国連組織であるＩＣＡＯが指標を提示するが、国家や政情によって管理体制には異なる状況があり、サービスに影響を及ぼしている。

このように、空の移動のサービス演出は、航空文明の発達の歴史の中で、さながら舞台の「表」と「裏」のからくりで巧みに設計されるようになっていった。乗客に見せるサービス演出は「表」のみであり、それは安全で快適で華やかな移動空間の提供による価値の共創を目指すサービスである。広告宣伝やブランド・マネジメントは、企業がそう見せたいイメージを効果的に演出したものである。外国人客室乗務員を機内に配置することは、初期は珍しさの「展示」としての価値にもとづくサービスであったが、のちには実務を実践するマンパワーとしての価値、さらに外国人の乗客とのコミュニケーションをより良く図り、サービスにローカル文化のエッセンスを取り入れた演出を手助けする役割が、企業にとっても乗客にとっても重要と認識されるようになっていった。そのこと自体は企業の展示演出を支える印象管理であり、客室乗務員の立居振舞である。

しかし、「裏」の仕事は危機管理であり、それが客室乗務員の仕事の半分以上を占めている。マンパワーとしては客室乗務員には一元的に役割分担があるが、外国語を話す客室乗務員の存在は、病人が出たときや機体の異常など、緊急事のコミュニケーションを司る存在として重要な価値が認められている。

3　顧客価値の創造

顧客価値とは、経営学やサービス・マーケティングで広く使われている用語で、顧客にとっての価値体験、すなわち、顧客が製品の購買や消費の経験を通じて価値や問題解決法を手に入れるという考え方である。

人類が空を飛ぶことができるようになってから、人は空を飛んで移動をする方法を考え出した。航空会社は「どのように飛んで移動をするか」ということに価値を作り出すことをサービスとし、移動が必要な人びとに対して異なる移動方法を商品化し、販売してきた。

飛ぶこと自体が珍しい体験であった時代は、移動よりも冒険やスリルを目的として飛ぶ人もいた。飛行機の危険度が高い時代には、移動は命がけであり、乗客の価値は純粋に「移動」にあった。航空機に乗ったという体験を語れることが顧客価値であった。

米国初のスチュワーデス、エレン・チャーチは、ボーイング・エア・トランスポート社に自分を雇用するように直訴しに行った際、対応したシンプソンはチャーチの企画を聞き、「女性のパーソナル・ケアは乗客の心に訴えるかもしれない」と考えた。それに対しチャーチは、「看護師は乗客の面倒を看るのは得意だし、機内で女性が働いているのを乗客に見せることで、飛行機は安全で信頼のおける交通手段だと心理的に訴えることができる」と指摘した。シンプソンはこの企画を一度は上司に却下されるが、期間を設けてテスト採用をしても良いという許可を得た。このサービスが評判を呼び、次々に航空会社は女性の客室乗務員を雇用するようになり、こんにちに至っている。

このような顧客価値の創造は、「飛行機が男性の職場」という既成概念を破ることで実現した。本当はパイロットとして航空会社で働きたいと考えていたチャーチが勇気を出して直訴したという行動や、前代未聞の企画に対して耳を傾け、顧客のニーズとマッチさせようと考えたシンプソン、またトライアルを許可したシンプソンの上司などがサービス・イノベーションを起こしたといえる。顧客価値の創造は、社会の規範や価値を取り込んでサービス設計がなされた結果としての共創である。

航空会社のサービス・イノベーションは、その産業の発展の中ではテクノロジーに関することが多かった。たとえば航空機の大型化による大量輸送時代の到来、コックピットのコンピュータ化によって航空ナビゲーションを人間の力に頼らずに飛行可能とする大型機の開発、IT技術の進歩による顧客管理の一元化、発券システムの大型コンピュータ化やチケットレス搭乗システムの開発、あるいは社内イントラネット構築による情報網の確立などが典型的である。その他、しくみを変えることによって新しいコンセプトやビジネスモデルを創り出すというイノベーションもある。たとえば航空アライアンス体制の発足による企業を越えたサービス提供や顧客管理、ハブ・アンド・スポーク・システムによる航空輸送の効率化、あるいは逆ピラミッド型搭乗モデルによる業務の効率化などである。なかでも、対人サービスによる顧客価値についてのイノベーションについてはスカンジナビア航空のヤン・カールソンによる「真実の瞬間」（カールソン　一九九〇）が有名であり、航空会社のみならず、サービス経営や顧客満足に対する概念を変えたサービスモデルと組織モデルをサービス産業に提案した。

市場の自由競争を促す航空規制緩和や、オープンスカイ政策の進行は、航空会社を背景とするグローバル化の大きな流れのひとつであり、環境変化に適応できた企業だけが生き残ることができてきた。対応するプロセスのなかでイノベーションが起こり、これまでになかった顧客価値の創出がなされる。市場が一元化してくれば、生存競争は勝つか負けるか、あるいは共存かである。航空アライアンスの設立は共存という方策であり、その結果、特にヘビーユーザーには多くの価値をもたらすことができた。

マルク・オジェは、現実とは異なる機内の独特な空間と時間について、"non-places"と呼び、その脱領土化された体験について議論をしている（Augé 一九九五）。機内サービスとは一見地上の飲食店やホテル経営と変わらないサービスを提供しているようにも見えるが、地上では決して再現できないその空間の特殊性を考慮し、独自の開発を強いられる。乗客は日常から一時的に切り離されて密室に閉じこめられ行動が規制される。その空間の独自性がどういったものかは、その日のフライトの客層や、時期、トレンドなどにも左右される。国際政治や為替の変動によっても、客の顔ぶれががらりと変わることがある。

地球上のさまざまな国籍・民族・言語・宗教・職業を持つ老若男女が、多様に異なる価値や規範を航空機に持ち込み、日々大勢の人が越境していく空間となった。大量消費を前提にした大量生産のマーケティング方法では、顧客ターゲットや価値創出の方針が一般化しにくい。ハーヴェイの言う「時間と空間の圧縮」（Harvey 一九九〇：二四〇）が進むにつれ、機内というサービス空間は独特な文化が生成するようになってきた。離発着地のローカル文化が機内で商品化されるだけではなく、バラエティが求められ、さらに折衷やフュージョンが新たな商品価値を持つようになった。例えばH航空の機内食は、選択できるメニューの他に次頁の表2のような特別食の別注文を可能とすることで、民族食、宗教食、幼年齢層、健康志向や好き嫌いなどにも対応するようになった。多様化を図り、チョイスを提供することでサービスの向上に努めているのである。

産業界の競争が激しくなり、グローバル化が促進されると、顧客の多様なニーズを取り出すために、定量調査だけではなく定性調査が必要になった。外国人客室乗務員が「文化の展示」から「文化のブローカー」としてより機能性を求められるようになったのは、異文化との接点で得られた情報のなかには企業が生き残るために必要な「ローカル

食事療法のための特別食

特別食名	内容
糖尿病食	糖尿病の方に：砂糖を含まない、低脂肪、パン粉や衣をつけない料理、アルコール非含有
無グルテン食	グルテン（グルテン蛋白質）不適合の方に：小麦、ライ麦、大麦、えん麦の粉やソースを一切使用しない料理
減量食	カロリーが少なく、食物繊維の多い、低脂肪で低炭水化物の料理
低コレステロール食	代謝性疾患に：コレステロール100mg未満、動物性脂肪と卵黄を含まない料理
低蛋白質食	肝臓の悪い方に：無塩、低蛋白質の料理
低塩食	心疾患、腎疾患のある方に：無塩、低脂肪、お腹にガスがたまらない、アルコールなしの料理
無乳糖食	乳糖や牛乳不適合の方に
低プリン食	プリン体を押さえた料理

ベジタリアンミール・フィッシュミール・フルーツミール

特別食名	内容
ベジタリアンミール（完全菜食主義）	完全ベジタリアン料理：肉や魚、アルコール、乳製品、卵は一切使いません
ベジタリアンミール（乳卵菜食主義）	肉を一切使いません（乳製品と卵は使います）
アジアン・ベジタリアン（インド料理）	肉を使わず、インド風スパイスで味付けした牛肉・仔牛肉を使わない料理
非加熱食	滋養に富む新鮮な素材の料理
フルーツミール	果物（肉を使わない生の新鮮な果物）で作る料理
フィッシュミール	肉を使わず魚を主にして甲殻類で作る料理
ソフトミール（流動食）	胃、腸、肝臓、胆嚢にやさしい軽い料理
魚ぬきの料理	魚介、貝類、またそれに属する素材を一切使いません

特定宗教用ミール

特別食名	内容
ユダヤ教食	ラビの監督の下に調理された完全ユダヤ教料理
イスラム教食	豚肉、鹿肉、アルコールを一切含まない料理
ヒンドゥー教食	牛肉、仔牛肉を使わずインド風にスパイスで味付けした料理

表2　H航空の特別食メニュー

な知」があることに航空会社が気づいたからである。個人やコミュニティの中にある知恵や技術を可視化されたデータとして取り出して企業内で共有化することが、こんにちの企業の顧客価値創造の活動の源泉となっている。機内食はその「可視化」の一例である。

第2節　H航空日本路線

1　日欧路線の歴史

H航空は、乗客を運ぶ複数の航空会社の他に、貨物航空、航空技術、ケータリング、ITシステム等から構成される四百以上の子会社や提携会社をもつHグループの主軸をなす民間航空会社であり、H国のナショナルフラッグ・キャリアでもある。調査時の年次報告によると、グループ内の従業員数は約十万五千三百人、毎日約二千三十便を約九十カ国、二百以上の都市に就航させ、年間輸送乗客数は約六千二百九十万人にのぼる。日本への定期便は二〇〇九年一月の時点で成田国際空港、関西国際空港、中部国際空港の三カ所へ毎日運航している。世界初の航空アライアンスの設立当初からその中核メンバーであり、アライアンス全体では毎日約一万六千五百便、世界約百六十カ国、約九百都市に運航している[73]。

日本は、一九四五年の第二次世界大戦の終了後、GHQ（連合国最高司令官総司令部）によって、日本人による民間航空事業の全面禁止命令を発布されていた。この禁止命令の解除通告は、一九五〇年である。この空白の五年間に、日本の国際線は海外の航空会社によって開拓が進められていた。

日欧路線に初めて定期運航便が就航したのは、一九四八年の英国海外航空（British Overseas Airways Corporation: BOAC、現在のブリティッシュ・エアウェイズの前身）であった（徳光　二〇〇五：二一七）。当時の日欧路線は南回り路線と呼ばれ、中近東やアジアの複数カ所で給油が必要であり、そうした技術的な理由で、片道約五十時間を要していた。しかし一九五七年には、初めて北極圏欧州路線を開拓したスカンジナビア航空がアジア路線に就航し、日欧路線

国籍	会社	運営路線	往復／週	使用機材
英国	英国海外航空会社(BOAC)	1．南回りロンドン～東京 2．米国経由ロンドン～東京 3．東京～香港	5 3 3	コメットB707
	キャセイ／パシフィック航空会社(CATHAY)	1．香港～台北～東京 2．香港～台北～大阪～東京 3．香港～台北～大阪	1 2 4	コンベアエレクトラ 〃
オランダ	オランダ王国航空会社（KLM）	1．南回りアムステルダム～東京 2．北回りアムステルダム～東京	2 2	DC8 〃
フランス	フランス国営航空(AF)	1．南回りパリ～東京 2．北回りパリ～東京	5 2	B707 〃
デンマーク・ノルウェー・スウェーデン	スカンジナビア航空会社（SAS）	1．南回りコペンハーゲン～東京 2．北回りコペンハーゲン～東京	2 2	DC8 〃
スイス	スイス航空会社(SR)	南回りチューリッヒ～東京	3	コンベア990
ドイツ	ルフトハンザドイツ航空会社（LH）	1．南回りフランクフルト～東京 2．北回りフランクフルト～東京	3 1	B720B B720B
イタリア	アリタリア・イタリア航空会社(AZ)	南回りローマ～東京	2	DC8

表3　1964年日本に就航していたヨーロッパの航空会社
（『昭和39年度運輸白書』より作成）㉔

の所要時間は三十二時間に短縮された（徳光　二〇〇五：四〇―四一）。続いてエールフランス、KLMオランダ航空、英国海外航空などが、北米のアンカレッジを経由する北回り日本路線を開設したが、一九七〇年代に本格的なジェット時代を迎えるまでは、日欧路線は南回りが主流だった（徳光　二〇〇五：四二）。

日本人の海外渡航の自由化は一九六四年であったが、庶民が休暇で海外旅行に出かけられるようになったのはもう少し後の時代になってからである。『昭和三九年度（一九六四年）運輸白書』によると、この年に日本に就航していた外国の航空会社は合計十八社で、北米三社、アジア五社、アラブ連合一社、オーストラリア一社、残り八社がヨーロッパ国籍の航空会社だった。日欧路線は乗り継ぎ便を含み表3のようであった。これによると、ボーイング社のB707型機やB720型機、マクダネル・ダグラス社のDC8など大型ジェット機が半分以上の便に利用されているが、その大半は南回りであることがわかる。

H航空が日本に就航したのは一九六一年のことで

ある。日本は高度経済成長期であり、旅客も貨物も増加の一途で、海外からの日本就航便数も増便した。一九七八年には羽田空港の処理能力に限界が来たために、成田空港へと国際空港が移転した。H航空では日本初就航時に日本人客室乗務員を二名採用したが、日本人旅行者が増加したため追加採用が続いた。

一九七〇年にはジャンボジェット機が登場した。機体が大型化した当初は供給過多で座席が埋められなかったが[75]、その後、海外旅行の大衆化が進み、日本をはじめとする一部の先進国の国際観光旅行ブームも需要の後押しをし、一九八〇年代は航空業界全体が成長時期となった。H航空の南回り便は何度か経由地の変更があったが、北回り便の十七時間と大差のない所要時間で運航されていた。

冷戦下では、H航空など資本主義圏の航空会社は旧ソビエト領空や共産国領空を容易に通過することができず、迂回ルートを取っていた。東側から西側諸国に亡命目的で航空機をハイジャックするというテロはあったが、日欧路線は比較的平和な路線であった。一九八三年には、フィンランド航空が日欧路線のノンストップ便を初めて就航させた。同じ年、航法ミスによって旧ソビエト領空を侵犯したことで、ソビエト空軍の戦闘機に大韓航空機が狙撃された事件があったが、それからまもなくの一九八五年には、ペレストロイカが始まろうとしていた旧ソビエトが日欧路線に対して上空通過の許可を出した。日欧路線にモスクワ経由・シベリアルートが加わり、さらに航空技術（Aviation Technology）や航空工学（Aviation Engineering）が発達し、飛行時間が短縮されることになった。一九八八年には日本と西ヨーロッパの直行便が実現し、片道十二時間前後で運行できるようになった。

一方、米国では、カーター大統領による航空規制緩和の影響により、一九八〇年代は厳しい市場競争にさらされていた。ヨーロッパでは、一九八七年、英国のサッチャー首相が、新自由主義政策にもとづいてブリティッシュ・エアウェイズを民営化した。翌年の一九八八年にEU領域内の航空の自由化、「パッケージ」三段階のうちの第一段階が発効された。パッケージが一九九三年に最終段階を迎えるまでに、EUの航空市場はかつての米国のように、市場開放と競争力の促進によって航空会社同士の熾烈な戦いがくりひろげられた。経済バブルの終焉、一九九一年の湾岸戦争、冷戦の終結など、政治や経済が不安定な時期と重なりH航空は社史にも記録に残っているほど危機的な経営状況に立たされる。一九九〇年代後半になり、H航空は民営化する。

同じ時期に、航空アライアンスが発足し、同業他社が市場を巡って争うだけではなく、協力できる部分は協力し合いながら緩やかにネットワークを組むという連合が発達した。

ITの発達により、コストや労働の効率化は進められたが、リストラクチャリングも進行し、大小の労使問題が発生した。市場競争による勝者と敗者に分かれ、倒産や合併吸収などが続く。グローバル化による人の移動はますます激しいものになり、二〇〇一年九月の米国同時多発テロや、二〇〇三年のSARSなどを経験しても、さらにそれは増加傾向にある。アライアンス・グループ内で各社が囲い込んでいるリピーター顧客を共有するようになって、機内の乗客層は多様化した。為替レートや企業のキャンペーンなどによる航空券の値段変動により、乗客は日本とヨーロッパだけでなく、アフリカや南米からもやってくる。もはや路線ネットワークは、一航空会社のものではなく、アライアンス・グループで共有しているので、乗客は一枚の航空券を使って世界中のアライアンス・ネットワークの移動が可能になった。航空運賃は距離や所要時間に比例せず、市場のさまざまな要因によって、その時々でお買い得な航空券を使って乗客は搭乗する。その結果、乗客の持つ文化的背景は、国家、民族、宗教、言語、年齢、性別など、多様な客層になり、その結果、サービスのニーズも多様になっている。国際ビジネスマンの中には年間何度も世界一周をするようなヘビーユーザーも現れた。

グローバル化が進む中、企業は地球環境への配慮など、社会的責任(corporate social responsibility: CRS)が問われるようになってきた。H航空は、航空機が排出する排気ガスや燃料の消費などへの配慮の他、貧困世界への募金活動、自然災害時の従業員のボランティア参加支援、あるいは国連のグローバル・コンパクトに参加し、地球規模でのグローバルプレイヤーの自覚を持ち社会活動をすることを企業広告にも載せている。企業内外国人労働者への人権配慮についても宣言した。

このように、H航空をはじめ各航空会社のサービス設計については、空の移動の開拓、航空やIT技術の発展、人の移動の増加などを通じて時代ごとにその変遷を見ることができる。

2 越境的勤務体制の誕生

H国は多民族国家であり、H国本社の従業員は出身国や国籍・民族が混在している。採用条件として国籍・民族・母語が障害になることはない。今や地球全体でグローバル化が進み、H航空の広報資料によれば、従業員のうち三四・五パーセントがH国外で働いているという。外国人の中でも、特にアジアやアラブ諸国からの母語の異なる従業員を「ウェルカミング・エージェント」（Welcoming Agents）として採用し、顧客と企業との仲介人を果たす役割を託している。H航空は、「異文化が内在する企業にはコスモポリタンな土壌があり、寛容で協力的なマルチカルチュラルな企業文化の可能性の展望がある」と肯定的に自己分析し、年次報告やパンフレットに紹介している。

H航空の客室乗務員には、日本人客室乗務員グループをはじめとし、本社の主たるグループとは独立した雇用形態を持つ外国人従業員のグループがある。独自の文化や規範を強く持ち、ときに他民族からは理解しがたいと考えられるエスニック集団であり、そのような乗客の多い路線では、相互理解の仲立ちをするコミュニケーションのニーズにこたえている。そのような特定路線の「文化のブローカー」として採用された客室乗務員のことを、H航空ではRegional Flight Attendants（以下、RFA）と呼んでいる。全客室乗務員のうちRFAの割合は、以下のようになっている。

全体数から見ればRFAは大変に少ない。しかし全体から見ればマジョリティ・グループは多様に文化が混在している。国民や民族で区切るRFAが例外の存在である。インターナショナルのグループには日本人や日系人もいるし、RFAからの異動も可能である。また日本人RFAの中には在日韓国人も何人かいて、帰化した人もいれば韓国の名前を名乗っている人もいる。しかし職場や業務の中で全く区別されることはない。国際線客室乗務員の仕事においては、民族やパスポートの種類は個性の範疇であるが、母語だけは重要である。職場では共通言語を話すことは必要だし、複数言語を話すことができる人は重宝するために給与に加えて特別手当が支払われる。いくつかの航空会社ではRFAのグループを設置せずにlanguage speakerという区別の仕方をして、優先的にその路線に乗務させている。H航空のRFAの担当者やリーダーが言うように、RFA採用と教育訓練においては、日常で話す母語だけでは

インターナショナル	日本人 RFA	インド人 RFA	中国人 RFA	タイ・韓国 RFA
94.68%	1.70%	1.46%	1.46%	0.70%

表4　H航空客室乗務員の内訳（%）

なく、生育歴で身につけてきた国民性や民族性を重視するという。つまりサービス価値モデルでいうところの乗客との意思疎通の重視である。対人サービス場面で乗客と多くのリテラシーを共有できるスペシャリストとしてのRFAの任務である。RFAの印象管理や立居振舞も企業にとってはサービスを展開するためのツールであり、展示演出であり、それら全部を含めてのサービス設計である。

H航空の日本人客室乗務員は、一九六一年に初めて採用された時には、キモノ・スチュワーデス（Kimono Stewardess）と呼ばれ、機内では常時、日本の民族衣装の着物を制服として着用することが義務づけられていた（矢飼　一九八七：一六六）。矢飼は入社後、初めてH国に到着する際に、「到着後に広報用の写真撮影をするので着物で機体から出るように」という業務命令を受けたときのことを回想している。最初の客として飛行機から降ろされ、H国の町並みを見ながら着物姿で写真を撮られている自分のことを、「全く奇妙な異端者。日本人が着物でシンボライズされ、着物を着ることで私に存在価値があるように感じた」という（矢飼　一九八七：一二〇）。日本の航空会社は着物の特徴を知っていて、客室乗務員はフライト中に短時間のみ着用するが、比較してH航空のマネージャーたちは着物の構造がわからないので、矢飼は長距離便にもかかわらず常に着物の着用を強制されたという。着崩れがしたり、帯を引っ張って呼ばれたり、乗客の椅子に袖をしょっちゅう引っかけて破ったり、季節に関係なく年中同じ着物で夏の香港にも行かされたというエピソードを披露している。着物は会社が選んだ柄なのでやたら派手で好みではないものを着せられたことや、「日本人は動きがのろい」とH国の乗務員に言われたことについて、「着物や身のこなしといった文化を知らないとそういう理解をするものだ」と説明している（矢飼　一九八七：一二四）。着物のドレスコードがH航空から尊重されていなかったことは、「外国がいかに日本文化に無知だったかということ、敗戦国日本はその程度の存在だった」のだとも述べている。

H航空が日本人客室乗務員をRFAとして初めて雇用したとき、すでにブラジルや中国のRFAがいたという。ＲＦＡは外国人グループとして本社契約の主たるグループとは区別され、採用試験、訓練内容、業務内容、勤務条件などが若干異なっている。採用担当者のインタビューでは、「ＲＦＡの採用条件には国籍や民族、宗教は問わないが、母語と生まれ育った文化背景を重視している」と説明があった。つまりＲＦＡは単に言葉が話せたり、文化を理解しているということではなく、日常的に当該文化の行為の実践者でなくてはならないという。つまり個人の普段の態度・状態・習慣の文化的背景を重要に考えている。現在、日本、タイ、インド、韓国、中国などのアジア人を中心とするグループが複数国に配置されている。これらの人たちは、外国人枠という特別な雇用条件のグループに所属しているが、言語力を含めて一定条件を満たせば、Ｈ航空本社の主たるグループに入ることができる。その場合はＲＦＡという「文化のブローカー」としての業務に拘束されずに、一般の乗務員として世界中の路線に乗務することが可能になる。

客室乗務員はオフィス業務とは違って勤務が不規則である。このことが越境的な勤務体制をさらに促進する。雇用契約上、ベースの近くに住むことが義務づけられているが、その拘束はかなり緩やかで、業務に遅れないことはもちろん、スタンバイという突然フライトに呼び出される業務中は一時間以内にベースに到着することを保証しさえすれば、在住地は強制も管理もされない。したがってＨ国内のみならず、近隣ヨーロッパから航空機で通勤する者が相当数いる。日本在住者も、規則通りなら成田空港周辺に住まなければならないが、実際には東京都内や関東圏はもちろんのこと、関西圏や東北、九州から通っている者も何人もいる。不規則な勤務形態、従業員向けの通勤用航空券、ワークシェアリングなどを利用して、季節労働のようにやってくる者もいるし、米国やアジアからの通勤者も珍しくない。越境的勤務体制を生み出したグローバリゼーションの実態である。

外国人グループとは乗務する路線が異なるため、他の国籍のＲＦＡと一緒に仕事をすることはない。しかし滞在するホテルや、移動の時にクルーバスで一緒になったり、訓練や試験で同じクラスに参加したりすることがたびたびある。どの航空会社もリストラクチャリングと厳しい効率化によって、労働条件は厳しくなっているのは同じで、大問題はめったにないにせよ、小さな労使交渉は時々しなくてはならない。そのようなときに、企業内マイノリティとしておかれた外国人客室乗務員の同士が労働相談をする方法や、文化規範の異なる上司や企業との交渉の仕方について情報交換をしあうような、インフォーマルなネットワークができあがってきた。グローバル時代のトランスボーダーな新しい社縁のありようである。その実態はH航空だけではなく、RFAを雇用している多くの航空会社にも共通していることが、筆者の面接調査からは明らかになった。

3 経営のグローバル化

設立以来、技術の進歩と消費の促進によって右肩上がりだった航空業界は、一九九〇年頃から長期にわたる世界的な不況や、戦争やテロ、米国やEU圏の航空自由化等の理由で厳しい経営難が続いている。航空機移動のニーズは増え、航空技術（aviation Technology）や航空工学（aviation engineering）はますます発達し、組織は巨大化し、あらゆるものがハイテク化しているというのに、働いている人びとが経験している時間や働き方、さらには金銭感覚の面でも一九八〇年代の方が豊かであった。D航空のウェブサイトには、一九八〇年代は'the glory years'と表現されている。世界経済が流動し、消費が促進され、国際観光が流行し、空のネットワークは広がり、航空が大きく発達した輝かしい時代だった。しかし一九九一年の湾岸戦争をきっかけにがらりと様相が変わった。経済バブルがはじけ、人びとは国際間移動を危険なものとして恐れ、ひととき飛行機は空席だらけになった。同時に、EUの航空自由化政策の効果が現れ、これまでに体験したことのない業界内の生存競争が始まった。EU領域内の航空会社は、一九八〇年代の米国のように、航空会社の合併吸収、倒産、新規航空会社の設立が相次ぎ、一九九〇年代前半には生き残りをかけた大戦争となっていった。一九九五年までにEUメンバー諸国に属する航空会社は、一〇億四〇〇〇万ドルの政府援助を受けている（ドガニス　二〇〇三：二）。

一九九二年、H航空は社史にも記録に残すような経営危機を経験した。その後、V字回復をしたものの、当時のリストラクチャリングは現在のように緩やかに断続的に続けられるようなものではなく、有無を言わせない厳しいものだった。部署や役職がなくなり、これまで当たり前に一緒に働いていた人たちが、ある日ごっそりといなくなった。

一部オフィスを閉鎖し、デスクがなくなり、社内の景色が変わった。

入社したてで試用期間中だった客室乗務員の一部は解雇になったが、日本人乗務員は必要だということで運良く対象からはずされた。解雇になった乗務員たちは、H航空がEU内の短距離路線を子会社化して、その会社に優先的に雇用された。パーサーなどの管理職についている者は子会社に出向となった。

人員だけでなくあらゆるものが効率化の対象になった。H航空は、かつては半官半民のナショナルフラッグ・キャリアだったので、職場には役所のように事務的な風潮があり、個人が生産的に仕事を考えるという意識はそう高くはなかった。筆者はH航空に転職する前に、能力主義、成果主義の民間のD航空で働いていたので、比較して、仕事に対するプレッシャーもなく楽な会社に思えた。D航空は、航空業界の中で栄誉ある賞をサービス部門で何度も受賞し、職場文化や企業教育は「常に業界トップのサービスを目指す」というものであり、客室乗務員たちは自分たちのサービスと品質に誇りを持っていた。乗客からの人気投票上位者や免税品の売り上げ上位者は、社内で名前が発表されて記念品が授与された。その一方で社内査定も評価も厳しく管理されていた。仕事に対するモチベーションは高かったが、それは管理者や訓練所からの巧みなマインド・コントロールにもよるもので、サービス設計が企業主導で詳細にわたって作り込まれている。

一方のH航空の従業員は、H国の民族文化を反映して真面目な働き者で仕事に手抜きはしないけれども、それは業界のトップクオリティを目指して向上するというたぐいのものではなく、ノルマは責任を持って果たしますというような性質のものだった。自己規律は高いけれども、楽しいサービスをやって乗客を喜ばせようというような遊び心には欠けていた。管理者による仕事の評価のフィードバックはシステム化されておらず、強制的に成績競争をさせられない分、気楽なサラリーマンであった。客室乗務員がサービス向上に向けてのモチベーションを煽られなくても、H航空の前身は飛行機を作っていた会社だったこともあり、エンジニアやメカニックなどの技術者のプライドはたいへんに高く、その実直な仕事の評判は高かった。H航空はどちらかというとサービスよりも信頼と技術を広告とし、経済先進国のメガキャリアのイメージを作ることでサービス設計としていた。

しかし一九九〇年代に入ってからの経営危機は、それまでに経験したことのないものであったために、経営陣は徹底的に社内文化の見直しを図った。それ以前、客室乗務員は、「機内のものは私物も同然」のような風潮があり、機内の高いワインを家に持って帰ることなど平気で行われていた。ヘッドフォンの故障をみつけても、修理に回すためにシールを貼る作業を面倒がって、そのままゴミ箱に捨てるような無駄づかいもみられた。企業のものをみんなのものとして大切にしようという意識に欠け、規範がゆるんでいたのである。管理者はこのような日常の職場の規範から徹底をはかろうと考えたようで、そのやり方は集中的で圧力的だった。社内で突然持ち物検査を受けたり、到着後の機内にチェッカーがやってくるという噂がたったりで、乗務員をはじめ一般従業員もおそれをなしてしまった。最初はこのような「荒療治」から始まった。今では当たり前である「両面コピー」も、機内サービスで、コーヒーの砂糖やミルクは必要に応じて手渡すといった効率化も、「けちくさい」と文句を言う者もいた。

地味なコスト管理をする一方で、航空会社間のサービス合戦が熾烈になっていたために、四十分程度のEU内のフライトで食前酒とコーヒー付きで食事を出し、さらにゲートで好きなお菓子やジュースを詰め放題に持たせ、コーヒーや紅茶はおかわり自由、そんな短時間ではとても食べきれないというほど過剰なサービスを提供していた。日本路線でも労働負荷を考えずにやたら手間の掛かるサービスを導入するので、乗務員には文句が絶えなかった。その頃は、H航空も他のライバル社に負けないためにさまざまなサービスを試すしかなかったのだが、それは客室乗務員の大小の労働問題に発展することもあった。先の見えない暗い時期に、あちこちの部署から会社に対する不満が噴き出していた。

例えば日本路線にかかわる日本人従業員の中で「本社は日本のサービス文化に理解が乏しく、日本人乗客のニーズに合うサービスを提供できていない。改善を提案してもサポートもない」と考える者は少なくなかった。実際、搭載品や食事の品質の問題や提案を本社に書いて送っても、返事のないことがほとんどであり、理由もわからなかった。

そのような折り、日本人客室乗務員の大量採用があり、元々約百人いた日本人グループが倍の人数にふくれあがった。一部の日本人客室乗務員が懸念したのは、その時の新入社員は日常業務の中で先輩たちからゆっくり指導を受けて育つようなインフォーマルな教育環境が機能しないだろうという点である。しかも今回の入社条件から居住地をH国に移すことが義務づけられた。H国の人たちは、「日本人だから日本のサービスができるだろう」とよく言うが、どのような文化圏においてもプロとしての仕事を実践するためには訓練も稽古も必要だし、経験を重ねることで判断能力が磨かれる。それは仕事の中で学習し、集団内で上達してゆくものである。日本のサービスや日本的な仕事の受け渡し方は、日本人からしか学ぶことはできない、仕事の学習は文化の伝播でもある。サービスの方法を企業内教育として学ぶことと、日本的なサービスの実践という学習の積み重ねによって理解を深めていくこととの違いである。H航空の訓練所の中では、日本人のインストラクターが限られた時間内で知識を伝達するだけで、実践を通じた学習は現場で学習することになっている。新入社員が少なかったときには、毎回のフライトで、三～四人の先輩がイニシァティブをとって集中的に教えるやり方で機能していた。しかし新入社員が倍の人数で、しかも海外に住んでいて、フライトの前後の時間に食事をしたりするという、一般的なサラリーマンでいうところの「アフターファイブ」のような時間も共有できないとなると、仕事がどういうものかという情報伝達の手段が断ち切られたようなものである。

そこで有志が、この機会に日本人客室乗務員用に必要な訓練内容をプログラム化してマニュアル化し、情報のスタンダード化をするのが良いのではないかということを話し合い、東京支社と相談して本社に提案書を提出した。日本もヨーロッパと同じ、かつては「背中を見て学ぶ」ことが、サービス業では一般的だったけれども、今や新入社員は「マニュアル世代」で、二百人にもなれば口頭伝承に頼るのではなく、組織的な品質管理を行う必要があるという考えであった。それは日本路線の問題点と改善の提案書を本社に提出した一九九一年頃のことで、のちにサービス・スタディ・プロジェクト（SSP）と呼ばれるようになる。

SSPでは大学からホスピタリティ・マネジメントの専門家や、日本語の「話し方」のプロのコンサルタントを呼んで、異文化間サービスの理解や人材の品質管理と教育の改善点の洗い出しを行った。しかし一年後に出した結論は、「問題点はサービスではなく、本社と日本支社と機内の三カ所で働く従業員同士のリンケージ（連鎖）が悪い」というものであった。サービス提供のしくみは、本社で設計されたサービスが機内で人を介して創出されるが、それに対する日本人乗客からのフィードバックは、通常、機内のフライトアテンダントや日本人の空港職員が日本語で受ける。日本人乗客が本社に直接コンタクトをすることは滅多にない。ここで現状認識の違いが起きる。日本とH国は物理的に遠いということはもちろんのこと、地球の裏側にいる会ったことのない同僚に対しての、情報伝達ネットワークが十分に構築されていないことや、そのために共有すべきプラットフォームが欠如していることに加えて、日本語の微妙なニュアンスや表現を文化的背景と共に説明し、問題の本質を正確に伝え、理解を得ることは、なかなか難しいことだった。顧客情報は、日本文化に対する配慮や理解がなければ本社にとってはデータにならない。そのような状況から、サービス品質の改善点があっても情報が共有できず、協力体制が取れないままに問題を残している現状を指摘したのだった。

このような課題はSSPが調査分析をするまでもなく、日本人従業員は日常的にわかっていたことだったが、サービス現場のスタッフがこういった問題を公的文章にし、本社に示したことは初めてだった。しかしこの時は具体的な解決に至ることはなかった。現場任せ、つまり、企業内の複数組織と意思疎通は取れていなかったために情報が循環していなかった。

一九九〇年代は企業内調査が続いていた。経営学者のパウル・マン（Paul Mang）は、機内サービスを通じて異文化間コミュニケーションがどのようなものかを参与観察した。当時、博士課程の学生だったマンは、サービス・マーケティングが専門で、H航空の米国路線と日本路線に乗客としてサービスを受けながら、乗客や従業員に聞き取り調査を行った。筆者はマンのフィールドワークの便に乗務したのでインタビューを受けることになり、マンの論文ができあがるまでインフォーマントとして調査に関与した。マンによると、グローバル企業は異文化間経営やサービスを考えるときに異文化理解に注目し、その克服のために努力を払おうとする。しかしマンがインタビューを取った乗客は、おおむね異文化保持者の従業員には寛容であり、むしろ同文化保持者である従業員に対しては厳しい評価をくだすという。乗客はサービス一般を語るときには、無意識に自らと同文化の従業員のことを語っていたことがわかった。乗客が自分と同じ文化保持者であるサービス提供者に対して注意が向いていることを考慮すると、企業内外国人はむしろ自文化理解や同文化の接客サービス教育をすることが大切なのではないかというのがマンの主張である。[76]

同時期、H社ではヒューマンリソースのシステム構築に着手した。当時、経営企画及び人事部門のトップ・マネージャーは、管理者候補生向けのプログラムと、若手従業員向けの能力開発プログラムを提供した。これらはグローバル企業内の地球の裏側まで社縁のネットワークを構築するという目的もあったという。さらに世界全従業員から希望者を募ってMBAプログラムに送り、知識レベルの向上を図った。このとき既に「企業内大学」の設立構想があったが、社内事情を考慮して、企画は長く温められながら時が熟すのを待っていたという（ゴシャール&ブルック　二〇〇七：一〇五）。

外部のコンサルティング会社による人材育成研修も行われていた。「真実の瞬間」で一斉を風靡したヤン・カールソンの、顧客の印象が決まる「パーソナル・コミュニケーションが重要」という主張の元に設計された研修は、地上勤務の一部の人たちが受講した。その後、機内で客室乗務員と乗客との接点を作ろうとするサービス設計の試みが始まった。カールソンの「真実の瞬間」とは「最前線の従業員が顧客に接する最初の十五秒が企業の成功を左右する」という、あの有名なくだりである（カールソン　一九九〇：五―六）。サービス設計を試みては現場で次々と実践するよう業務命令が降り、その有効性をフィードバックするという、トライ&エラーの現場実験が行われた。

一九九七年にH航空は完全民営化するのだが、その一年前には当時のCEOが年間二〇〇回以上のローカル・ミーティングを実施していた。本社にいては聞こえてこない話、見えてこないことを、CEO自らが世界を回って実態を調査したのだ。東京路線にはエコノミークラスに予約をいれ、機内では、「滞在先のホテルが気に入らない」というような乗務員の愚痴話までよく聞いていた。

当時のH航空は、グローバル企業としてのサービスのあり方を模索していた。本社主導の考え方をする者や、グローバル化とは一元化することだという考えに立つ者もいた。世界中の路線で搭載する雑誌もすべて同じ、出す広告も同じイメージ、機内食の予算も同じ、それを本社が決め、ローカル支社が実行する、それが企業ブランドの創出という考え方であった。

しかし日本支社からは、本社優位のやり方に対して徹底した反対意見が出された。例えば会議で機内食担当者は、「日欧路線を飛んでいる競合他社に勝つには、ライバルと同じ程度の予算が必要なんです。本社は全社を挙げて同じ予算が平等と言うけれど、例えば日本とインドで同じ予算で同じ品質の食事は作れない、作ったところで意味がない。社内で予算を合わせる理由もない。そのことを何度本社に報告しても状況は変わらないし、その理由もわかりません」と発言した。また別の従業員は、「H国民が良いと考えるサービスは普遍的ではない。日本には日本人が良いと考えるサービスがある。それが顧客のニーズだ。本社からの押しつけではなく、臨機応変にやって欲しい」と意見した。

同じ年、世界初の航空アライアンスが五社共同で発足した。アライアンス・グループでは、共に協力できることは一緒にすることで効率化を図り、共通ネットワークを構築しようというコンセプトである。このビジネスモデルは、当初から具体的で詳細なサービス設計があったと言えるわけではないが、模索と創造、協力と実践で構築したイノベーションでもある。最初は、空港のラウンジを共有できるかとか、チェックインカウンターの人材や、現場で使うパソコンを一緒に使おうとか、話し合いを重ねながら小さな変化から始めていた。しかし十年後には巨大なネットワークを張り巡らせ、顧客の共有と管理の一元化を成功させることになる。

また、人材育成の部署を子会社化して、ホスピタリティ産業の人材育成専門のコンサルティング会社として発足させ、これまでの乗務員訓練で蓄積させたノウハウを整理して、教育プログラムの全面改定を行った。ファーストクラスのサービスを高級化するために、プロジェクトを発足させ、世界中の有名シェフやソムリエを広告塔にし、メニューをプロモーションしたり、品揃えを増やすなどして、グレードアップさせた。ビジネスクラス共々、食器を総入れ替えし、イメージも一新させた。

一九九〇年代になってH航空が経営危機に陥り、二〇〇三年にメニューの改善をするまで、十年以上の歳月がかかっている。CEOがヒューマンリソースに着手したときに、「経営が厳しいときだからこそ、十年かけて十年後に成功させるために今始める」と会議で発言した。結果的にその通りになった。これらはTQM（total quality management）の結果である。ＳＳＰが本社と支社の双方から強く支持を受けたのも、当時発足したばかりのＴＱＭから見れば、「まるで日本発のＱＣサークル」という印象を記した手紙が本社から届いたように、問題意識を持ったタイミングが、越境のサービス現場とトップ・マネジメント、本社と遠く離れた日本支社とで、不思議にシンクロナイズしていた。

4　客室乗務員の機内サービス

客室乗務員の主たる仕事は機内サービスであるが、一般に飲食を運ぶなどの乗客の世話をすることと考えられていることが多いようだ。実際の客室乗務員の仕事は、「危機管理」と「サービス」の二つに大別され、これら両方をまとめて「機内サービス」という。

航空機は客室にいる乗客の数に応じて、定められた必要人数の乗務員を、決められた場所に緊急配置につけなければ運航許可が下りない。客室に乗務員がいるのは、人を空輸するという移動の供給サービスに加え、保安要員としての機能を担っている。そして仕事の優先順位はサービスよりも危機管理業務である。

乗務員とはライセンス[77]保持者のことで、航空運航に必要なオペレーションの訓練を受け、試験に合格した者のことを指す。したがって客室乗務員の最も重要な任務は、人を空輸する航空機を無事に運航させることである。

飲食サービスは、航空会社にとってはライバル他社との違いを顧客に直接的に展示できる機会である。移動という経験、機内という空間の質を、顧客体験の差異として創り出す、いわばサービス戦略が最も効果的に実践される場面である。何か新しいもの、他社とは違うものを展示しようと試みるが、いったん航空機が乱気流に入ったりすれば、飲食サービスは強制的に中断される。食事よりも安全運航が優先だと乗客に宣言し、それに対して有無を言わせない。このような点がホテルやレストランなどの一般的な飲食サービスと決定的に違う点である。

危機管理の仕事とは、機材の搭載確認やオペレーション確認などのルーティン業務もあるが、緊急事態が突然発生した場合に対処することが重要な任務である。食事のサービス中に突然乗客が倒れたというようなことは、日常的に起きている。しかし、ほとんどの場合は飲食サービスや乗客を援助する仕事を中断することなく、同時進行で進んでいる。航空機の構造上、本当に近くに座っている乗客しか、機内の事件や事故といった緊急事態に気づくことはない。よほど大きな団体が乗っていない限り、機内のどこかで起きていることが噂になって四百人以上の人びとに伝達されることもないので、ほとんどの乗客は事件が起きても何も知らないまま降りてゆく。

問題のない運航を目指すことが危機管理の仕事であるが、緊急事態を想定して訓練がなされた状態でいることが乗務員の仕事である。機内の危機の要因を管理し、空間の治安と安全が保たれた状態を維持することが危機対応であり、保安要員としての仕事である。

もうひとつに、機内の対人サービスの仕事においては「もてなし」の要素が高い。飲食サービスやエンターテインメントといったサービス・アイテムは、本社を中心に個別の部署が専門にサービス設計を行っている。客室乗務員は、本社の設計通りのサービスを実践することを業務の骨子とし、それに「肉付け」をする。すなわち、対人サービスは個別の乗客のあらゆる援助や問題解決を通じて直接相手と関わり、乗客の快適な移動空間を創っていく。立ち話をしたり、子供と遊んだりといったこともその一例である。

だからこそ乗客の話はよく聞く。聞いて、乗客の立場や気持ち、言いたいことや伝えたいことを理解しようと努力する。そしてできることだけをする。配膳や配布物などの決められた業務や作業手順だけでなく、マニュアルにはない個別の乗客に対応することは、「サービス価値モデル」の印象管理、立居振舞、意思疎通、展示演出、危機対応の実践と、乗客とのサービス・リテラシーの共有によって顧客価値の共創を目指している。

以上、本章では、「文明の装置としての企業」であるところの航空会社が、どのような歴史的変遷を遂げてきたかを概観した。商業化された空の移動は、空路の拡大、航空やＩＴ技術の発達、あるいはグローバル化にともない、利用者にとっての意味も価値も変化してきた。企業は顧客価値の共創をめざして常にサービス設計の見直しをはかってきた。日欧路線、ならびにH航空の日本路線の発展は、日本人ＲＦＡという越境的勤務体制を創出したが、その役割や仕事の実践は歴史の中で変化してきた。次章では、この点を詳述する。

第4章　日本人客室乗務員の接客業務

第1節　日本人客室乗務員の業務

機内サービス、すなわち客室乗務員にとっての「乗務」とは、航空会社が販売する「空の移動」という商品を成り立たせるための活動のひとつである。それは構造化された組織内で各部署に分配される業務のカテゴリーのひとつである。機内サービスが成立するためには、企業内での業務配分のほか、航空機の運行をサポートする技術系会社、ケータリング会社、および空港などの複数企業や組織の活動が不可欠である。

日欧路線の機内サービスや、専門家としての日本人客室乗務員の配置は、ローカル・マーケットを対象としたひとつのサービスモデルである。国際線の機上では、民族文化もサービス創出のために有効な資本となる。日本に乗り入れをしている外資系航空会社が日本路線のために日本人を雇用するのは、日本人客室乗務員を配置することで他の文化保持者とは異なる顧客体験を提供できるからであり、その存在自体がサービス設計の一部であるといって良い。たとえば日系の航空会社は日本的なもてなし方を特徴とすることによって他社との差異化をはかろうとするが、このような民族色の強いサービス設計とイメージ戦略を取る航空会社は世界中に数多く存在する。機内が越境的な空間であると同時に産業の場であるために、異文化は企業によって商品化され、サービス創出に有効に機能することになる。

一方、見方を変えると、マンパワーとしての客室乗務員の業務そのものは基本的にどの航空会社も同じである。乗客が快適に機内で過ごせるように機内の環境を整えること、個別のニーズにできるだけこまやかにこたえること、それにくわえて機内の仕事に関連する前後の事務的な業務である。機体に上がる前には当日のフライトに関する必要な資料の準備と情報のアップデートや乗務員の全体会議があり、機体を降りた後には免税品の売上金の納金の他、報告書や意見書の作成などの事務仕事があり、それらをまとめて「乗務」と呼んでいる。

乗務を可能にするための定期訓練や試験も業務の一部である。日本国内とH国やヨーロッパ向けのさまざまなメディアと関わる広告宣伝の仕事や、イベントへの参加など、対顧客と対事業所の広報活動の仕事も業務のうちである。ベテランの客室乗務員になれば訓練所で教えたり、教育プログラムの開発やマニュアルの作成にあたったり、機内食の企画に参加したり、新入社員のリクルートなどにかかわる者もいる。定例会議の参加や管理者とのインフォーマルなミーティングに参加することも重要な業務で、日本路線の専門要員の立場から、機内の顧客行動の動向や日本のトレンド情報など、数値化しにくい定性情報を企業に報告することが求められている。形式化された会議では、本社の管理者はもとより、日本支社からはトップ・マネジメントや営業、マーケティング、プロモーション、カスタマーリレーション、サービス開発部など、ローカル・マーケットの専門家の代表が集まり、情報交換や意見交換がなされる。これらは業務ではあるが、実践する仕事の中身が個別化されるほどマニュアル的要素はなくなり、個人の創造性が問われる仕事となる。

機内のサービスは協働作業であるために、プログラム化とマニュアル化は進んでいる。特に航空会社の活動は地球規模での大量生産であるために、実務レベルではサービスの「マクドナルド化」が進んでいる。その業務内容は接客業務と危機管理業務のふたつに大きく分けられる。

客室乗務員の業務は平等に責任が分担されているが、「文化のブローカー」をつとめる客室乗務員は、H国本社ベースの客室乗務員と比較して常に圧倒的に忙しい。H航空の日本路線では欧米人客よりも日本人客の占める割合がだんとつに多く、その割には日本人乗務員の人数が少ないので、単純な要求でも個別の依頼が日本人客室乗務員に集中する。同じ言語を話す人同士はコミュニケーションが取りやすいし、サービス上のやりとりも同じコードを持つ者同士の方がわかりあえるので、乗客は要求が伝わりやすいと感じる客室乗務員の方に向かう傾向がある。その安心感にこたえるのもサービスのひとつの方法なので、H国本社ベースの従業員は状況を考慮しながらあうんの呼吸で日本人客室乗務員に分配された業務をフォローする。

業務そのものは文化的背景にかかわらず全く同じであるとはいえ、日本人客室乗務員には日本文化に配慮した実践が期待されている。日本国内のサービス規範をよく理解し、他国とのギャップを考慮して仲介し、日本人客が充分に快適に過ごせるように「サービス価値モデル」の五項目に沿うようなかたちで情報発信をしながら業務が遂行される。またH国本社の客室乗務員が日本人乗客の行動や思考や心理がわかりにくくて業務にとまどうようなときには、日本文化についてわかるように説明をすることが業務として期待されている。サービスは実践段階で異文化摩擦がたびたび起きるので、誤解を解いたり、双方の代弁をしたり、仕事を代行して対応することも多い。一方、日本人乗客のいない場面では、誤解を避けるためにも、職場のコミュニケーションは欧米的な方法に合わせるよう企業からは期待されている。外国人客室乗務員のグループでチームリーダーの一人は、筆者のインタビューに対して、「サービスの仕事の面では日本人には日本人らしくあってほしい。日本の文化を保持しながらヨーロッパの文化に適応してほしい。それがリーダーとしての僕の願いでもあるし、会社の期待でもあると思います」と述べている[78]。しかし企業内日本人コミュニティの中では日本社会の規範は生きていて、職場の人間関係の規範は一元的ではない。文化差をリテラシーとして多元的に保持することが、業務遂行と同時に期待されている。日本人以外の外国人客室乗務員も同様である。だが、それは必ずしも完璧に理想通りに実践されるとはかぎらず、数々のコンフリクトを起こしながらも共同体としてひとつの目的を目指す社縁の活動として展開されている。

1　接客業務

客室乗務員の接客「業務」は、航空会社が設計したサービスを計画通りに実践することが中心で、H航空の職場で使うローカルな言葉でいえば、service plan（サービス計画）ならびにservice procedure（サービス手順）である。「業務」は企業が決めた「もてなし計画」ならびに「もてなし手順」で、多人数の乗客を前提に効率よく準備されている。企業が設計するものはハブ&スポークの時間効率の良い国際間移動ネットワーク、移動空間の内装、食事や飲み物、座席の品質、エンターテインメント、メディア、アメニティ、空港ラウンジ設備、主としてリピーター客のためのアライアンス共通の特典、「モノ」としてのサービス、ウェブサイトによる情報提供のシステム、広告によるイメージ戦略などである。対人サービス担当の客室乗務員にとって「モノ」や「情報」のサービスは仕事の「道具」であり「環境」である。客室乗務員はそれらを利用しながら乗客とのサービスの経験を共に創っていく。

ところで接客業務といえば接客の態度や知識、技能など、さまざまな意味を含んで語られる場合が多い。客室乗務員でさえ、業務の内容や手順だけでなく、マナーやエチケット、知識や技能、創意工夫、テクニック、サービスの品質、客の面倒をみることやコミュニケーションをとること、満足をさせること、えこひいきをすることなども包含して、十把一絡げに「サービス」と日常的に話している。礼儀作法やホスピタリティ、もてなしなどにまで拡大すれば、その思想や実践には文化的差違も含めて意味が広がる。

一方、客室乗務員は別の言い方で、機内サービスの仕事のことをデューティ（duty）と呼ぶことがある。広い意味のサービスとは区別して、意図的に「業務」のことを指している。デューティとは責任をともなう仕事であり、集団による役割の分業である。その詳細を役割別の作業項目としてリストアップし、マニュアルとしてルール化すれば、設計通りにサービスが実現できる。

客室乗務員が「サービス」と言うときにはデューティを通じた乗客との接触が基本にあり、乗客が機内で快適に過ごしたと思えるためにできる創意工夫のある支援をすることを言う。客室乗務員のサービスとはデューティを骨組みに自由に肉付けをして作品を作るようなものである。そのことを「この仕事には答えがない、毎回違う」と表現する。デューティは儀礼の式次第なので、マニュアル通りに行ってあたりまえで、それを通じて客から高い評価を得られるというものではない。メニューの通りに食事が出され、プログラム通りに映画が上映され、決まり切った接客用語で応対されることはマクドナルド化された大量生産方式のサービスであり、コモディティ化されていて感動は少ない。何一つ間違うことなくスムーズにスピーディに食事のサービスが行われても、乗客の思い出になるような強い印象として記憶に残るものではなく、問題のないフライトで満足したというように受け取るだろう。

客室乗務員はデューティをノルマとして考えている。おおよそ訓練所で学ぶことがデューティやノルマに近い。それはカンパニー・スタンダードのサービス知識やサービス技能のことである。たとえばサービスに関する知識とは、エチケットや飲食に関すること、機内販売、乗り継ぎ案内、空港やローカル情報など、おおよそ機内で乗客が知りたいことに充分答えられる情報を持っていることであり、なおかつ英語で passenger handling と表現するような言葉遣いや話法による印象管理、応対方法のテクニック、顧客心理と苦情処理の方法のステップを知っている、などのことである。それらが高いサービス技能となり、より高度な知識を持ち、上手に応対ができるようになるには時間がかかるし、客室乗務員の努力や能力にもよる。最低限、ワインの取り扱い方が正しくできたり、正しい言葉遣いで応対ができたり、制服を規定通りに着こなしたり、第一印象を良く自己演出することができるといった「サービス価値モデル」の通り一遍のことを、カンパニー・スタンダードのレベルでやることは、デューティでもありノルマである。

客室乗務員の中には、ノルマを完全に果たして十分な仕事をしていると考える人もいれば、ノルマ以外のところに仕事の楽しみを見いだす人もいる。もちろんノルマさえ果たせない者も中にはいるし、デューティに逆らう者もいる。しかし対人サービスの仕事が好きで上手な客室乗務員は、乗客に合わせて創意工夫を試みながら顧客価値の共創を目指そうとする。その方法には答えはないし毎回が個別のものだと多くの客室乗務員が考えている。

対人サービスは、客室乗務員が同じ情報を発信しても、快適と感じるか、楽しい旅だと思えるかどうかは、個々の乗客の感性によって受け取り方が違う。評価の主体はあくまで乗客である。乗客がどのような人柄でサービスに何を求めているかを知るために、客室乗務員はできるだけ接触を持とうとする。そのような仕事も業務やデューティではない。デューティを実践しながら乗客に対して笑顔で話しかけたり、気配りのある支援や提案をしてみたり、より丁寧に対応して相手を大切に扱ったり、美しく料理を盛りつけてみたりといった「サービス価値モデル」の実践をすることで、乗客に肯定的な印象を持たれるような情報発信を工夫し、それによって少しでも乗客の心が動けばひとつのきっかけとして、乗客がどのようなサービス体験を望んでいるのかを確かめようとする。それは業務というよりも仕事の創造である。アプローチの方法や相手とどの程度まで関わるかといったさじかげんは、やりとりを通して相手の態度を見ながら調節する。文化的な差違もここで考慮される。客室乗務員の情報発信の創意工夫や上手下手と、乗客のサービス・リテラシーによって、サービス経験としての顧客価値が共創できる。

このように対人サービスの仕事の実践は多岐に及ぶし、サービス知識やサービス技能にはレベル差がある。接客業務の中で業務として考えられるのはデューティでありマンパワーがなせる労力である。極端に言えば、人間の代わりに作業ロボットに変わってもノルマをこなすことはできるし、ロボットなら乗客に失礼もないだろう。しかし客室乗務員がサービスや仕事という表現を使う場合には、たいていは業務の周辺に創意工夫のあれこれのことを含めて考えている。

2　危機管理業務

客室乗務員の危機管理は、サービスのような個々に自由度の高い仕事ではなく、徹底してルールが決められている。不測の事態が起きたときに、誰の指示も受けることなく瞬時に分業が開始されるためである。それは人命に関わり、緊急を要する事態に対応するためのプログラムで、その状況が起こったときに乗務員は絶対に迷ってはならないからである。誰もが自分の役割を把握し、八十メートルの大型機で互いに顔が見えなくても命令系統が機能し、それぞれが正しく判断をして行動を起こすことが絶対任務である。

航空機の中で想定される危機とは、何らかの理由で航空機そのものに起きる事故により運航ができなくなるもの、機内で起きる火災や盗難、第三者によるハイジャックやテロリズム、怪我、急病人の発生、運航や機内サービスを妨害するような迷惑行動や問題行動、異常な苦情などである。

航空機が大破するような大事故はメディアに大きく報道され、人びとに動揺を与えるが、その背後には世間に知られない大小の出来事がある。労働災害の大原則、「ハインリッヒの法則（一：二九：三〇〇）」によると、一件の大事故の背後には二十九件の軽傷を伴う災害が、その背後には三百件のヒヤリとした経験（危うく大惨事になりそうだった出来事）があるという[79]。例えば米国同時多発テロの直後には、コックピットのドアを破ろうと試みた事件が何件も起きている。このことは一般的に知られてはいないものの、航空会社や航空会社の危機管理教育を担う会社の間では情報共有があり、訓練などを通じて客室乗務員に伝達され、危機管理意識を喚起していた。

客室乗務員の危機管理業務は、一件の大事故につながる三百件の「不安全行動」をなくすために、客室乗務員は機内の仕事で起こりうるあらゆる危機についての理解を深め、安全を守る危機管理業務の専門家として機能することである。試験に合格することで期間限定の業務許可が認定されるライセンス方式で、毎年の試験に合格して再訓練を受け続けることで更新を繰り返す制度になっている。

その知識や訓練成果を乗客に見せることはめったにないが、最近では二〇〇五年エールフランス三五八便のトロント空港・オーバーラン事故、二〇〇七年チャイナエアライン一二〇便の那覇空港・炎上事故、二〇〇八年ブリティッシュ・エアウェイズ三八便のヒースロー空港・墜落事故、二〇〇九年のUSエアウェイズ一五四九便のハドソン川不時着水事故の事例は、いずれも機体は大破しているにもかかわらず、迅速な緊急脱出のおかげで一人も死者を出すことはなかった。

また機内で体調を崩す人は多く、日欧路線のような長距離だと貧血などで気分が悪くなったり倒れたりという人は、ほぼ毎便現れる。血圧が落ちるとなかなか復活しにくいのは、機内の気圧や酸素の濃度の影響があるからで、航空医療は医療の中でも別分野として研究が進められている。深刻な急病人が現れたとしても、シベリア路線や太平洋・大西洋路線のように、最寄りの空港に緊急着陸するまでに何時間もかかるルートでは、着陸して医療措置を施すまでに相当な時間がかかってしまう。その間の応急手当は客室乗務員が行う。心臓発作や脳梗塞の発生率も高く、環境の変化が引き金となってパニック発作や過呼吸症候群、てんかん発作の症状を出す乗客も少なくない。精神の不安定による異常行動は、密室で乗客を脅威に陥れることがあるため、患者以外の集団をパニックに陥れないよう、また野次馬が出ないよう対処するのも航空機の危機管理の特徴でもある。まれに死亡に至るケースもある。死亡診断は医師しかできないので、たまたま医師が乗り合わせてボランティアで援助してくれるケースをのぞいては、客室乗務員は空港に到着して医師が死亡宣告をするまで、心肺蘇生をし続けなければならない。このような看護師まがいの医療行為も危機管理業務に含まれる。

運航には安全が何よりも重要であるために、人命に直接かかわらないことでも、空間の規範を乱す乗客には取り締まりを行う。一九九九年にＩＣＡＯでは、乗客による航空機内の暴力事件の増加現象を指摘しながら、'educational campaign for the public（公共のための教育キャンペーン）'を実施すると宣言し、社会に対して警告を発し、各国の法整備の足並みを揃えるよう指導した。ＩＣＡＯに準じて航空会社ではアンルーリー・パッセンジャー（unruly passenger＝規則に従わない乗客）を段階的カテゴリーで分類している。肉体的な暴力だけでなく、禁煙便で隠れてたばこを吸ったり、泥酔者、痴漢行為、感情的になって声を荒げたり、乱暴な態度、横柄な態度、暴言を吐く、脅したり因縁をつけるなどの乗客は、行動基準に則って段階的に分類し、対策マニュアルに従って対応し、場合によっては力ずくで取り押さえ、到着後に警察に引き渡す。苦情やトラブルも小さなうちに早期発見して対処するのは同じ理由による。問題行動に対してなだめたり説得したりする方法をとることも多く、いずれも機内の治安維持が目的である。

以上、「サービス価値モデル」の「危機対応」に相当する部分を危機管理業務の観点から整理してみた。機内で起こりうるあらゆる危機に対応するのが危機管理業務である。

第2節　日本人客室乗務員の職業訓練

1　訓練所

客室乗務員になるための職業訓練も、危機管理とサービスのふたつの柱でプログラムが組まれている。訓練が終了してすべての試験に合格すると期間限定のライセンスが取得でき、雇用契約の手続きに進む準備ができたことになる。

Ｈ航空の訓練所はグループ会社の人材教育専門会社である。Ｈ空港のすぐそばにあり、Ｈ航空本社所属の客室乗務員のためのビルであるＨ空港ベースや、Ｈ航空の一連のビルは空港ターミナル発の巡回バスでつながっている。訓練所は、Ｈ航空が民営化したときに関連部署がグループ会社として独立し、ビルごと新しく作り直した。モックアップなどの訓練用施設は世界でも最高水準にあり、ウェブサイトによれば世界約百五十の航空会社の訓練を請け負っている。

入社試験合格者は所属ベースに関係なくＨ空港の訓練所に入る。外国人枠で入社したＲＦＡのグランドコースは英語で実施される。学校形式で月曜から金曜まで八週間である。空港から車で三十分くらいの小さな街の合宿所に個室が与えられ、送迎バスで出勤する。コースは数人から最大二十人までのクラスに分けられ、ふつうＲＦＡはクラスが構成できる程度の人数が採用される。

グランドコースでは、専門のインストラクターがつき時間割も決まっているが、危機管理もサービスも座学も実技も同時進行である。この間に労働規約や保険・年金、フライト手当の計算の仕方、職場の安全といった人事労務管理に関することや、スケジュール表の読み方などの乗務員特有の業務管理について学び、従業員行動規定、労働組合のことなども学習する。学習内容は盛りだくさんで、初めて聞くことが多く、復習や試験勉強をしなければついていけなくなる。日本人客室乗務員のためには、日本語の訓練、機内アナウンスの訓練、日本料理や会席料理についての学習が補足される。

ペーパーと実技試験すべてに合格できたら実機に乗務し、ＯＪＴが始まる。トレーニング・フライトといって、決められたポジションはなく、トレーナーを担当する先輩に付いてオブザーバーとして参加し、ベースに出勤してから戻って来るまでの一連の乗務の流れや、機内の仕事の流れを見る。制服を着ているので、乗客からは訓練生とわからないために、頼まれごとや質問を受けたりする。トレーナーや同僚の指導を受けながら本物の客への対応を体験して機内の雰囲気を知る。当日の乗客の客層や人数、サービス進行の様子を見ながら、トレーナーは訓練生に機内アナウンスの簡単な部分をやらせたり、他の乗務員と一緒に免税品の販売をやらせたり、機内食を配る業務を少しだけやらせてみたり、緊急用機材のチェックとリスト記入や、実際にドア操作をさせるなど実務を体験させる。

エコノミークラスとビジネスクラスの機内サービスの流れを順番に見学し、一カ月のＯＪＴが終わったらチェックフライトがある。初めてポジションを取って乗務をする仕事で、査定がつき、合否が判定される。査定項目は細かくあるが、「サービス価値モデル」の五要素にほぼカテゴリー分類できる。「業務知識があるか」「協力的か」「フレンドリーか」など、主観でしか評価できない項目も少なくない。そして合格したら正式に訓練所を卒業するという流れである。二種類の機体に乗務する場合は、二機目の訓練が続く。乗務認定のライセンスは一年が有効期限なので、毎年、危機管理の試験を受け、訓練が繰り返される。高度専門人材教育のリカレント教育は数年後にあり、それには昇格のために強制的に受講させられるコースと、希望者用の無料コースの両方がある。

2　機体オペレーション

客室乗務員の職業訓練で最初に覚えることは、職場の言葉である。無線通信で使われているＡＢＣＤ……のアルファベットから始まり、世界各国の空港の三文字コード、各航空会社の省略記号、ＰＡＸ（passenger のこと）、Ｃ／ＣＬ（ビジネスクラスのこと）、ＵＭ（unaccompanied miner、大人の引率のない子供だけの乗客）、ＳＥＮ（senator、上顧客カード保持者の一分類）などの業界略語、gear（ギア、脚）や flap（フラップ、下げ翼の一種）、rudder（ラダー、動翼の一つ）、ＡＰＵ（Auxiliary Power Unit、補助動力装置）といった航空機の各部位の名称、push back（空港などの駐機中の機体に接続して、その動力で航空機を後方に押し出して移動させること、あるいはそれを行う特殊車両のこと）や spot（駐機する場所のこと）など航空会社の日常語になっている航空用語、機首側のことをＦＷＤ（forward）、船尾側のことをＡＦＴと呼ぶことや、乗務員同士の用語であるＤＨ（dead head の略、移動のみの仕事のこと）、show up（出社すること）、report sick（病欠すること）など、職場の日常会話の用語の一覧である。リストが渡され、訓練の早い時期に暗記してしまうことで、進行についていくことができる。

次に、乗務する機体、すなわち職場環境を知ることである。機体の学習は座学と実技訓練である。航空機が大きく発達した時代に米国で開発が進められたということもあって、用語は英語が多く、実機の中も英語の表示が公用語として利用されている。

機体オペレーションの学習は非常ドアから始まる。航空機のドアは英語で左がＬｅｆｔ、右がＲｉｇｈｔであることから、機内の方向を指していうときには進行方向に向かってＬｓｉｄｅ（左側）あるいはＲｓｉｄｅ（右側）という言葉を使う。機首方向から尾翼方向に向けて順番に、１、２３４……とドア番号があり、左のドアは進行方向前方から後ろに向かって１Ｌ、２Ｌ、３Ｌ……、右も同様に１Ｒ、２Ｒ、３Ｒ……と番号が付けられている。[80] その番号がドアを担当する責任者のポジションの呼ばれ方であり、同番号で呼ばれるジャンプシートを取る。[81] 客室乗務員はドア数のポジションと、ドア担当者を援助するassistantが取るＡポジションから構成されている。このように系統立てられたルールにより、将来機体が大型化してドアの数が増えても混乱はない。機内の分業はすべてこのポジションごとに分配されている。

各ドア・ポジションに設置されているジャンプシート周辺には、客室乗務員用のライフジャケットや懐中電灯など、緊急脱出に必要なものがすべて手の届く位置にある。事故時には煙などで目が見えなくなっても手探りでたどりつける。これらの仕事の道具を使いこなし、各ドアを適宜正しく開閉する訓練、正しいジャンプシートの座り方などと共に、生命を守ることについても学習する。

酸素マスクはカバーがしてあるために外からは見えないが、客室が急な減圧状態になり機体が自動的に高度を下げるディコンプレッション（decompression＝減圧）と呼ばれる緊急事態で、自動的にカバーが外れてマスクが下りてくる。ディコンプレッションは何の前触れもなく突然起きる。風圧でものが吹き飛び、ものすごい音と共に鼓膜が痛くなり、立っていられなくなるという。始まった瞬間に酸素マスクを取り損ねたら命取りになる。乗客は行動範囲が限られているので、酸素マスクがない場所に行くことはないが、客室乗務員はマスクの位置と数を考えながら機内で行動しなければならない。乗客が一カ所に大勢集まっていると、そこには酸素マスクが人数分ないので、できるだけそういった状態は阻止する。なるべく乗客を座席に戻すのはそのような理由である。

乗務員用のベッドのある部屋や、地下のギャレー、二階席や地下フロアは、ディコンプレッションや火災発生時には閉じこめられてしまう。そのために緊急用の脱出ルートがある。機内環境や導線を熟知し、暗闇の中でも脱出するシミュレーション訓練を繰り返す。

環境をコントロールするものとしてインターフォンやマイク、電気系統のパネル、客室の電気や空調、乗客が客室乗務員を呼ぶときに使うコールボタン、ファーストクラスやビジネスクラスの座席、エンターテインメント、水のタンクの確認方法、オーブンやコーヒーメーカー、トイレのドアを外から開ける方法、火災報知器が鳴ったときの止め方、どの色のコールライトが何の異常の意味を示しているか、いつどのような状態の時には客室の電気をどの程度の明るさにするのかなど、運航中の機内環境の操作方法を学ぶ。

乗務をはじめる前に、ギャレー・プランは知っておかなければならない。ひとつのギャレーに数十個のコンテナが搭載され、間に収納スペースがある。どこに何が収納されているかは機体やコンフィギュレーション（configuration、機内構造）によって異なる。航空機はすべてがコンパクトにできていて、収納スペースが隠し扉のように、天井や壁の裏側やコンテナの裏側など、あちこちに設置されている。客室乗務員の荷物を収納したり、乗客の荷物を預かったりする場所でもあるが、その中には消化器、酸素ボンベ、メガフォン、緊急着水をしたときに電波で位置を知らせるラジオ・ビーコン（Radio Beacon）、数種類の医療器具のセット、日本ではＡＥＤと呼ばれている自動体外式除細動器、火災時に消火活動に使うマスクや必要な工具などが実に効率よく収まっている。

コンテナは、到着後のケータリング会社の人たちが、指定通りに交換して搭載品を新しくするので、搭載ミスを防止するために勝手に位置を変えてはいけない。トローリーはブレーキを掛けオーブンの扉やコンテナは必ず完全に締めてラッチ（落下防止のための掛けがね）を掛けることなどは徹底されるルールである。進行方向を考えてものを置くなど、乗り物としての特性を熟知することが職場環境の学習の初歩である。

客室乗務員の仕事を通じて痛感することは、頭で考えるように身体は動かないし、知識として理解していることと行動としてできることとは全く別次元だということだ。仕事は実践が重要だが知識がなければ行動はできない。乗務も実機に乗るまでは感覚がつかめないが、乗ればわかるというものでもない。理想的には、実機で勉強ができることだが、本物はほとんどがフル回転で飛んでいて、定期検査で整備場に入れているものを見学する機会は少ない。まず知識学習をし、実機とそっくりなモックアップを使って、シミュレーションとロールプレイを繰り返し、頭の中に実機をイメージしながら実際に行動できるようになるよう訓練を重ねてゆく。

3 危機管理

客室乗務員の危機管理訓練は、座学、コンピュータ学習、実技訓練で、すべてに試験がある。安全運行の妨げになるあらゆるものに対応するための訓練で、機体や機材の安全な使い方、消火訓練、機体別の緊急脱出、国連規定に則った危険物の扱い、救急医療、危険人物の対応、さらには高度な訓練としてクルー・リソース・マネジメント（Crew Resource Management：ＣＲＭ）という米国航空宇宙局ＮＡＳＡが開発した、航空会社の乗務員のための認知行動科学や認知心理学をベースにした特別な訓練がある。

学習内容が多く、新入社員時は一つひとつ名称の学習からステップを踏んで学習をしてゆくが、リカレント教育からは座学はコンピュータ学習が中心になる。実技は毎年必ず行う。ライフジャケットは、初めて扱う人にも着られるよう取り扱いは簡単ではあるが、訓練では真っ暗な状態で着用する練習もする。さんざん触って扱い方がわかっている客室乗務員でさえ、目の前に置いてあるライフジャケットを暗闇の中で装着するのには二分以上かかる。二分とは、米国の Federal Aviation Administration（ＦＡＡ：連邦航空局）や European Aviation Safety Agency（ＥＡＳＡ：欧州航空安全局）が、必要条件とする「大型機から満席でも九十秒以内の脱出」の条件に満たない。実際の航空機は非常灯も付くので全くの暗闇になることは考えにくいが、ぐずぐずしていると九十秒などすぐに過ぎてしまう。

シートベルトをしたまま立ち上がろうとする人の多さを考えれば、人間は頭でわかっていても行動がそのようにできるとは限らない。だから、離陸前に安全のためのビデオやしおりを見せて情報共有ができていることが前提となるが、客室乗務員は脱出準備を進めながら乗客に大声で指示を出さなければならない。水上着陸の時はライフジャケットを装着し、まだふくらませていない状態で機外に出るのが決まりだが、人びとがパニックになって叫んだり、ドアに向かって突進してくることは想定できる。事故の時には集団をコントロールするのが客室乗務員の仕事だが、マニュアル通りにできるとは限らない。H航空の方針で、訓練は実技にウェイトをおいている。暗記するものや学習するものは分厚いマニュアルが機体別とテーマ別にあるが、訓練中はインストラクターから言われたことをその場で暗記して、モックアップでシミュレーションを繰り返し実践可能にしてゆく。全員が全員の前で順番に当てられて、モニターでもチェックされ、細かく行動分析のフィードバックが出される。要点が押さえられていれば合格、失敗すればできるまでやり直しである。声が小さかったり、少しでも行動が遅かったりすると、「それでは君は死んでいる」とインストラクターが声を荒げる。本番じゃないからといって本気でやらないと集中攻撃にあうこともある。訓練生の側も何度もやり直しをさせられるのは嫌で、恥ずかしいし他の人にも迷惑をかけたくない一心で必死にやる。このような訓練を受けると、人間は普段の生活の中で、他人に対して大声で怒鳴るようなことはしないのだと気づく。プレッシャーに弱い人は圧力をかけられる厳しい訓練でパニックになり、何度も同じ失敗をする。それが続けば適正がないとされ、訓練から脱落することになる。

応用訓練は試験のひとつで、二〜三人が客室乗務員役になり、残りは乗客になる。客室乗務員はそれぞれに与えられたドア・ポジションにいる。離陸時や着陸時は航空業界では「魔の十一分（critical eleven minutes）」と呼ばれ、過去の航空機事故の七割が、離陸後の三分と着陸前の八分に集中していることから、最も緊張感と危険度が高まる時間帯である。応用訓練もその時間帯を想定して出される課題が多い。

課題は何が出されるかわからない。H航空の客室乗務員用モックアップは単なる模型ではなく、運航乗務員用のシミュレーターのように「モーション」が入るので、振動や衝撃や音で実機の離着陸の体感が可能な高精度なものである。実技訓練は本番さながらに行う。急に機体が揺れて轟音がしたり、天井から本物の煙が吹き出したり、機長が何の前触れもなく緊急脱出命令を出したり、機長の指示が緊急脱出だが開けてはならないドア番号をアナウンスしたり、脱出しようとしたらドアが開かなかったり、ドアは開いたがスライドが出なかったり、無事に到着したと思ったら自分のドアの外に炎が上がっていたり、自分とは反対側の窓の外に魚が泳いでいたり、客が「エンジンから煙が出てる！」と叫んだり、さまざまな課題が出される。ドア操作のルールは全部が同じではないので、客室乗務員役の人は、脱出命令を叫びながら、自分のドアに関する脱出プロセスを正しく踏んで、スライドの安全確認が終わったら乗客を出さなくてはならない。脱出させてはならないという答えの時もある。脱出させるときには最初の客に、地上での援助を強く命じることも忘れてはならない。迷ったり判断を間違うと九十秒などすぐ過ぎてしまい、インストラクターが中止を告げて最初からやり直しとなる。脱出のプロセスは完全なプログラムが決まっていて、誰もが決まったセリフで、決まった順番で、決まったプロセスを踏む。「事故ごっこ」とはいえ、自分の番が回ってきたときには遊び心などない。スライドを滑るのは慣れてくるとはいえ、毎年何人もけが人がでる。足を折ったり、ねんざをしたり、やけどをする人が出るような訓練なので、真剣に取り組まなければならない。本当に心臓がどきどきするし汗が出てくる。

火災訓練は、空港の外れにある別の施設に行き、本当の火と消化器を使って消す。消火活動は簡単に見えるかもしれないが、消化器の持ち方や、火のどこに消化剤を当てるか、燃えているものや風向き、消化器の種類などによってコツがいる。やり方を間違えると火をあおってしまい、かえって火事を大きくしてしまうことが実際にやってみるとよくわかる。

禁煙便で隠れてたばこを吸う乗客もよくいる。H航空ではトイレの見回りを最低十五分おきに実施しているので、たいていはたばこを吸った後の臭いで発見される。煙探知機をコップなどでカバーするなど、巧妙な手をとる乗客もいる。犯人も大体見当がつくのだが、現行犯で捕まえない限り注意しにくいのが現実だ。

たばこを吸う客は、携帯電話を使う人や機内暴力などと同じ分類をされるアンルーリー・パッセンジャーとして国連組織でも指摘されている。危険物持ち込み、泥酔、因縁をつけたり素手で暴力をふるったりするたぐいは、筆者は何十回も見たことがある。地上なら警察を呼ぶところだが、機内では乗務員でなんとかするしかない。本当に危険な状態では乗客にも協力してもらう。

航空機の危機は密室の恐怖で、隠れる場所もなく閉じこめられた集団がパニックに陥ることである。二〇〇一年の九・一一米国同時多発テロの後は、スカイ・マーシャル（sky marshal）と呼ばれる警察が搭乗していた。筆者の便にも乗っていたことがある。いつどの便のどこに乗るのかは機長しか知らされないこともある。機長はスカイ・マーシャルが搭乗していることを、他の乗務員に伝えても良いし伝えなくても良いことになっている。

H航空では通常の危機管理の定期試験の他、九・一一の後には立て続けに三回の危機管理の訓練を実施した。そのうちひとつは特にハイジャックを分析し、犯人の心理と目的、それに対応する方策が指示された。

業者や空港関係者にテロリストやハイジャッカーが紛れていた事例は過去にも何件かあるので、何年も用意周到に準備をしていれば誰が何をするかわからないと疑うこともできる。H国は移民も外国人も多いし、空港勤務者も空港周辺に多い。H空港に勤務する人は、過去十年間にH国以外の国で生活をしたことがある者は、在住していた国、誰とどこに住んでいたかなどの個人情報に加え、引き続きH国以外に住んでいる人は、在住国が発行する「無犯罪証明書」を毎年H国の国境警察に申告しなければならない。グローバル化が進んで互いの文化の線引きが不明瞭になりつつあるというのに、越境領域は空港内をはじめ危機感が高まっている。

CRMは、危機管理訓練の中でも最も高度な訓練で、苦情処理からアンルーリー・パッセンジャー、急病人対応、ハイジャックやテロにいたるまで、あらゆる「異常なこと」に対して早く気づき、対応をするというものである。最も重要なことはコミュニケーションであり、ワークショップやゲーム、グループ・カウンセリングなどを織り交ぜている。例えば八十メートル離れたエコノミークラスの後ろの出来事が、運航乗務員からは見えない。相手が見えていない事実を、インターフォン越しに正確に描写して伝えることは、たいへんに難しい。ある訓練で、客室乗務員役の訓練生が、機長役の訓練生に向かって、「火事です」とインターフォンで伝えたら、インストラクターに止められ、「何を見たのか事実だけを述べろ」と注意をされた。その訓練生が見たものは、白い煙であり、炎を見たわけではなかった。このようにしてコミュニケーションはずれていく。このような認知と行動に対して感性を高めるのがCRMの訓練である。

この考え方は、機内にあるすべてのものを資源と考えて危機に対応するというもので、母語が違うことはコミュニケーションの妨げになるという考えをせず、異文化保持者でも情報源として活用しようとするのである。

4　サービス知識

訓練所ではある程度のサービス知識を学ぶ。航空機が西洋文化の中で発達したのもあり、飲食の基本は西洋文化である。テーブルマナーやセッティング、サービス・ツールの使い方、接客のエチケットやタブー、ワインやカクテル、ソースや食の組み合わせなどは本格的な学習を行い、新入社員時の研修とは別に、段階を踏んでレベルがある。客室乗務員がベテランになってソムリエの資格を取ることは珍しいことではないが、機内で出されるワインは産地や味の特徴やどのような料理に合うかなどが乗客に説明できる程度の知識学習をする。その他、敬語や接客用語や接客話法、顧客心理、苦情処理のルールなどは学習によって知識として身につけるものである。異文化理解も知識学習である。もちろん、航空機利用に関する税関や検疫、都市や空港の情報、地理や航空機に関する知識など、乗客から頻繁に質問されるようなことは、最低限訓練所で学習する。日本人客室乗務員の場合は、日本語の表現、会席料理や日本酒の知識なども補足学習する。また社員の行動規範の中には、身だしなみやマインド・セットのようなことも書かれている。

これらはサービス価値モデルに収まっているサービスプログラムやマニュアル・レベルの知識である。社内のタブーはこの時点で明確である。サービス知識がなければ実践はできないが、さらに知識を広げることで汎用性を増し、高度なサービスが実践可能になる。それは訓練後の個人の努力にもかかっている。また、知識は実践場面で応用が必要である。例えば、日本人と西欧人とでは見た目も違うし、美的感覚も必ずしも同じではない。しかし会社の内部規定は一元的である。これを言葉通りに受け取れば、日本人客室乗務員は金髪に髪を染めて、カラーコンタクトレンズを入れたとしても会社は許容しなければならない。人種や髪や目の色の違いによって職場差別をしてはならないという規則は、国際労働機関ＩＬＯの労働の基本的原則にも規定してある。

しかし実際にそのようないでたちで日本路線の日本人乗客の客前に出ようものなら、辛辣なクレームが会社に届く。サービス・リテラシーは実践の場のローカル文化に依存することが乗務員達に理解されているからで、日本路線では、顧客価値の共創のための情報にならないということがわかっているからである。ときおり新入社員でそのリテラシーが理解できない者が現れることがある。例えば、ある新人の日本人客室乗務員が真っ黒に日焼けをして、派手な化粧と明るい髪の色をしていたことがあった。一般的な日本企業のビジネスマナーでは日焼けのしすぎは禁止である。しかし一方で、欧米では日焼けはステイタス・シンボルで、休暇を楽しむゆとりがあるという意味になるという。日欧の価値観の違いを知っていても、何人かの日本人の先輩が本人に向かって注意をした。しかし本人は真剣に受け止めなかったために最終的には乗客から、「リゾート気分で仕事をしている乗務員がいる」という苦情が来た。社会に広く共有されているサービス・リテラシーを否定すると、乗客の苦情となって現れる。社内規定に記述があろうがなかろうが、日本の内だろうが外だろうが、乗客の気分を損ねるようなふるまいをあえてしないのもサービスである。社内の日本人コミュニティの規範も働くので、先輩から後輩へ指導があるが、あえて反抗する者は職場で働きにくい雰囲気に追い込まれるか、先の事例のように乗客からクレームがつけられる。たいていは圧力に屈して自己変革にいたる。

サービス知識は訓練所で学習しても、それをローカルなコードで理解することで無駄なもめ事を避けることができる。

サービス知識を広げるということは、客を喜ばせる方法をより多く知っているということで、決して業務が上手になることではない。訓練所から出てきたばかりだと知識学習が終わったばかりで、実践と連動しないことが多い。周囲から助けてもらいながら徐々にサービス知識を広げてゆく。その一般的な方法は、客が満足する様子をたくさん見ることである。客を喜ばせるのがうまい人の仕事のやり方を見ることで、自分もまねてみたり、質問をしてコツを教えてもらったりしながら、実際の客で試してみるのである。つまり場数を踏むという方法である。

サービス知識は職場で学ぶこともできるし、また自分がサービスをされる側として体験をすることでも得ることができる。つまりサービス知識は社会の中で人と人とのやりとりを通じて得ることができる。いろいろな考えの客がいるということや、うまくやれれば問題解決が早くなり、仕事効率が上がり、客は喜ぶということが、「腑に落ちて」わかってくる。

サービスの上達について、新人対象に訓練所でインストラクターの仕事をしている客室乗務員のインフォーマントに尋ねてみた。すると「接客はある種スポーツのような適正の要素がある。初めてでもうまくやれてしまう人と、何度練習してもどうしてもできない人がいる。見よう見まねでやれるものではなく、知識なしに実践はできない」と言う[82]。新人訓練では、苦労なくやれる人と、苦労の果てにやっとできるようになった人がいて、成績査定がつく。しかし訓練の目標は受講生を客前に出せる状態に仕上げることなので、合格点に達すれば成績に関係なく客室乗務員として乗務させる。業務に慣れて、創造的な情報伝達方法や表現方法を学習してゆくのがサービスの上達だが、訓練生同様に、知識なしには実践はできない。その知識とは、社会の中で人と人との中でやりとりを通じて得るもので、個人の経験が上達へと導く。しかしサービス・リテラシーのない人は情報認識が乏しいために、経験したことが知識とならない。「それでもお客様から見れば、五年選手も二十五年選手も仕事はちゃんとやっているように見えているはず」と言う別のインフォーマントがいた。「同じ仕事を長くしていれば業務はできる。機内で食事を配っているのを見ている限り、みんなちゃんと一人前に見えるでしょう。だけどそれと接客のうまい下手は別の話」という[83]。サービス・リテラシーが高い乗客は、客室乗務員の創造性の力量を見抜く。業務をやっていることと、汎用性を高めて個別のサービス創出を行おうとしているのかは、わかる人にはわかる。客室乗務員の中には、乗務歴の浅い人でもサービスが上手な人もいれば、経験は長くても下手な人もいるのである。

5　サービス技能

サービス技能とはサービスを提供する「うでまえ」のことで、プロとしての仕事のテクニックである。訓練の中では機能的に教育がなされる。道具の使い方やセッティングの準備など、座学で学んだ知識は技能が発達すればスピードアップし、美しさといったことまで考えられるようになる。

訓練所では、西洋料理のテーブルマナーと欧米社会のエチケットの知識だけでなく、シミュレーションやロールプレイを通じてサービス技能として身につける。しかしたとえばレディー・ファーストは西洋社会ではごく基本的なマナーであるが、日本人の乗客の場合は、二人のやりとりや関係を見て判断する。そのような見極めができ適宜に対応ができることは高次のサービス技能である。

エコノミークラスは、三つのクラスの中で最もマクドナルド化が進んだ効率の良いサービスを提供していて、一人で大勢の乗客を担当するために個別のやりとりは少ない。しかし乗客との短い接点の中でも技能や創造性は必要である。機内のサービス空間が乗り物であるために、トレーの持ち方ひとつにも安定のよいコツがあり、訓練で最初に教えられる。慣れると無意識に実施できるようになる。

航空機は常に機首を上げて飛んでいるので、いつも坂道にいるようなものである。急な気流の変更で揺れることも想定すると、進行方向を考えながらトローリーを止める位置を探したり、ものを置くときには安全な位置を常に考える。こういったことは航空機乗務に絶対に必要な技能である。

対人サービスの実践場面では、乗客からどんなに忙しいときに呼び止められたとしても、正対してアイコンタクトを取って話しを聞いたり、乗客に声をかけるときのタイミングや立ち位置、声の出し方、目線や表情の作り方などは、知識として学習はするが、実際にできるようになるのには稽古もフィードバックも必要だ。それは時間をかけて高めて上達させていくものでもある。サービス価値モデルの中では文章化されない実践部分である。

機能的に働けるようになることもサービス技能である。例えばビジネスクラスやファーストクラスなどはワゴンのセットをする。ファーストクラスなら前菜のワゴン、チーズ、フルーツ、デザート、コーヒー、食後酒までワゴンをセットし直して、何度も客室に出る。ビジネスクラスでも、コーヒーやデザート、チーズなどのワゴンをセットして客室に出る。

業務マニュアルでは、メニューに従って乗客に提供するものを乗客の数に応じてワゴンに載せるが、見た目に美しくワゴンに乗せられる分だけ乗せる。美的感性にも創造性が求められる。ギャレーに戻って補充して出直すことで時

郵便はがき

恐れ入りますが
郵便切手を
お貼りください

5430062

（受取人）

大阪市天王寺区逢阪二の三の二

東方出版 愛読者係 行

〒

●ご住所

TEL

●ご氏名《ふりがな》

FAX

●購入申込書（小社へ直接ご注文の場合は送料が必要です）

書名	本体価格	部数
書名	本体価格	部数

ご指定書店名	取次	
住所		

愛読者カード

●ご購読ありがとうございます。このハガキにご記入いただきました個人情報は、ご愛読者名簿として長く保存し、またご注文品の配送、確認のための連絡、小社の出版案内のために使用し、他の目的のための利用はいたしません。

●お買上いただいた書籍名

●お買上書店名

県　　　　郡 市　　　　書店

●お買い求めの動機（○をおつけください）

1. 新聞・雑誌広告（　　　　）　2. 新聞・雑誌記事（　　　　）

3. 内容見本を見て　4. 書店で見て

5. ネットで見て（　　　　）　6. 人にすすめられて

7. 執筆者に関心があるから　8. タイトルに関心があるから

9. その他（　　　　）

●ご自身のことを少し教えてください

ご職業　　　　年齢　　歳　　男・女

ご購読の新聞・雑誌名

メールアドレス（Eメールによる新刊案内をご希望の方はご記入ください）

通信欄（本書に関するご意見、ご感想、今後出版してほしいテーマ、著者名など）

間がかかっても、サービス空間に優雅さを演出する方がサービス・リテラシーにかなっている。作業効率を考えた労働価値ではない。業務用のマニュアルにはワゴン・セットの例を写真で掲載されるが、必ずしもそのように設定する必要はなく、数や内容を変えることもできるし、背が高い客室乗務員は少し自分から遠いところに置いても手が届くので、個々が働きやすいように設定する。

しかし安全面のことを考えれば、手前には重たいものや取りにくいものを置くのが機能的である。チーズも、ハード・チーズは手前に置いて切る方が機能的である。コーヒーや紅茶の砂糖やミルクも、乗客一人ひとりに薦めるにあたって、ポットの近くに置く方が、乗務員の動きに無駄がなくなる。こういったことが反射的にできるようになるとサービス技能が高いと言える。食事は人によってスピードが違うので、食べ物や飲み物を提供している最中にも、食べ終わった皿やグラスをさげることがある。これから出す食事と下げた皿を一緒に置いたり、乗客の目線のすぐ近くに汚れたグラスがあったりするのは、乗客の目線で美しくない。食器を積み荷のように乗せてくるのではなく、真っ白でしみ一つ無い新しいリネンの上に美しく配置する。花が余分に搭載されたときには、花を飾ったり、花びらを散らせたりという工夫や配慮は、乗客がくつろいだり喜んだりできるようにとの客室乗務員の創造性によるものである。補助役の作業補佐の仕方にも影響を受ける。どのようにいつ補佐するかはマニュアルにルールとして記述が不可能なことで、人を補佐し、補佐される実践の中から学び上達する技能である。

航空機の食事は、かなり仕上がった状態で搭載されてくるために、調理は火を通したり、飾り付けをすることが中心である。ファーストクラスも仕事の効率化が図られ、ローストビーフを焼き上げたり、肉のかたまりを客前で切り分けたりする作業も簡略化された。現在は三つ星レストランのシェフがコンサルテーションを行っているので、ソースや野菜の組み合わせも、彩りも量も、シェフの企画の通りに搭載されてくる。機内では火を通したのち、ギャレーの中で美しく盛りつけて運ぶだけで良くなった。

ワインに関しては、知識学習も多いが、ワインボトルやシャンペンの開け方、グラスのどの位置までワインを注ぐか、しずくの切り方、ワイングラスの交換のタイミングなど、すべて決まりがある。本格的な方法でテイスティングをしたい乗客もいるので、知識にもとづいて実践ができることがサービス技量である。客室乗務員として最も重要なことは、どのワインをどの程度冷やすのか、どのワインをどの料理に勧めるか、料理が出されるタイミングに合わせて早目にコルクを抜いて空気に触れさせておくなどである。これも一元的なルールではない。

日本にはワインの伝統がないので、ワインの注ぎ方の美しさは欧米の美的感覚に合わせる。日本のビジネスマナーでは、ものは両手で持つのが丁寧とされるが、ワインボトルの持ち方は片手であり、グラスはテーブルに置いたままである。注ぐときの姿勢、リネンの折り方や使い方には芸術的な美しさが問われる。これらはサービス価値モデルでいうところの立居振舞や展示演出であり、その実践はサービスの技能である。

また日本人客室乗務員にとって最も苦労するもののひとつが機内アナウンスである。普段しゃべる言葉とちがって、アナウンスとして聞き手にわかるように情報を伝える難しさは、上達するために稽古の積み重ねが必要である。

機内アナウンスは決まった内容を話す定番のアナウンスもあるが、通訳業務の場合もある。日本人客室乗務員の最も難しい業務の一つは機長の飛行情報の通訳である。H航空の場合、H国語、英語と最低二カ国で機長がアナウンスをする。その間にメモを取って日本語に作成する。アナウンスの文章は独特な言い回しで、敬語とも違う。通訳はなるべく元の文章に忠実になされなければならないが、何かの都合で到着が遅れたり、出発ができないなどのイレギュラーなことが起きたときの案内が多く、即アナウンスを入れないと苦情が出ることもある。聞き取りをしている途中で乗客に話しかけられたりもする。場数を踏むことで少しずつうまくなる。

6　コミュニケーション

コミュニケーションは航空機運航にとって重要なテーマで、ＣＲＭの最重要課題でもある。

さまざまなレベルのコミュニケーションがある。乗客とのコミュニケーション、パートナーや一緒に働くチームや違うセクションのチームなどの職場の横のつながり、パーサーや運行乗務員たちとの機内の縦のつながり、企業内日本人コミュニティ、本社にいる上司、本社の機内サービスに関連する複数部署、日本支社スタッフの複数関連部署、あるいは機内サービスに関連する情報は、顔を見て伝達することもあれば、イントラネットを通じて定量情報に落としたり、文章で定性情報にして情報発信したりする。サービス産業にとってはあらゆる情報が重要である。肯定的な情報も否定的な情報も、問題やトラブルは、乗客に関することだけではなく、職場環境や人間関係などもすべてがサービスに関連することである。最終的に本社一カ所に集められ、新しいサービス開発やそのための環境改善に活用される。

フライト前の毎回のブリーフィングでもコミュニケーションが話題になる。

航空機が大型化し、かつてのように一週間や二週間という長期のトリップも減っているので、乗務員同士は互いの人柄がよくわからないままにパートナーを組んでいる。そのような環境を補うために、職場の約束事も増えているし、ボディーランゲージも発達している。たとえば親指をたてるのはOKという意味で、大型機に乗務する多くの航空会社の乗務員が使うジェスチャーである。航空機の運航のためには確認業務が多いので、遠くに離れた乗務員にいちいちインターフォンを使ったり歩いていったりせずに済ませられる。また相手の会話や作業を中断させずに報告ができる。

またダブルチェック、クロス・チェックも機内の仕事の約束事になっている。人間はミスをするということを前提にCRMのプログラムは作られている。保安やサービスに関して個々に責任があっても、他の仕事で手が離せなくて業務が遅れることはある。機長から運航に重要な指示のアナウンスが出ても、乗客が感情的になって一方的に話をしているときに、気づかないで聞き漏らしたり、乗客の話を中断しにくいときもある。そのようなときには、目で同僚を捜すとパートナーやチームのメンバーが目で合図をし、仕事を代行してくれることがよくある。以心伝心というのは何も日本の文化ではなく、職場の文化を共有している同士であれば、言葉にしなくても相手が必要としていることがわかるのである。

機内の仕事は大変に忙しいので、乗客に長く引き留められたりすると業務に穴をあけてしまう。離着陸前のドア・モードや客室の保安確認などは、自分の責任以外でも、周囲を見渡したり他のエリアを通るときにはついでに確認をしていく。これなども、文書化されてはいないが暗黙の職場の規範になっている。用事があって通路を歩くついでにゴミを回収していくなど、仕事は自分のことだけをするというような線引きはせずに、自分の仕事プラス少しだけ周囲でできることをする。しかし他人をいつでも当てにしてはならないという線引きはある。互いにしてあげてやってもらってという中で会話ができ、かかわりを持とうとするのは、気分良く仕事がしたいためもあるが、緊急時のコミュニケーションに備えてチームの結束を強化しているという側面がある。コミュニケーションは危機になったときに重要なのではなく、何の問題もない平時に円滑に行われていることが力を発揮する。したがってサービス現場では無駄話やどうでもいいような話も、仕事や乗客を放りださない限り奨励されている。客室乗務員は、サービスの面でも危機管理の面でも、明るくてオープンな性格、積極的に相手とかかわろうとする態度が奨励されるのである。

コミュニケーションを意識的に取り、互いに積極的に関わろうとする習慣は、多くの航空会社の中で共通の文化である。自分のパートナーや隣のクラスの仕事がどのように運ばれているのかを互いに見ているし、雑談の中から情報伝達がされていく。その日の客室乗務員の中で誰が働き者で誰の仕事が遅いとか、別のクラスのサービスの進行状況や、自分がその日一度も足を踏み入れていないクラスで起こったトラブル、面倒な客がどのあたりに座っているかなどもすぐに耳に入ってくる。実際に自分の目では見ていなくても、機内の出来事は情報が共有化されて大きな出来事はほとんどみな把握できている。

職場のコミュニケーションが悪いと、サービスの中にサインが現れる。サービス・チームのコミュニケーションがよければ互いによく話すので、客室でも無理のない笑顔でサービスができているし、業務が滞ったりもしない。客室乗務員は初対面のパートナーと組むことが通常で、互いに気分よく働きたいと考えるものなので、無駄話や世間話もわざとしてチームの潤滑油とし、働きやすい職場を一緒につくるよう心がけている。その人間関係の延長線上にサービスが成り立っているのである。その日のチームのコミュニケーションがうまくいかなければ、客室でも表情が硬かったり、声のトーンが下がったりする。機内サービスのスピードは左右の通路でシンメトリックに進められなければならないが、途中で乗客に話しかけられたり、所用ができたりするといろいろなことで中断されるので、必ずしも左右同時のタイミングですすめられるわけではない。しかしチームワークが良ければ、遅い方のチームに舞台裏で手助けをしているはずなので、常に同じ速度でサービスはできるものだ。ずっと左右ずれたままなのは、職場のなかに助け合う関係が構築されていないことの現れである。

職場のコミュニケーションが良ければ、業務処理の効率が上がるので、無駄な動きが無くなる。問題や苦情などが起きても、すぐに異常に気づくことができ、他の乗務員が仕事をカバーするので全体の仕事に響かない。

機長からも、毎便、コミュニケーションに関しては必ず一言ある。「飛行中に何か気になることがあったら、勘違いだと決めつけたり、つまらないことと思って口に出すことをためらうことなく、勘を信じてとにかく連絡してください」というような内容のことを言われる。筆者も何度か、搭乗前の機材チェックのときや、フライト中に、これは正常だろうかと疑問に感じたり、気になったりする音やにおいについて、機長に報告をしたことがある。必ず運航乗務員たちが調べて確認し、それはこういうことだという説明のフィードバックがあり、最後に、「知らせてくれてありがとう」という肯定的なコメントが返される。勇気を出して口にしても否定的に扱われたという経験をすると、気づいていても口に出さないようになってしまう。そのことで防ぐことができた事故を起こしてしまうことを防ごうというのである。

客室乗務員の中でリテラシーの高い人は、自らがサービスをしてもらう立場に立つことを楽しむ人も多い。リテラシーの高い客室乗務員は、誰とでも親しくなることが本当にうまい。サービスという業務をうまくやろうとするのではなく、客を人として個体識別し、人間関係をつくることに主眼を置いているのである。その結果、相手の人となりを感じることに成功し、互いに相手の気分を良くしてあげたいと考える。価値共創が可能になり、名前で呼びあったり、プライベートな話もするようになるのである。そのヒントになるような事例が、ある航空会社の古いマニュアルにこのように載っていた。例1と例2、どちらが楽しい会話かを考えてみようというものである。

〈例1〉

お客様「どのくらい飛んでいるの？」

客室乗務員「三年です。」
お客様「……。」
〈例2〉
お客様「どのくらい飛んでいるの？」
客室乗務員「どのくらい飛んでると思われますか？」
お客様「そうだなあ、三年くらいかな。」
客室乗務員「その通りです。どうしてわかります？」

会話がとぎれないように、話に広がりをつくっていくのがコツである。これは対人サービスにおけるコミュニケーションの技量であり、このような方法があるとわかっていることがサービス知識である。一見、誰にでもできるつまらない方法にも見えるが、言い方、イントネーション、表情、目線、態度といった印象管理、立居振舞、展示演出など、身体表象の隅々をコントロールする場面である。こういった方法もまたひとつの情報発信の方法である。

7　異文化間コミュニケーション

異文化間コミュニケーションは、客室乗務員にとっては避けられない課題であり、また終わりなき楽しみでもある。対人コミュニケーションということでは、同文化の乗客との接客と基本は全く同じである。表現の仕方が異なるので、客は言われていることがわからないこともあるし、言いたいことが言えないことやで互いに勘違いが続いてすれ違うこともある。客は接客担当者にわかってもらえないことで、ストレスやイライラをつのらせる。欲しいものが手に入らなかったりすると、不満に思うだけでなく、怒りを爆発させる。接客担当者はＹｅｓ／Ｎｏがはっきりしないと仕事に行き詰まり焦る気持ちになる。笑ってごまかしたり自分の考えを主張しようとしない態度に、いつまでもかかわっているのが面倒になってきたりもする。サービス担当者はそのような心理を出さないようにしても、忙しかったり余裕がなかったりするときには、面倒だという思いが表情や態度に浮かぶことがなきにしもあらずである。

サービス場面では、これを異文化間コミュニケーションのズレの問題ととらえることは少なく、サービスの問題として浮かび上がってくるので、接客担当者の態度が悪いといった苦情となって現れやすい。

第二点は、異文化を背景に互いのサービスに対する価値規範が違うので、客はいつものように扱われなかったり、期待したように扱われなかったりすることがある。異なる情報発信の仕方を異文化のものとは感じずに、「期待とは違った」「サービスが悪い」というように受け取ることが多い。本社で日本路線担当者や日本人ＲＦＡの管理者、訓練所で異文化間サービスを開発している管理者たちから日本路線や日本のサービスの特徴について述べてもらった。

「日本路線とインド路線はサービス・アンケートの結果があがらないという現象がおこっていて、文化的な要因があるだろうと予測はつけているのですが、アンケートの質問の仕方に問題があるのかもしれません。しかし多国籍企業が大量の調査を継続的にやるので、質問項目は言葉が違っても同じにしなければ比較ができないので難しいです。日本路線はクレームが少ないのも特徴で、ほめないし文句も言わない。この現象から、一体不満があるのかないのか理解しがたく、日本路線は他の路線と比較して理解が難しい路線です。日本人の苦情は表現の仕方が違う可能性もありますね。欧米的なコミュニケーションを身につけている人たちは、苦情があればその場で直接言って問題解決を要求します。それでも納得がいかない場合は、書面にして会社に苦情を訴えます。でも日本人は問題や苦情があったとしても、その場では黙っていて、後日、旅行社などを通して申し立てることがあるので、行動様式が異なるともいえます。日本文化は特有だと思いますね。厳格（strict）で、他の文化との違いを際だたせています。日本人乗客のサービスに対する期待は絶対的なものがあるようですね。現場で何がおこっているのか、解決できる問題であれば日本人乗務員が報告書をあげてくれればいいのだけれども、日本人乗務員も書面で報告書は書かないですよね。[84]」

何人かから「日本人は strict」という表現が繰り返し出てきた。そうした人たちはＨ国人を含む複数の欧米人で、あくまで他の路線との相対的な比較で主観を述べているに過ぎないのだが、それらの話から筆者が理解したのは、日本人が高次のサービスを要求して品質に厳しいという意味では決してない。むしろ総体的な形式やパターンとしてのサービスに関して「こうあるべき」という枠組みが堅く、これまでに体験したことがないサービスや慣れないサービスに対してあまり柔軟ではないように思われているようだ。

新入社員用の異文化間サービスの訓練プログラムはいくつかの国家、歴史、政治、経済などについて浅く広く学ぶものだ。リカレント教育は、ひとつの国家や民族文化を取り上げてさらに深く歴史や民族性を学習し、現役の客室乗務員の経験をディスカッションテーマとして授業を進め、インストラクターからは事例をもとに顧客の指向性や、路線の特徴、人びとのメンタリティなどの裏付けの説明がある。

加えて、異文化間サービス訓練のコンピュータ・プログラムの開発が進められた。その第一号として日本文化の開発が取り上げられた。このプログラムは、航空だけではなくホテルやアミューズメントといった異文化間サービスの従事者のために作られた。

RFAの管理者たちに聞くと、異文化理解がしにくいRFAは日本だけではないらしい。他の文化には別の特徴があるらしいが、日本人の場合は意思表示がわかりにくいという。

訓練プログラムの事例では、欧米人の客室乗務員が日本人客に飲み物を尋ねる場面があった。日本人客は自分が欲しいものを答えずに、隣の同行者に「あなたは何を飲む?」と尋ね、集団の代表の一人が答えるという場面である。欧米人にしてみると、成人が個人の要望を選択する場面でなぜ集団行動になるのかが理解しにくいのである。飲み物の選択よりも集団への配慮をしているという心がわかりにくい。

また別の事例では、ホテルのチェックイン場面で、担当者が、「申し訳ありません、あいにく満席で、喫煙室しか開いていませんが、喫煙室でもよろしいでしょうか」と尋ねている担当者に対して、日本人旅行者が日本語で、「そんなの嫌だ、ひどいよね」と互いに文句を言い合うが、担当者に対してYesもNoも言わないので、「よろしいですね:OK?」という確認に対して了承したように取られてしまっている。

歴史的にも日常的にも欧米社会は多様な文化が混在しているので、異質なコミュニケーションに対しておそれがなく、言葉が違っていても自己主張を成り立たせているが、機内で見かける日本人旅行者の中には、そもそも言語や見た目が異なるだけで緊張してしまい、意思疎通を恐れたりあきらめたりしてしまう人は少なくない。欧米では反応がないのは異論がないと取られてしまいがちだが、日本人客にしてみると気持ちをないがしろにされ、ぞんざいに扱われたようで不満が残る。諸外国のサービスと比較して、日本のサービスは「やってもらうサービス」の傾向があり、黙って座っても水やおしぼりが出てくる。航空機で欧米人に黙って水を出すと、「頼んでいません」と怪訝な顔をされる。

日本国内の一般的なサービスはよく設計され、マニュアル化もマクドナルド化も高度に進んでいるし、その品質は多文化混在の国家と比較しても標準化が進んでいる。比較して、チップのある国々では、対人サービス担当者の仕事ぶりにばらつきがある。客がサービス担当者に対して現場でダイレクトに評価し、チップという価値評価をする。特別な日に大事な人を招待して極上のサービスを受けたいと思えば、客はただ単にお金を払うだけではなく、自らの知恵を使ってサービス提供者のモチベーションが上昇するよう関わるなど、積極的な戦略を仕掛けてサービスを引き出そうと努力をするだろう。客自らがサービス創出のために積極的に場に関与したり、サービス評価を直接担当者に示すという行動は、チップ文化圏の人びとと比較すると日本人客は慣れていないかもしれない。世界中を飛ぶ客室乗務員達は、乗客の行動特性を路線別に総体的に表現する。それによると、日本人客はおとなしく丁寧で機嫌が良く、機内の施設をきれいに使って行儀が良いのでサービスしやすい良い客である。その反面、不満があってもその場で言わず、時間がずいぶん経って間接的にクレームすることがあるので油断がならない。このようなコメントは日本人ではない客室乗務員の共通認識で、日本便ではトイレットペーパーが早くなくなるとか、日本人は寒がりだとかいう特徴とも合わせて、世界中の航空会社で似たような特徴として把握されている。総体的に見て、日本人客は積極的にサービス環境を操作しようという行動特性を持つ方ではないようだ。

大型機で日本人客室乗務員は四人程度乗務するのだが、ブリーフィングで日本路線のサービスについて、パーサーが日本人に意見やアドバイスを求めるときがある。そのときに、すぐに返事がなくても待つように指示を受けているのだそうだ。そういわれてみれば、日本人客室乗務員は、誰がパーサーの質問に代表で答えるのかを、一瞬互いの目を探り合って決めているということに気づかされる。

また婉曲的な表現をする、というのも説明をされているらしい。Ｙｅｓ／Ｎｏで表現しないけれども、遠回しにそう伝えているということを学んでいるという。あるとき、日本人乗客が、英語が通じなかったと照れ笑いをしながら、毛布が欲しいと言ったので渡した。それを見ていたH国ベースの乗務員が、「毛布が欲しかったのか、これが日本的な婉曲的なコミュニケーションっていうのだね」というので、何を言われたか尋ねると、「I want to sleep と言うから食事はいりませんっていう意味かと思って」という。その客室乗務員は、ちょうど食事を配っている途中だったのだ。

言葉は全くわからなくても、異文化間コミュニケーションに高いスキルを発揮する客室乗務員もいる。ある日の客室乗務員は、搭乗ゲートで座席の案内をするときに、搭乗券の名前を読み上げて一人ひとりの乗客に挨拶をしていた。アルファベットが母語の文字だからできることで、日本人では日本の名前でもローマ字で書かれたら一瞬で読み上げることはまず無理である。このようなとき、多少名前の発音がおかしくても、好感を持って受け止められる。

フライトの後半になって、その客室乗務員が筆者の所に来て、「〇×△＊……って何?」と耳で聞いた言葉をリピートする。その客室乗務員は、乗客が一生懸命に何かを伝えようとしているので、その思いを尊重して、すぐに日本人乗務員を呼ぶことをせず、音で覚えて日本人客室乗務員に伝達し、答えを聞いてまた自分で伝えようと試みたのだった。しかしあいにく筆者はそれを理解することはできなかったので、直接その乗客と話をすることにした。そうすると、「おしぼりに使っているハーブを知りたい」という。詳しく話を聞くと、その客は病院と介護施設の経営者で、H国がハーブをさまざまに使うこともよく知っていて、「前回H航空に乗ったときとハーブの種類を変えましたね」と指摘した。さらに今回のものなら病人や老人にも優しいので、自分の病院にも導入を検討したいから種類を教えて欲しいというのだ。

さすがにこのような用件を、言語が異なる客室乗務員に理解することは難しかったようだが、乗客は担当の客室乗務員がオープン・マインドで、言葉ができないなりにも理解しようという態度に対して心を開いたのだろう。あいにく筆者もパーサーもハーブの種類はわからなかったが、パーサーは「私から本社に連絡して、ケータリング会社から乗客の家へ情報を届けるよう手配しましょう。私が説明するから一緒に来てあなたは通訳をして下さい」と筆者に言い、上着を着用して正装をすると乗客の元に行った。乗客がまったく日本語以外の言葉を話せないのを知りながら、かまわず英語で自己紹介をし、筆者に説明した通りのことを繰り返して、名前と連絡先を下さいと言った。

機内の仕事はここまでで、その先の仕事は引き継ぎをした。客室乗務員のいう「仕事」とは、大きな意味での問題解決、乗客の援助のことである。仕事の処理能力が高いのは、客の問題を察知し、満足できる解決方法を選択することの繰り返しが早いのである。異文化間コミュニケーションの場合、客の問題を察知する方法に困難があるが、うまくいったときにはむしろ良い思い出になる。このような実践が誰にもできるというわけではないが、異文化間コミュニケーションの訓練では事例紹介があり、またCRMでは「差異に気づく」訓練がなされる。これらの訓練はプログラムがあってもマニュアルにはなりにくい。

第3節　フライト乗務の進行過程

客室乗務員のフライト乗務はプロジェクト的で、一回ごとに完結する繰り返しである。家を出て家に戻るまでの一連の仕事のサイクルを説明する。

1　フライト前の準備

H航空では、フライトのスケジュールは前月末頃に決定し、イントラネットを通じて配布される。半日機内に滞在する長距離便なので、フライトの前日は体調管理に専念する。労働規約にも休日を入れなければならないことになっていて、よほど急用でない限り、外出をせずに自宅で静かに過ごし、フライトに必要な書類を揃えたり、最近配布された業務連絡の書類に目を通したり、危機管理に備えた復習をしたりする。

クルーリストは当日自分が一緒に乗務するメンバーの一覧表で、イントラネットからダウンロードする。セキュリティがかかっていて、当日に実際に乗務する人しかアクセスできない。乗客リストと乗員数、特別食や特別なケアの必要な乗客がいるかどうかを確認する。乗客リストもセキュリティがかかっていて、社外のコンピュータで出すときは一部の情報しか出されない。国賓やセレモニーのある便の場合は前もって個別に連絡がある。また急なスケジュール変更などはH国から直接国際電話が掛かってくる。自宅の電話や携帯電話など、留守電のメッセージは英語で入れるよう指示がされている。

運航乗務員とH国本社ベースの客室乗務員はほとんど知らない人だが、日本人客室乗務員はグループが小さいのでほとんど顔見知りである。誰と一緒に働くのかを確認する。入社条件の早い人順から好きなポジションを取っていく序列（seniority）システムで、自分が当たりそうなポジションとセクションはチェックしておく。出発時間、到着時間の確認。直行便なので最短三日、最長六日のパターンだが、いずれも大型スーツケースと手荷物と制服のハンドバック。いつも必要な道具はスーツケースに入れっぱなしで、着替えを入れ替えて非常食を入れるだけで荷造りは整う。非常食とは、時差で妙な時間に起きてしまったり、疲れてどこにも出かけたくなくてホテルのルームサービスも嫌なときなどのために、念のため軽食程度のものを一回分入れておく。当日のタクシーや空港バス、電車など時間を確認して手配する。

なるべく早く寝ようとするのだが、長距離フライトの前日は緊張して眠れないという人が多い。忘れ物がないか、家の仕事や片付けものの心配、特に遅刻への強迫観念は強く、会社を辞めて十年以上たったＯＢが、「未だに飛行機が行ってしまって自分だけ乗り遅れた夢を見ることがあります」と言うのを聞いたことがある。そうした夢は、客室乗務員ならほぼ全員が見たことがあるだろうと想像できる。

2　ショーアップ

日本からヨーロッパに向かう便は午前中が多く、都内に住んでいると朝四時に起きて飛び出していくことになる。

日本時間で深夜に及ぶ長時間勤務になるので、人によっては成田近辺のホテルに前泊している。地方や遠方に住んでいる人も成田で前泊し、当日はぎりぎりまで寝ていて空港に出勤する人も少なくない。

ブリーフィング時間は、すべてのフライトについてスケジュール上の出発時間より一時間四十分前と決まっている。成田空港の場合、その時間に出発ゲートにいなければならない。ショーアップとは、乗務員が出社してくることであり、空港カウンターでチェックインの荷物を預けたのち、空港ビル内のH航空のオフィスに行き、自分のメールファイルをチェックする。イントラネットで出せる書類もたくさんあるが、連絡事項や必要書類の多くは個別のメールファイルに入ってくる。搭載している食事やお酒、広報用資料などはここでも閲覧ができるので、時間調整をするオフィスで目を通すこともある。早くショーアップして空港で食事を取る人もいるが、ゲートに来るまではそれぞれの時間の使い方をしている。

3　ブリーフィング

ブリーフィング時間になると徐々に全員がそろう。出会った人から順番に挨拶と自己紹介をする。どの航空会社の乗務員も独特の挨拶の仕方の型を持っている大切な「儀式」である。H航空では、運航乗務員も客室乗務員も、握手をしながら挨拶をし、名前を名乗る。機長やパーサーはフルネームで、それ以外はファーストネームや、自分が呼ばれたい名前で自己紹介をする。男性乗務員は帽子を取り、立ち上がって握手をするが、女性は立たなくても良い。

日本人同士であれば、初対面であれば期の新しい者から挨拶をする。立ち上がって何期の所属であるかを述べ、自分の名前をフルネームで名乗り、よろしくお願いいたしますなどと挨拶をする。先輩側は、期を述べたり述べなかったり、立ち上がったり立ち上がらなかったり、はっきりしない。おそらく期が近い者同士は明確にするために所属を述べ、明らかに上下関係がはっきりしている場合は述べないなどである。

既に顔見知り同士や、仲の良い同僚や同期生であっても、仕事が始まるときの挨拶は公的なものである。自己紹介は省略しても、よろしくお願いしますと述べる「儀式」を終えた後に、世間話に移る。

挨拶の仕方に文化の型が違ったとしても、この「儀式」をおざなりにすると職場で働きにくくなる。事実、機長がスタンバイで呼ばれて遅れてきた時には、それぞれ準備に忙しく働いている客室乗務員一人ひとりに握手をするために、飛行機中を一周している。日本人乗務員向けには、入社時に配布される「心構え」に関する日本語の冊子で、挨拶と自己紹介の仕方が指導されている。職場で挨拶をすることは普遍的なことだが、その具体的実践が重要なのだ。

成田でのブリーフィングは、機体の準備が早くできていれば機内で、到着時間と清掃や搭載品などの仕事の進行具合で、ゲートでやってしまうこともある。パーサーは簡単な講話を述べ、その便の予約人数と特別食の数、特別な援助が必要な乗客の座席番号、ＶＩＰなどを伝えるが、この時点ではまだチェックインが完了していないので、あくまでも予定である。次に誰がどのポジションで働くかを決め、新入社員やＯＪＴがいたらその旨を紹介し、全員で援助するよう指示が入る。当日の機内サービスの内容を確認し、日本路線で搭載される特別な物品や、日本路線の特徴、日本人乗客のふるまい、タブーとアドバイスなどを簡単にまとめて説明する。航空機事故が起きたとき、火災になったとき、急病が出たときにどうするか、簡単なおさらい、あるいは口頭テストをする。機長からは、計算がし終わったばかりの当日の飛行時間、飛行ルート、途中の気流の様子、注意事項などが伝達される。全員が知るべき情報は個々に伝達され、クラス別のショート・ブリーフィングはエリア別に行われ、業務手順の確認などがある。

4　搭乗前準備

ブリーフィングが終わり、各自の持ち場に着いて自分の荷物を安全に収納したら、最初にすることは自分のポジションの安全確認である。機種と型ごとのチェックリストがあり、シートベルトや消化器、酸素ボンベの圧力ゲージの数値の確認の他、非常口に装備されている脱出用スライドのいくつかのゲージの数値の確認、ライフベストや消火活動の際に使う酸素マスク、医者専用の医療用トランクなど、シールで封印がしてあるか確認する。非常灯、スポットライト、トイレのコールボタン、クルー用の部屋の緊急装備、客席の座席下のライフベスト等、電気パネル等々、安全確認をするためのチェックリストの項目はポジションによって少しずつ異なる。それぞれ約五十前後の項目のチェックをすべて終えるのは、ＯＪＴなら三十分くらいかかる者もいるが、慣れるとリストを見なくてもチェックするものがわかっているので五分程度ですむ。足りないものや異常が見つかったら、ただちに取り替え作業を指示しなければ、出発時間に間に合わなくなる。重要なことは、異物が置かれていないかで、これまでに清掃員などに紛れて爆弾を仕掛けた事件も起きている。これらの作業は自分の命もかかっていることなので、必ず手抜かりなく確認する。また作業をやりながら、ＩＤカードを身につけていない者を機内で見かけたら、必ず呼び止めて何者かを確認するようにも言われている。チェックリストは、日付と便名、名前とサインを記入してパーサーに手渡す。このプロセスを通じて、全便の全ドアの確認報告が毎日本社に届けられる。

チェックリストが終わるとギャレーと客席の準備である。食事の数や搭載品確認の責任者はギャレーの担当者である。搭載品が足りなければできるだけ早くケータリング会社の担当者に言わなければ出発に間に合わない。乗客がチェックインのときにマイレージを使ってクラスを変わったり、予定よりも乗客が増えたり、他機のキャンセルや遅れのために急に乗客が流れてきたりと、出発寸前まで搭載品は積み込まれることがある。これらを搭載ミスが起きないように管理しなければならない。

ギャレー担当者は基本的にチームのサービス・リーダーである。満席であれば仕事効率を上げるために、ヘッドフォンを座席に備え付けることがある。できるだけ手渡しをするようにというのはＨ航空のポリシーではある。上空に上がってすぐに飲み物のサービスができるように、トローリーと、その上に乗せるコンテナのセッティングを行う。その他、すぐにサービスに取りかかれるように、コーヒーの砂糖やミルクのコンテナ準備や、ジュース類を取り出しやすい位置にセットしたり、働きやすいようトローリーの中をアレンジしたりする作業はできるだけ地上でやっておく。上空は常に坂道で、トローリーが異常に重たくなるし危険度も増すので、乗客が乗ってくる合間にやっておく。

ファーストクラスやビジネスクラスは、ウェルカム・ドリンクと呼ばれる搭乗時に勧めるシャンペンやジュースを専用のトレーに美しくセットしておく。ギャレーは乗客が搭乗するときには通路になるので、搭載品はきれいに片付けて、白いリネンなどで清潔にしておく。マガジンラックに日本語の雑誌を入れて、トローリーに日本語の新聞も設置したら、乗客を迎える準備もだいたい整う。この時間帯はそれぞれが業務に忙殺されている時間ではあるものの、パートナーやチーム・メンバーを知る時間でもある。この時間帯にはお互いによく話し、声を掛け合い、気持ちを近づけ合おうとする。仕事をしながら誰かが手際よくコーヒーを入れ、誰か飲まないかと誘うこともあるし、コンテナの準備をするときに、自分のことだけしているか、相手の分まで一緒に準備しているかなど、その人の仕事の仕方や裁量、要領の良さ、思いやりがあるかどうかなどが見えてくる。準備が終わって片付けにかかる頃には乗客を迎えることになる。乗客が入ってきたら準備は後回しにする。

5　乗客の搭乗

乗客の搭乗までに清掃や搭載物、乗務員による客室準備などは完了するはずだが、機体が地上に駐機している時間は短く、実際にはほとんど同時進行である。機長と地上職員は出発時間を遅らせないことが使命なので、機内の準備が完了していなくても、ケータリングの人々が去り、乗客に危険が及ばない状態になれば搭乗を開始する。

まず、pre boarding（優先搭乗）という、手伝いが必要な乗客を先に案内する。それが終わるとゲートでは搭乗開始のアナウンスがなされる。「文化のブローカー」の役割を担うH航空の日本人客室乗務員は、日本便では必ず搭乗口に立って乗客を出迎え、案内をする。日欧路線に文化の展示演出をすることは、一九六〇年代から同じである。ここでの日本人客室乗務員は展示演出の役割を担う。後の客室乗務員もそれぞれ持ち場について、乗客の搭乗を手伝う。満席のときは希望の座席の搭乗券がもらえなくて機内で替わりたいという客もいるし、決められたサイズ以上に大きな荷物は、場合によっては地上職員に貨物室に入れてもらう。ファーストクラスやビジネスクラスでは、搭乗時に上着を預かり、ウェルカム・ドリンクやちょっとしたおつまみを出す。エコノミークラスでは、乗客が席に着くまで、できるだけ客室で援助をするが、この間にも搭載品の最終確認や特別食の確認など準備作業は続く。早々に具合の悪い客も現れるし、乗り継ぎ案内や質問、苦情など、乗客がひっきりなしに異なる用件でやってくる。搭乗のプロセスで当日の客層がだいたい把握できる。

搭乗時間に客室乗務員がする最も大事な仕事は保安業務である。機体の下では給油作業も行われている。緊急脱出に備えて、担当のドア・ポジションからはあまり離れてはいけない。番号が同じドアのうち、L側かR側のうち、必ずどちらかはドア・ポジションにいなければならないという安全規定がある。九・一一米国同時多発テロの直後はテロやハイジャックへの緊張感が増した。不審な行動をしている人がいないか、トイレにどんな人が入ったかなどを見張る必要もある。

最終乗客数と全体の食事の数、特別食の数がはっきりわかるのは出発寸前のことであり、地上職員が最終の乗客リストを持ってくる。ドアの担当を持たないアシスタント・ポジションの乗務員は、新聞や雑誌、アメニティの配布を行いながら、乗客が無事座席に着くことができているか、足回りの荷物が納められているか、非常口をふさいで荷物が置かれていないかなどを確認する。航空機は非日常の空間なので、乗客には非常口とわからないことも多く、靴を脱いでそろえて置いてあったり、私物をまとめてドアの上に積み重ねたり、ゴミを残したりしていくことはよくあることだ。そういった「異物」を排除する。操縦室の出発準備が整って書類のやりとり作業が終わると、地上職員が機外に出て、パーサーが出発のアナウンスを入れる。気が向くと機長が挨拶をする場合もある。日本語のアナウンスを担当する者はしばらくアナウンスに集中する。法律で定められている、乗客へ知らせなければならない航空機の安全に関する案内は、この間にビデオ上映して情報伝達がなされる。

機体のドア・モードを変更せよという指示がアナウンスされると、それぞれ持ち場のドアを緊急脱出可能な状態に準備する。L側とR側の対のドア担当者は相互確認を行い、サービスは中断して危機管理業務のみになる。客席のシートベルト、背もたれ、テーブル、肘掛けを元の位置に戻してもらい、窓の日よけの全開、上部棚の完全収納、ギャレー内にある物品等の完全収納、トローリーやコンテナのブレーキ、ラッチ完備、トイレに人がいないか、異物が置かれていないかを確認する。それはマニュアル化された業務だが、乗客に注意をするためにはサービスとして伝達するために「依頼」の言葉遣いに変えている。離陸時の安全確保は全員で三重、四重に確認し、機体最後尾の担当者から順番に前のコンパートメント担当者へと、出発準備完了の報告が順送りに伝えられる。各クラスからの出発準備が完了報告を受けたところで、パーサーは機長に機内準備の完了報告を行う。

客室乗務員は自分の報告が終わると早々にジャンプシートに着き、「魔の十一分」の前半、「離陸前三分」に備える。そのときH航空ではthirty seconds review（三十秒レビュー）を義務づけている。ジャンプシートに着いたら三十秒間は、次の瞬間に起こりうる緊急脱出で自分が取るべき行動をイメージする。乗務する機体、ドアの位置、何が起こりうるかによって、乗務員の行動の詳細は異なる。混乱しないよう、自分の今日のドアを見て、自分のすべきことだけを考える。緊急時にアシスタントを依頼する乗客を心の中で選択しておく。子供やお年寄りなど、脱出の援助が必要な乗客がどこに座っているかは確認が終わっている。この間も乗客からは所用や雑談で頻繁に話しかけられる。出発前は本当に忙しい。

6 到着準備

水平飛行の間、機内はサービスの仕事が中心である。到着まで一時間を切る頃に、最後の食事のサービスが終わるよう逆計算するので、大きなトラブルがなければ食事のサービスを片付けたくらいの時間に高度が下がる。乗客も降りる支度を始めるので、トイレが混んだり、荷物をまとめたりして、機内の人の動きが激しくなる。寝ていて食事を始めるのが遅かった人のトレーの回収や、ぎりぎりまで機内販売の買い物注文もある。故障箇所、不具合の報告はパーサーにまとめて報告し、サービスに関する報告書や、その他の事務業務は、機内では余裕があれば行う。

到着準備はギャレーからで、機内の搭載物も通関の対象であるために、酒類、コーヒー、薬などは指定されたコンテナやトローリーに戻して通し番号がついたシールで封印する。サービスのために出していた道具なども、元の場所に搭載し直す。長距離路線で満席だとゴミや使用後の汚れ物で一杯になっているので、コンテナやトローリーに収まるように片付けて、シートベルト着用のサインがつくまでにギャレーはほぼ片付けておく。サインがついたらエンターテインメント・プログラムが終了なので、乗客から使用済みのヘッドフォンを回収し、使ったものと使わなかったものとに分け、袋に収めてシールする。到着前はものであふれているので、この袋を納める場所を探すのにも苦労する。

赤ちゃん用のベビー・バシネットの回収、ビジネスクラスとファーストクラスでは上着を返却する。日本語の雑誌は日本で搭載するため、H国到着前はリサイクル用に回収する。時折乗客が読み終えた私物の雑誌が混じるので、日本人客室乗務員が選別する。到着後の車いすの手配、UMと呼ばれる子供だけで旅行をしている乗客への地上職員の援助、赤ちゃん連れの乗客が貨物室に入れたベビーカーの引き渡し場所など、各乗客に連絡事項を伝達する。離陸時と同様に客席の安全確認を行う。乗り継ぎやチェックインした荷物のことなどのさまざまな質問に追われる時間でもある。そして魔の十一分の後半に備える。

離着陸時には、大事故だけでなく機内でも小さな事故がたまにある。着陸時は振動が大きいので、ブレーキやラッチをしっかり固定させておかなければ外れることがある。トローリーが出てきてしまい、筆者の隣に座っていた客室乗務員は手首をねんざしたことがある。コンテナのラッチが外れて落下し、中のガラスものが全部割れてしまったこともある。機体が傾いてゴミの中から水分が漏れて流れてきたりすることもあるので、そのようなときには乗客が降りるときに足を滑らせて転んだり怪我をしないように、停止位置についたら速やかに片付ける。

7　到着後の業務

機体がスポットにつき、機長からドア・モードを地上モードに入れるよう指示がでると、機内の仕事も終盤となる。乗客の降機の手伝いと見送りの挨拶をし、手助けのいる乗客は地上職員に直接引き継ぎをする。乗客が出て行く様子が見えていても、別の非常口から清掃担当者が乗ってきて、次の出発のために少しずつ作業を始める。乗客がいなくなったら忘れ物の確認、異物がないかの確認をする。ケータリングの責任者が乗ってくるまで待ち、免税品のトローリーのシール番号とロック番号を確認し、必要書類にサインをもらって引き継ぎ終了である。

機体を降りると、乗客とは別の乗務員用のバスが待機している。空港ターミナルに着いたら、入国審査を一人ずつ受ける。乗務員用の窓口で、クルーリスト、ＩＤカード、空港によってはパスポート番号などの確認がある。その後、通関検査を受ける。乗客と比較して、持ち込み制限条件が狭く、課税対象品を持っていたらここで申告して税金を払う。たまにキャンペーンのように、全クルーの荷物を開けさせたり、スポットチェックで数人選ばれて細かく荷物検査をうけることもある。Ｈ空港に到着の場合は隣接しているベース建物にクルーバスが到着し、パスポートを見せる入国検査と、同じくスポットチェックで税関検査が行われる。

これらの手続きが終わったところで、この便のクルーは解散となる。乗務はじめの挨拶と同様に、一人ひとりに握手をしてお礼を言って別れる。全体解散した後、事務仕事がそれぞれ残っている。免税品の売り上げは専用のボックスに納金する。自分のメールファイルを見て、スケジュール変更や上司からの呼び出しなど、緊急連絡が無いか確認する。コンピュータで、次の便や新たな連絡事項などが無いかを確認する。Ｈ航空ベースにはＲＦＡ（三〇九頁参照）の上司や、業務関連の窓口、保険、銀行など、すべて直接話ができるので、必要があればそれぞれの仕事を済ませる。

Ｈ空港本社ベースの客室乗務員はそれぞれ自宅に帰るのだが、日本ベースの日本人乗務員は滞在のホテルに移動するために、迎えのクルーバスが来る時間帯には再度集合する。時間がかかる仕事であればクルーバスには乗らないで、後から自分でホテルに向かう人もいる。ホテルにチェックインして本当にその日の業務が終了となる。

8　ディブリーフィング

ディブリーフィングは、フライト後にクルーが集まる機会で、サラリーマンでいうところのアフターファイブのようなものに近いかもしれない。航空会社のクルーのディブリーフィングの特徴は、全員初対面であるとか、ほとんど知らない同僚だということで、いつもオフィスで一緒にいる人たちが場面を変えて無礼講をするのとは違う。

乗務員は基本的に一人ひとり違うスケジュールを消化する一匹狼的集団であり、職場の連帯はあっても個人を拘束はしない。Ｈ航空の社風もあって、ディブリーフィングに参加するかどうかは職場の上下関係や力関係は機能しない。せっかく一緒に乗務をしたのだし、知らない土地に来たのだし、仕事も終わったし、一人で過ごすのももったいないし、という軽い感覚で、誰が言い出すのでもなく、なんとなく企画があがって集合がかかる。フライト中に声を掛けられたり、飛行機を降りてホテルに向かっているときに誘われたりする。滞在しているホテルのバーやレストランが多く、誰かが知っているレストランに行くこともあるし、誰かの部屋に集まることもある。到着時間帯や疲れ具合、滞在先ホテル周辺がどのような場所にあるかとかにも左右される。

最も気楽なのは、「三十分後に下のバー集合」のようなものだ。一度自分の部屋に入って荷物を開け、軽くシャワーを浴びるなどして私服に着替え、適当に降りてきて、適当に飲食して、どうでもいいような雑談をして、帰りたくなった人から抜けていく。制服姿から私服になるとたんに印象が変わる人もいる。ゆっくりすることもあるが、だいたい疲れているので、ディブリーフィングは一時間もしないうちに抜けていく人が出始める。

フライト後は緊張感も抜けて、疲れてはいるが開放的になっている。その日のフライトであった話や、最近経験した印象深い話、会社での出来事や、噂で聞いた話などが話題の中心となる。もともと社交的で明るいのが客室乗務員の傾向なので、ときにパーティ状態で大騒ぎするときもある。嫌な経験だったら愚痴を吐いてみんなが慰める、おもしろい話は共有して大笑いするなどである。ここで交換されるインフォーマルな情報は、仕事の情報としても重要なことが少なくない。知っている者同士や仲が良い者同士が固まったり、一部の人だけがわかるような話をするのはエチケット違反で、全員が共通の話題を出して話す。

一時間程度で解散になることが多いが、明くる日が休みであるとか、メンバー次第で、二時間、三時間と続くときもある。朝到着の場合は、部屋に行かずに制服で朝食を取るディブリーフィングもある。しっかり朝食を取って解散し、そのまま寝るのである。

ホテルに泊まっているのが日本人客室乗務員だけという理由で、日本人だけのディブリーフィングもある。日本人グループは所属人数が少ないのでだいたいが顔見知りで、気心も知れている。お酒を飲むのが好きな人も、食べ物の好き嫌いもわかっている人もいるので、メンバーに合わせる。やはり到着後はホテル内が多い。疲れてしまってディブリーフィングにはほとんど参加しないという人もいる。仕事の後は人それぞれで、仕事の緊張感を解くために少しリラックスしてから寝たい人もいれば、寝る前には食べたくないという人もいる。

9　レイオーバー

かつて、日欧路線は南回りなどで治安の悪い場所を経由することもあり、ホテル周辺であまり行くところがないとか、一人で出かけない方がいいとか、食事をする場所が限られているとかいう場所もあった。デイリー便でないと滞在が長くなり、五日くらい同じホテルで過ごし、二週間以上も同じメンバーの時もあったので、クルーの親密性は遥かに高かった。ヨットを借りて機長が操縦し、ホテルでランチを作ってもらってみんなでビーチで食べたり、レンタカーを借りて大勢でドライブをしたり、何人かで他の土地に観光旅行に出て行ったり、現地の食べ物を調達して誰かの部屋に集まって飲んではだらだらと過ごしたり、テニスをしにいったり、ホテルのプールで過ごしたり、航空会社というだけで、他社のクルーとも世界中どこで会っても親しく話をして、会ったばかりなのに食事に行くとかも、珍しいことではなかった。観光地や大都市には日本人も多かったが、発展途上国などでは外国人社会が小さかったので、機内でクルーみんなを食事に誘ってくれるような客もいた。自国を出て海外をうろついているような「会社所属の放浪者」が当たり前にいた時代ではなかったので、同じ体験を共有しているというだけで親しくなれた。日本企業の駐在員も、日本からのフレッシュな情報を待ちこがれていたようで、小さな都市になるほど会社ぐるみでおつきあいがあった。経済バブル期がそのピークだったと思われる。

空のアクセスが直行便ばかりになってしまってから、経由滞在地が少なくなり、客室乗務員の滞在地の多様性もすっかりなくなってしまった。国際線の大型機が飛ぶ場所は大きな空港を備えた都市ばかりで、会社も従業員の安全を案じて都市型のチェーンホテルを滞在先に選んでいる。その周辺は一人で出歩いても何も問題がなく過ごせる場所が多い。デイリー便になれば滞在時間も最短の休息時間で移動が可能だし、ハブ&スポーク・システムのおかげで同じ場所ばかりの、ピストン往復になった。外国が知らない世界というよりも、そこは第二の故郷という感覚になってしまい、遠くまで来たという感覚さえしない。

最近は、フライト後にコンビニまで散歩に出かけて、世界的なチェーン展開をしているカフェでコーヒーを飲むなど、日常生活と何も変わらないことをして過ごす。二週間もトリップ（trip）を続けていると、日常生活がとぎれたような感覚がある。一方、三日でヨーロッパを往復できるようになれば、自宅の冷蔵庫に余っている食材にヨーロッパで買ってきた食材を足して普段の食生活が継続できる。朝ご飯はいつもH国で買ったパンやシリアルを食べているという日本在住の客室乗務員は多い。

航空機が大型化し、同じ飛行機でも違うクラスで働いていたら、話をする機会も減ってしまい、到着後にクルーバスで移動しているときに、「こんな人、いたっけ？」と笑い話になることもあるくらいだ。トリップ自体が短くなって、客室乗務員だけで固まって親密なレイオーバーを過ごすことも減っている。一つの理由は、グローバル化が進んで海外渡航者や移住者も多いので、現地に知り合いや友人がいるという人も増えているからで、別行動が増えたのだ。元々客室乗務員は一匹狼気質なので、一人で行動しても安全上の問題がなければ、一人でどこへでも行ってしまう。H国でのレイオーバーが一日あれば、社員割引の航空券を使ってヨーロッパの大都市なら日帰りも可能だし、三日もあればトルコやスペインの先のアフリカあたりまで観光にも行ける。それくらいの旅行なら、同僚と示し合わせなくてもさっさと一人でいってしまうことが多い。逆に遠くに行くことに興味が失せて、電車でののんびり旅行を見直し、気の合う同僚と二泊三日のH国内温泉、グルメと観光旅行という人たちも出てきた。

10　帰国

帰国便は、家から出発するときよりも緊張感はなく、会社が手配したクルーバスの時間にホテルをチェックアウトしてショーアップする。コンピュータで当日のフライトの内容を確認し、必要な書類をそろえたり、メールファイルをチェックするなど全く同じプロセスである。フライト前には、ブリーフィング・ルームにぎりぎりまで現れない人もいれば、社員食堂で食事をしたり、お茶を飲みながら必要書類に目を通すなどの人もいる。アジア人の客室乗務員グループは、海外に出てもエスニックな文化を引きずっていて、日本人の場合は入社時期によって上下関係がある。したがって新入社員は先輩たちが大勢いそうな日本便出発時間前には、社員食堂に近寄りたがらない人も少なくないようで、あまり見かけない。逆に会社になれてくると、日本便が出る時間帯には誰かがいるということで、社交の時間帯にもなっている。しっかり食事を取ったりすると、「仕事、やる気満々ですね」とちゃかされたりもする。ブリーフィング・ルームで新しいクルー編成が行われるときはまた同じように握手の挨拶の「儀式」を交わす。

フライトのプロセスは同じだが、日本への帰国便は日本人乗客が非常に疲れているという点が違う。日本を発つときの高揚感はなく、その代わり飛行機に乗り慣れて、搭乗口では全然挨拶も返してくれないということもある。座席に着くとほっとするのか思い切り寝てしまう。

帰国便は日本人客にはより注意をしなくてはならない。海外旅行のストレスと疲れがたまっているので、小さなことで爆発しやすくなっているし、別の飛行機で起こったことが気に入らなかったという話も出てくる。機内食では和食への執着が強くなり、チョイスがあたらないと怒鳴ったり暴力をふるったりというケースも稀にあるので、刺激をしないように注意をする。また具合が悪くなる乗客も出やすいので、空席がどこにあるかなども確認をしておく。その他の業務の流れ、到着後の入国プロセスは同じである。

乗員と乗客が総入れ替えになるということ以外は、フライト業務は全く同じことの繰り返しである。同じプログラムとマニュアルを使い、同じ業務をするのだが、二度と同じ経験のない実践である。自分が所属するベースに戻ったら、クルーとさよならの「儀式」を交わし、オフィスで事務作業を終え、空港バスや電車の時間によって空港で食事をすることもある。一緒に戻ってきた客室乗務員の誰かと食事をすることも少なくない。このときの集まりのことは、乗務員の間ではディブリーフィングとは呼ばれていない。同じベース所属の人たちとは話題も少し親密性を増す。職場環境のことや、最近社内で問題になっていることなどもまじめに話すし、プライベートの話もする。

所属ベースに戻ってきて同僚と食事をしているときには、妙に別れがたい気持ちにさえなるのだが、適当に引き上げなければ本当に疲れが出てきてしまい、今度はなかなか動けなくなってしまうことがある。日本には早朝到着なので、自宅に戻るのが昼頃になる。時差調整は人によるようだが、深夜労働便の明くる日はなかなか夜までもたない。筆者は仮眠を取って夕方起きて時差調整をしていたが、我慢して夜早めに寝る人もいる。小さな子供を預けてフライトをしている人は、「帰国した日こそ子供は預けていたいのに」と愚痴を言う人もいるが、理解を得るのはほぼ不可能らしい。直行便になり、トリップが短くなったことによる乗務員の利点は、生活の時間と体内時計をずっと日本時間で保つことが可能になったことだ。

以上、日本人の客室乗務員のサービスの仕事のうち「業務」を外観した。業務は儀礼の式次第で、全員が知識と技能を共有し、必ず正しく執行されなければならないが、業務は客室乗務員にとってノルマでありデューティである。顧客価値の共創のための創造的な情報発信は、業務の周辺にある。対人サービスが上達することは、業務のことを指すのではなく、業務にともなうより広いサービス知識やサービス技能の上達を目指す実践であり、次章の課題のひとつとなる。

第5章　日本人客室乗務員の越境的勤務

筆者は、日本人客室乗務員に面接調査を実施した。基本は一対一であるが、二三人から五〜七人の座談会形式でグループインタビューを取ることもした。仲が良い者同士でも仕事に対する考え方や仕事のやり方に違いはあるので、インフォーマント同士が議論になる場面もあるが、了承を得て音声記録に採らせてもらった。

筆者は、航空会社勤務の日本人乗務員の中で、外国人枠で雇用されている人たちの越境的勤務に対する意識は、あまり違いがないように感じていた。航空会社の国家や民族の文化的な影響が職場文化には強く表れてはいるものの、職業生活に対する意識、企業共同体に所属することを軸に日本とやや距離を取りながら生きている感覚は共通している。外国はいつでも簡単にいける場所であり、一般的に、海外在住者は移民ではなく、将来、さらに違う国に住む可能性も否定せず、日本に戻る理由ができるまで帰らなくていいと考えている。日本の良いところも悪いところも日本の外からのほうがよく見えるという視点をとりながらも、自分はやはりれっきとした日本人と認識しており、それでも日本文化の枠組みに縛られる職業生活はできるだけ拒絶したいと考えている。日本のサービスを実践する文化のブローカーを担う条件で会社に雇用されたので、それを社会的役割として引き受け、機内ではうまくやっているつもりでいる。しかし、飛行機を降りたら日本の規範の縛りから互いに自由にふるまいたい。日本の産業界や労働社会に属しているようにも思えないし、かといって本社のある国からは外国人として扱われている。専門性の高い職業人としてのプロ意識も持っている。自文化と他文化を同時に生き、どちらからも強く縛られない職業生活を与えてくれる会社に対してとても感謝をしているが、組織共同体員としては強い忠誠心というほどのものはない。時折、法律と法律の間で抜け落ちてしまい、強く自己主張をしなければいけなくなるが、このライフスタイルが気に入っている、という意識には共通点がある。

筆者は、いくつかの航空会社の日本人客室乗務員に、同じ質問項目で面接調査を依頼した。日本では随時、さらに二〇〇六年十一月にはヨーロッパに本社がありベースが東南アジアにあるD航空、二〇〇七年十一月には南半球のO航空に、それぞれ許可を取って企業訪問と面接調査を集中的に二週間実施した。二〇〇七年三月にはH国に二週間滞在し、H国在住のH航空日本人客室乗務員の面接調査を実施した。

外資系の航空会社の客室乗務員には、日本の航空会社からの転職者をはじめ、二つ三つと航空会社を転職する人は多い。現在無くなってしまった航空会社も入れると、のべ全部でヨーロッパ五社、米国三社、中近東二社、アジア十社、南半球三社に所属した航空会社勤務の日本人客室乗務員の面接調査を行い、越境的勤務についての話を聞いた。

第1節　就職試験

客室乗務員の就職試験は、書類選考、面接、筆記試験、健康診断があり、人選のプロセスは一般的な就職試験と同じである。

日本企業には新卒という概念があるが、一般的に航空会社は雇用調整により、マンパワーが必要なときに募集をする。日本人客室乗務員がマイノリティである外資系の航空会社は、日本企業ほど日本人が必要ではないために、メガキャリアでも大人数を一度に採用することはないし、毎年リクルートが実施されるわけでもない。応募とその条件は、採用試験の実施数カ月前にインターネット上や英字新聞などに掲載される。書類選考で絞り込み、面接を設定する。接客要員と保安要員としての適性を見るために、面接は二回ないし三回、担当者を代えて実施する。会社や担当者によって方法が変わることもある。人選プロセスにグループ面接を実施したり、電話インタビューを入れたり、食事会を催すところもあると聞く。

外資系の航空会社の場合、面接は英語が中心で、部分的に日本語になる。試験面接官は、管理職や専門家と客室乗務員の混合構成チームである。本国の採用担当者と日本人の採用担当者、心理学者を交える。日本語で質問したら日本語で答える。質問の内容は「なぜ客室乗務員になりたいのですか」「なぜH航空に応募しましたか」という、通り一遍の質問から、対話をしながら話を広げていく。どの航空会社も面接内容そのものは大差なく、受験対策本や専門学校で提供している情報や雑誌に掲載している内容の通りである。

受験の仕方は日本の産業界でマニュアル化してしまっていて、リクルート服で受験に来る人が多いという。これは海外からやってくるリクルーターにとっては、誰も彼もが同じ服装をした黒髪の日本人が次々に現れるということになる。これについて「制服を着たときのイメージがわかる」という意見もあれば、「だますための服」という反論もあり、日本の産業社会の規範通りにはいかないようだ。多くの外資系の航空会社は、「その人らしさ」を自己呈示することにはきわめて肯定的で、公共の場のビジネスであるという規範に則った身だしなみである限り、個性を出すことはむしろ奨励されている。したがって、一次試験と二次試験でがらりとイメージを変えてくるのもたいへん肯定的に考えられている。一方、身長を髪型やヒールでごまかすような客観的条件に対しては厳しく、明らかに条件から外れている場合は、面接前に帰ってもらうこともあるという。

採用方針は、採用チームで決める。ある程度の選考が進めば最終的には担当者の考えにも依存する。英語の能力は注意深くチェックされる。通り一遍の質問については、受験者は答えを用意してきているし、本国の言語や民族、歴史、観光地や名物、その航空会社がどのような規模の会社で、どのような発展の歴史を持っているか、日本に就航したのはいつか、企業の社会貢献がどういったものかなどの公開情報は暗記して面接に来る。こんにちのマニュアル化された受験対策である。

印象管理、立居振舞、展示演出などのパフォーマンスの良さよりもその人自身の考え方や人柄を知るには、英文して準備してきた台詞をきっかけに、話題を広げたり深めたりして意思疎通を図る。たとえばH国の好きな食べ物はありますかというような質問に対する答えは準備してくるが、その食べ物は日本にもありますが、どうしてH国のものが好きなのですかという、個人の嗜好や感情など客観的な正解のない質問に広げたり深めたりする。受験者は、自分の考えを見つけて、自分なりの表現にして英文を組み立てて答えることになる。「そういう意味では英語ができる受験者はごく一部」というのは、たいていの外資系航空会社の話から聞かれる。乗客の気持ちを察し的確に対応ができなければ適正がないと考えられている。

採用するタイプをあげれば、第一印象のよい人、オープンな人、礼儀正しく、笑顔が魅力的で明るい人などであるが、これは一般的なサービス業の適正人材と何ら変わらない。このような項目が具体的にどういうものかという解釈は、面接官によって左右される。たとえば親しみやすさや、話しかけやすさといった項目もよく聞かれる接客業の適性だが、どのような人が親しみを持てる印象を与えるかということは、時代によっても異なるし、文化的な相違もある。その一方で、化粧や髪型を変えることである程度操作が可能なことでもある。ヨーロッパの航空会社の場合、自立した人が求められるのも特徴だが、ヨーロッパに住むことや、欧米人の中に入って対等に仕事をやっていくにあたって、精神面で幼い若い日本人は互いに難しいという考えにもとづいている。面接官たちはH国人、日本人のほか複数国籍からなるメンバーだが、人柄を読み取る技術は共通である。印象管理、立居振舞、意思疎通を通じて展示演出されて伝わってきた受験者の人柄が、それぞれの文化規範の中でどのように受け止められるかということを、航空機という接客場面を考慮して面接官が議論する。

最終面接ではさらに詳しく本人の人柄が展示演出されるようなやりとりが続き、ロールプレイを導入するケースや、面接官たちと食事会に出席するという形式を取る航空会社もある。試験の形式が異なっていても目的は同じである。集団の中で他者に対してどのようなふるまいをするかに注意が払われる。「食事の仕方を通じて人柄はよく表れる」ということを、実際に受験した人から聞いたことがある。テーブルマナーやエチケットが身についた立居振舞ができているか客観的な査定ができるのはもちろんのこと、同席者との談笑の仕方や話題の提供の仕方、笑顔を見せているか、人の話をよく聞こうとする態度があるかなどの意思疎通、あるいは集団の中での気配りや配慮がよく見えてくる。この試験では、ただ行儀が良いということだけでは評価されない。最終選考に残った限られた受験者の中で、誰と食事をするのが一番楽しいかという、人柄の魅力も判定基準になる。聞き上手、暖かみのある人柄、ウィットに富んだ冗談が言える人、明るく楽しい人、人の話を邪魔せずに自己主張や自己表現ができる人など、周りに気遣うだけでなく自分も楽しむことができているかなど、場をつくる力に長けている人が最後に選抜されることになる。

サービスは公に向けてされる「奉公」であるから、周囲のことに配慮できているかは面接会場以外の集団待合室や、建物内のトイレや通路なども含めて観察対象になっている。公共の場面でどのような立居振舞をし、待っている間にどのように他の受験者と関わり、意思疎通をはかっているかなども観察の対象になっていることは周知の事実である。オブザーバー担当の係員を置くか置かないかというのは、会社やそのときの担当者の考え方によるが、面接室の外で目についたことが選抜に考慮されるのはよくあることのようだ。

現役客室乗務員も多く受験に来るので、実務経験者に関してはよりつっこんだ質問がなされる。それによってサービス知識やサービス技術など、どの程度のスキルが発揮できているのかを見ることができる。ロールプレイは、役割が完璧にできたかどうかはあまり関係なく、演じているときのミミック、動作をはじめ、受験者が与えられた課題や状況をどのようにとらえ、それに対してどう判断をするかといった物事の処理能力、即興劇を見ている。心理学者による判定も加わる。

筆者がH航空に転職するときには現役の客室乗務員だったので、質問はいくつかの具体的な状況を設定し、「このようなお客様がいらしたら、あなただったらどのようなサービスをしようと思いますか」という、仕事の創意工夫について問われた。筆者はそれについてうまく答えられたとは思わないが、面接の中で、面接官と一緒に、あのようなこともできますね、このようなこともできますね、という話し合いをした。このような質問には正解はないので、その人なりの工夫や考えを述べることですむ。人と違った個性的なことを提案する必要はない。大切なことは、相手の立場や気持ちに注意を払いわかろうとして考えているかで、状況をどのように理解したか、それに対する対応が自己満足や押しつけになっていないかということである。

H航空のRFA管轄責任者の話では、文化のブローカー役の従業員が欧米文化の職場で日常の仕事を行い、H国に住むことにより、異文化に適応するために自分の中に異なる規範を取り込むことは必要だし、それが自然なことではある。ましてや家族を持てば私生活も職業生活も欧米文化づけになる可能性がある。企業の期待は、日本文化を保持している顧客が満足するサービスを実践できる人材だ。日本人であれば日本人の思考様式で日本人客を理解し、日本的なやりとりをすることができ、顧客のニーズを的確に把握して提供ができることである。一方で仕事場面ではH国の文化や企業文化も理解し、場面に応じてうまく切り替えて欲しいという。したがって、日本人であっても日本で育たなかったとか、人格形成の中で日本文化を十分に取り込む機会がなかった人は、H航空で雇用したとしても日本人RFAグループには所属させないという。日本語を勉強して話せるようになった外国人も、同じ理由で許可が下りない。

実際に面接を担当したことがある客室乗務員は、「受験者が部屋に入ってきた瞬間にわかるわ」という言い方をする。この「わかる」ことこそが人選の秘技で、即興劇を可能にする技能の源である。たとえば客室乗務員は普段から人の容姿や行動を通じて印象管理や立居振舞、展示演出のされ方を常に注意深く見ることが身についている。フライト前に乗務員同士が初顔合わせをしたときや、そのときの挨拶の仕方によって、その人がどんな仕事ぶりをするかを見抜く。ごく普通の言葉で、「身だしなみがだらしない人は仕事ができない」という表現をすることはよくあるが、たまたま見落として髪や服装が乱れていることに気がついていないのか、それとも普段からいいかげんな人なのかを見抜く。そしてブリーフィングでパートナーが決まったときには、当たり外れを心の中で喜んだりがっかりしたりしながら、機体に乗り込む。客層を把握する時も同じで、搭乗時に客の印象管理、立居振舞などを手がかりに、その日のフライトがどう展開されるか感触をつかむ。

「どんな人を選ぶのですか」という質問の答えは、面接官チームで決めた条件はあるが、それはぼんやりしたイメージでしか説明されることはない。人選の判定基準はまるで担当者の主観にかかっているとさえ聞こえる。

しかし短い採用試験の時間の間で起きていることを、サービス価値モデルに当てはめて説明をすることはできる。面接官は受験者が入室した瞬間に、印象管理、立居振舞から提供される情報を瞬時に読み解き、その第一印象から、その人物がどの程度の展示演出ができるかを判断する。印象管理、立居振舞、展示演出は互いに関連しあっている項目である。印象管理は、服装や表情、髪型などの身だしなみ、立居振舞は身体動作であり、展示演出とは場にふさわしい自己提示をすることである。入社試験にリクルート服で現れるのは展示演出のひとつの策であり、印象管理のための危機管理である。展示演出の効果に注意を払う人とそうではない人とでは、第一印象ですでに違いが現れる。受験者が面接室のドアをノックし、「失礼いたします」と声をかけ、ドアを開けて面接室に入室し、ドアを閉めると面接官の方に向く。この瞬間に面接官は受験者に関する多くの情報を受信して判断を下している。「見ればわかる」のは、このほんの数秒の出来事から十分に情報処理が可能だということなのである。服装は、場にふさわしい洋服の形や色、季節にあった素材などの選択ができているか、身体にあった洋服を着こなしているか、スカートの丈が長すぎたり短すぎたりしていないか、スラックスに折り目が入っているか、しわやよれがないか、襟の開き具合、ネクタイの閉め方、靴の高さ、トータルのバランス、ストッキングに伝染はないか、洋服が汚れていたりほころび、しわやよれがないか、アクセサリーをつけていればどのような大きさ、数、つけ方をしているか、靴はよく磨かれているか、その人に似合っているかなどである。髪型は、前髪やサイドの髪が顔にかかっていないか、だらしなく見えないように束ねたり留めたりする工夫があるか、髪の色が明るすぎたり奇抜でないかなどである。化粧は、ビジネスの場を意識しながらも明るい印象が作られているか、その人に似合っている自然な色の選択ができているか、丁寧で洗練されたテクニックか、流行に走りすぎたり、極端に流行とずれたりしていないか、マニキュアをつけていたらどのようにつけているかなどである。さらに入室時のマナーでも判断することができる。ノックの大きさと回数や早さ、入室しながら十分に大きな声で、明るい印象の声を出し、口ごもらずにはっきりと話せているか。ドアを開ける時の所作は、両手を使って丁寧に、物静かに振る舞えているか、立ったときに足をそろえ、姿勢よくきれいに立てているか。きびきびと無駄なく自信を持って動いているか。面接官に対してアイコンタクトや笑顔があるかなどである。それら詳細な項目を全体統合させて、場の展示演出として受験者から受け取る人柄の印象が、健康的、親しみやすさ、明朗さ、暖かさ、まじめさ、折り目正しさ、清潔感、落ち着いた人物、信頼がおける第一印象であれば良しとするのである。

このような項目は、一般的なサービス産業の入社試験の面接を受けるポイントと大きく変わった点があるわけではないし、会社を受験しようとする人なら知っていることばかりだ。客室乗務員の受験対策本にも繰り返し特集が組まれているし、どこが見られているのか等についても詳しく書いてある。受験者も受験対策には念を入れてやって来る。面接官が「見ればわかる」というのは、勘や推測で言うのではなく、瞬時に五感が働き、センサーのごとくスキャンして情報処理をするので「わかる」のである。本人たちにとっては自明のことであるために、「わかるとは何か」という質問に対して、「全体を見ている」とか「誰だってわかることだ」という表現にしかならない。接客のプロとして極めた人はほとんど同じような語りをする。それをサービス工学などでは「勘と経験に頼っている」と言うが、経験によって培われた技能によって情報処理がなされている。

面接室への入室時における判定は数秒で行われるが、面接はここからが始まりである。つぎには意思疎通の力を見てゆく。質問は、「なぜこの仕事を希望されましたか」とか「なぜわが社に入社したいのですか」など、よくある質問の繰り返しが中心である。正解のある質問をする訳ではないので、自分なりの考えや意見を答えればよい。答えられないような難しい質問はしないし、外資系企業では日本企業のような「圧迫面接法[85]」もほとんどない。むしろ穏やかに普通の会話をする時間である。

面接では、質問に対する答えの内容が主に問われるのではない。意思疎通の能力を確認している。相手の話をどう聞いて理解し、場に即したやりとりを成立させることができているか、話をしながら心を通わせることができるかという即興劇の能力である。印象管理、立居振舞、意思疎通によりどのように自己を展示演出しているかを見れば、危機管理に必要な気づき、注意力、反応などの潜在能力を見ることができる。ロールプレイでは正しい答えを出すことが期待されているのではないし、面接で間違って答えても問題ではない。わからないからといって黙りこんだり、動けなくなったりしては危機管理能力が問われる。他国と比較してこれが日本人受験者に特に多いパターンだったと面接官経験者のH国人パーサーは述べていた。反応ができないことは事故や事件が起きたときに行動が取れないということを示している。わからなくてもチャレンジする、わからないなりに考えて行動を起こすことが大切である。面接官が見ているのは、課題を与えられて解くまでの受験者の頭の中や心の中のプロセスである。情報処理のなされ方に着目して、意思疎通と危機対応の適合性や能力を見ているのである。面接チームは、人選のポリシーこそコンセンサス合わせをするが、受験者から受け取る情報の解読に関しては、面接官同士で意見が不一致になることはほとんどないのだという。

第2節　越境的勤務の動機づけ

外資系航空会社の日本人客室乗務員に、越境的勤務の動機づけを尋ねると、「プッシュ」と「プル」の要因が、時代ごとに現れる。「日本の外に興味がある」「たくさんの外国に行ってみたい」「世界中の人に会ってみたい」「英語で仕事をしてみたい」という自分の世界を広げたい、などのあこがれの言説は、常にどの年代の人からも聞かされる。職業そのものに対する夢もあるが、しかし一方で、自分の国や文化的しばりに対する抵抗として越境的勤務を選んだと語る者も多い。肯定的な理由と否定的な理由と並べて述べることが多い。

1　一九六〇年代入社

否定的要因のほとんどは社会的な差別の問題である。一九六一年入社のH航空一期生は、「父を亡くして片親であることは、日本の会社に就職するのに大きなハンデだった。日本の会社に対しては、最初から降りてた」（矢飼　一九八七：四三）と述べているが、一方で、「進駐軍の住宅近くで生まれ育ち自然に英語が聞こえてくる環境だった。外国人の家は明るくて興味があった。隣の子が時々話しかけてきて、英語が話せたらなと思うことはあった。英語を学ぶ機会に恵まれて、仕事は英語をいかせるものを探すしかなかった。どうせなら外資系の会社に就職してしまおうと考えた」と就職に至る経緯を記録に残している。

筆者が調査中、定年まで働いた者のうち、一九六〇年代入社の者はたった二人しかいなかった。一般的に定年まで女性が職業を持つということは珍しい時代だった。

2　一九七〇年代入社

一九七〇年代初期に入社したある者は、「留学して戻って大学を一年留年したら、日本企業の新卒の就職条件に合わなくなった。最初は米国の航空会社に入ったがハイジャックが怖くて転職した」と説明した[86]。後に地上職に企業内転職をして昇進し、一九九〇年代には厚生労働省の「働く女性のモデルケース」として紹介されている。家庭生活とキャリアを両立させて、女性が大企業の管理職に至る日本での最先端モデルだったようだ。

一九七〇年代はジャンボジェット機が導入され、大量輸送時代が始まり、日本では人気テレビ番組にあこがれて受験したという客室乗務員が大勢いた。客室乗務員になりたいから語学を学んで受験に備えた人たちの中には、越境は全く意識していなかったという者もいる。一方、この時代に日本の航空会社から外資系の航空会社へ転職してきた者は、その理由として職場差別をあげて、当時のことを思い出して怒りをあらわにする者が多かった。一九七〇年代初頭に転職してきた者は、「女性は仕事を続けられなかった。二十代後半で肩たたきにあった」と述べた。一九七〇年代半ば頃に転職してきた者は「上司や先輩が間違っていても絶対服従を強いられる環境に耐えられなかった」と言った。また一九七〇年後半の転職者の何人かが口を揃えて社内のセクシャル・ハラスメントの蔓延を指摘した。「犯罪として上司に訴えたら、会社ぐるみで隠蔽工作をしようと圧力をかけてきた」という具体的なケースも語られた。いずれも、働く女性に対する日本社会の「型」やしばりに対する抵抗の語りである。いったん日本の航空会社を辞め、他の仕事に就いた後に一九七四年にH航空に転職した者は次のように説明した。

「日本の教育から出たからここにいるの。知らないうちに越境に出てるのよ。母は、自分の子供はインターナショナルな場所で臆せず正々堂々と仕事をする人になって欲しいって、小学校の一年から英語塾に入れてくれた。先生が押しつけずに、私が望むような教育をやってくれた。H航空に入社したのは偶然。もともとは日本の航空会社から始まった。私は性格的に誰かに指図されて何かをやるってのは嫌だったの。会社を辞めるときに、あなたは外資系の方がいいですねって言われた。その後、普通の会社で社長秘書を二年。私はお茶くみかコピー取りとか下っ端のことしかできないのは嫌だった。仕事はしたかった。でもたかだか短大出て何の資格もなかった。英語もたいしてできるわけじゃないし、笑うことしかできません。三十年前のことだから、女の子は男の言うことを聞いてサポートをするのがクオリティだった。私はそういうのは嫌だった。外資系の客室乗務員しかないかなって、今みたいに情報がないからぼわーっとした感じで思ってたら、友達がH航空の募集のことを教えてくれた[87]。」

当時、女性が得られる仕事の型や職場の規範に対して、強く不満を持っていたから出て行った、という話は今回の面接の中で初めて聞いた話というよりは、普段からたびたび耳にする昔話である。「窮屈な場所から出て自由になってよかった」という文脈で語られる。

一九七〇年代も外資系の航空会社が次々と日本人客室乗務員を募集した。採用試験は日本で実施されるが、日本支社で雇用されるときもあれば、本社契約の日本在住、あるいは本社契約で本社のある国に就労などで、当時はその違いさえ自覚がなかったようだ。エールフランスのように、最初に日本で採用し、のちに本社ベースに移転が決まって海外転居を余儀なくされたケースもある。

外国人特別枠で文化のブローカー専門要員としての客室乗務員を雇用した最初の対象国が、日本人であったという航空会社は多いようだ。各航空会社も外国人雇用に慣れていなくてトラブルに陥ったというケースもある。

「アジアのQ航空が初めて日本人を採用するって聞いたから日本の航空会社から転職した。旅行ガイドブックなんてなかったからその国のことなんて知らないで行った。どんな生活ぶりの国だとか、宗教が違うとか、行くまで何も知らなかった。訓練のときにQ国に初めて行って労働契約が無いと知ってびっくりして、契約書もないようなところで働けるかって同期みんなで日本大使館に駆け込んだよ。大使館を盾にとって交渉した（笑）。そんなんでH航空に転職。」

当時の日本円は強い貨幣ではなかったために、H国本社から支払われる給与は為替レートの差額が生じ、サラリーマンとしては破格の金額が支払われていた。その事実も「自由を手に入れた」という根拠のひとつであった。規範や因習の殻を破って外に飛び出た結果、経済的自立を手に入れたという自らのことを肯定的に受け止めている言説である。

3　一九八〇年代入社

筆者の調査中に在籍していた一九七〇年代入社の者は、交換留学の経験をした者が大半で、帰国子女はいない。当時の社会背景を振り返って、家庭環境も教育程度も恵まれた子女が多く、中には階級意識を強く持っている者もいた。

一九八〇年代入社の客室乗務員からも、規範に縛られずに自己を貫きたいという強い主張は、よく聞かれた。この時代は女性が就職するのが一般的になり、日本では男女雇用機会均等法が一九八六年に施行された。制度が変わっても実態が変わらないということを最も強く感じた世代である。より快適な職場環境やキャリアの可能性を求めて、海外に目を向けたという者も多い。客室乗務員の仕事は、まだなお日本では、女性の仕事として認識されていた。

「日本の大手製造業に三年いてD航空に転職したんです。越境型の仕事をする直接のきっかけはね、当時の私の上司が青山部長（仮称）っていう名前だったんだけど、ベテランOLが『あおちゃーん』って呼んでたの。青山部長の同期なんだけど女性だから何の役職もないわけよ。『将来、私はあの人みたいになるのかな』って複雑に思ってた。そんな矢先、私のあこがれの先輩が客室乗務員になって会社を辞めてっちゃった。私は置いて行かれたような気持ちというか、うらぎられたような気持ちになったけど、『そうだ、私も変わればいいんだ』って。短大の時に留学から帰国したときには外国に行ける仕事に就きたいと思って、実は旅行社が第一志望だった。先に内定が決まっちゃったんだよね。なんせ大手一流企業だから、先生に『絶対に断ったらダメだ』って説得されて。旅行社は合格通知をもらったんだけど泣く泣くあきらめた。そんなことがあったなーって思い出して。だけど元はといえば外国に行きたいってことだったから、『航空会社でもいいや』と思って、そのとき海外拠点はD

航空くらいだったんだよね。」

一九八〇年代は優秀な女性がキャリアを開く可能性は、能力のない男性ほどにもなかった。それを当たり前とする社会の規範に対して違和感が払拭できず、出て行くという行動を起こすのは、可能性への挑戦である。庶民が海外に行けるようになって情報が増え、留学などを通じて異なる文化や価値に触れ、居心地の良い場所は他にもあるはずと考えたのである。

「日本の大手商社でOLだった。私はずっとマザー・テレサに会いたくて、いったん会社を辞めて、インドで貧困者の援助をするボランティアの仕事を半年やった。戻ってきたら、日本の会社は年齢制限に引っかかって再就職なんてあり得ない。二十六歳のときにD航空に入ったの。」

また地方出身者の中には、自分が生まれ育った土地が男尊女卑の文化があったので、地元から離れたかったという話が何度も出てくる。客室乗務員になりたかったという職業への志望の話も多く聞かれるが、同時に、今よりも自由を手に入れるための手段として職業選択をしたという話は混在することが多い。地縁のしばりに対する気づきや抵抗と、外の世界にあこがれるという語りは以下のようなものがある。

「中学の頃から日本が嫌で嫌で。今から考えると多分、枠にはめられるのが、出る杭は打たれるみたいなのがすごく嫌だったのと、中学のはじめの頃に他愛もないことでいじめられた。地元はずっと同じ家で、島国根性的っていうか、すごく嫌だったし、人にどう思われるかを気にしたり、親にたしなめられるのも嫌だった。でもその以前から一番大きかったのは、兄が隣の部屋でずっと英語の音楽を聴いてて、わからないんだけど一緒に唄ってた。すごい英語が好きで、小学校六年になって英語塾に行かしてくれて、すんごい一生懸命頑張って勉強して、いつか必ずどっかの英語圏へ行きたいってのがあった。大学の卒業旅行の時に友達とアメリカへ行ったんだけど、そこのお母さんが元々イギリス人みたくて、アメリカの英語は汚いから英語勉強するんだったらちゃんとしたブリティッシュ・イングリッシュって言われて。私は結構パンクとか好きだったから、パンクだ、ロンドンだって、安易にロンドンへ。すっごいロンドンが好きで何とか残りたかったけどビザが下りなくて、そのままぶらぷらH国にやってきて二年、半分働いて半分ぷらぷら。友達が勝手にH航空に履歴書を出しちゃって、トントン拍子にいっちゃって……。[88]」

この話には、職業志望の動機づけについては語られていない。日本を飛び出して海外に居着いてしまったあげく、日本と接触するために航空会社に入社する事例は、ヨーロッパには少ないが、移民国家の航空会社ではとても多く聞かれる。

私費留学は珍しくなくなったが、一九八〇年に入ったばかりでは、当時の為替レートを考えても、ゆとりのある家庭でなければできるものではなかった。しかし経済バブルで消費が促進し、国際旅行ブームと相まってからは、若いOLが外国でパッケージ旅行に参加して休暇を過ごすことはひとつの流行にもなった。海外旅行は贅沢な遊びであったために、一生のうちに何度も行けるようなものではなかった。海外に頻繁に行くことが可能な客室乗務員の仕事に対して、単純に華やかなあこがれを持つ者は少なくなかった。また生まれ育った地縁の縛りを意識して、それをとくために日本の外に目が向いたという語りや、客室乗務員の仕事を得ることで地元を離れる正当性を得た、という話も多く聞かれる。

「小さい頃から外国かぶれだったの、嗜好が。興味とか好奇心。文化とか習慣とか。今みたいに周りの人が旅行に行く時代じゃないし、外国の生活様式にあこがれてたんだと思う。あの頃って外国＝米国だったでしょ。それが高じて就職になったと思う。高二の時にアメリカにホームステイしたのが決定的なことで、日本航空の飛行機に乗っていったんだ。そのときに私は強烈なイメージがあるんだと思う、客室乗務員に対する。こんな人見たことなかったわけよ。ただのきれいな事務員のおねえさんじゃなかったわけ。とても知的だったし、何より生き生き働いているような気がしたわけ。私なんか田舎の子だし女の子は嫁に行くもんだと思ってて、外に出て働くなんて私の意識になかったし、何になりたいなんてその当時はなかったけど、まさか他府県で働くとか海外に出て働くなんて夢にも思ってなかったから[89]。」

日本人の一般大衆が海外に対して急速に開かれていった時代で、歴史的に見ても空のネットワークが一番発展し、航空会社の成長時代だったので、客室乗務員の採用も増えた。帰国子女は不完全で変な日本人であるというレイベリングを貼ることや、価値観や感じ方が違うということで孤立させられたり、いじめや偏見にあう時代は終わり、バイリンガルはメディアでももてはやされた。アメリカンスクールで育ったとか、両親の海外駐在で幼少時に海外にいたので英語の発音がとても良いといったことが、とても格好いいものとして見られた。しかし多くのバイリンガルがテレビのタレントになるわけではなく、職業選択として航空会社にも流れてきた。このような背景から、個人でより若いうちに長期で海外に出る人たちも出てきて、より異文化感覚を身につけた客室乗務員が現れはじめた。

「親に、あんたは米国の叔母のところに行きなさいってレール敷かれてたんだよね。高校時代にずっといたんですけど、おばさんが突然空港で働きはじめたんですよ。H航空の制服を着て。叔母の影響で私もH航空の地上職員になりたかったんです。そのステップとしてキャリアを積んでおいた方がいいと思って、帰国して外資系の広告代理店に入った。H航空の地上職員の仕事は、受けたらおっこちちゃった。で、アテンダントの試験があるから受けてみないって言われて、受かっちゃった。びっくりした。スチュワーデスになると思ってなかったから。[90]」

この者は、親の教育方針によって海外留学と長期滞在を行ったが、人によって動機づけは異なる。何かしらの理由で日本の外に対して強く意識が向いていて、自ら望んで海外に行った者も多い。

「元々日本の縦社会に疑問を持っていて、（日本に）いたいとも思っていなかった。高校の時に留学して北欧と米国、一年だけ日本。両親が離婚しているので、子供心に離婚していることを隠さなきゃならないような雰囲気で。日本では成績が悪かったりすると、教育も家庭の問題にするのがおかしいなと思っていた。差別もあったし、こういうところにはいたくないと思って留学した。高校卒業後、北欧の大学で外国人を受け入れてくれて二年、日本企業にいる気もなくて。いろんな国の方々と働いていたいのが希望だったから、外資系で働くのは自然の流れ。帰国後まず米国の航空会社、そしてH航空に転職。[91]」

一九八〇年代は、女性が社会に出るのが当たり前の時代になり、働く女性が増えたが、結婚したら辞める「腰掛け」や、仕事を続けたくても子供ができたら働き続けることは事実上不可能であるのが実態だった。また家庭を優先することを条件に、妻が外で働くことを許容する、という男性の価値観もごく一般的であり、女性が職業生活を送るために家事を支援するという男性の意識は低かったし、多くの女性もそういうものだと受け止めていた。

女性が稼ぐという概念や、職業人として成長するという考え方を持つ一部の人が、既存の強い規範の中で抵抗して嫌な思いをすることよりも、より自分がのばされる可能性のある場を選択する方法のひとつとして、海外文化と接する機会の多い職場を選ぶという方法がとられた。一九八〇年代の働く女性は両親と同居が多く、若い独身時代に金銭的かつ時間のゆとりがあり、休暇で海外に出るチャンスも多かった。

日本の外の情報は多く入ってくるようになった中で、十代のうちに長期留学をした者の中には、最初から典型的な日本の職業文化を敬遠したという者もいた。いじめという社会からの阻害を経験したものの中には、「こうあらねばならない」という社会や文化の規範に抵抗するために、外資系航空会社で客室乗務員の仕事をするのはひとつの正当な方策に成り得たのである。

4　一九九〇年代以降入社

一九九〇年代は、経済バブルがはじけ、日本人の労働環境全体が大きく変わった時代である。航空業界では、規制緩和、ならびに市場の自由化による企業間競争では、伝統のあるメガキャリアまでが倒産に追い込まれ、リストラクチャリングはもちろんのこと、あらゆるコスト削減が必要となった。H航空をはじめ、多くの外資系の日本人客室乗務員は、日本ベースから本社のある国のベースに変更になり、渡航労働が入社条件になった。各国の失業率が上がっているさなか、日本ベースを保持することには経費がかかり、外国人従業員を優遇させる訳にはいかなくなった。

航空会社によって年度差はあるが、一九九〇年代になる前と後では入社条件や雇用条件にはかなりの差があると言える。日本人の男性客室乗務員を募集しはじめたのも同じ時期である。受験の年齢制限を拡大したり、中には年齢制限をなくした会社もあるし、新規雇用の乗務員には給与や労働条件を下げた新しい条件で契約を結んだ。期間雇用、契約社員の条件を導入した会社もある。労働問題を避けるために、既に雇用されている乗務員の労働条件は既得権として変わらなかった。したがって、居住地をはじめ、同じ仕事をする中で異なる労働条件で働く人びとが出てきた。多くの航空会社が同じようなことをしており、条件の差は、最初の頃こそ問題は強く意識されていたが、ひどく景気の悪い現実を考えても、「時代が変わったのだから仕方がない」というあきらめの風潮になってきたようだ。聞き取り調査で、「同じ仕事で異なる報酬と労働条件があることについてどう考えるか」と質問をしてみると、ほぼ全員が、「感情的には嫌だけれど、それは言っても仕方がないこと」と答える。

「そういうもの」として受け止めている理由の背後には、「だって日本に仕事がなかったんです」という答えは一九九〇年代入社の日本人客室乗務員にとても多い。この頃、日本企業では、いわゆる日本型経営の「三種の神器[92]」の神話が崩壊し、大手企業が倒産し、それまでの日本企業では考えられなかったようなリストラクチャリングが続いた。新卒、転職ともに就職は難しく、この時代に生まれたということだけが理由で人生を狂わされた人びとが大勢いた。自殺者が三万人を越え、鬱病患者が急増という現象は、社会問題であった。

そのような時代に、「好きな仕事に就けたのは幸運」と考えているようだ。

当時の日本の労働市場では、「需要と供給のミスマッチ」が指摘されていた。仕事の数と希望者の数は合っているのに、互いの希望が合わないことが失業率の高さの原因だというのである。労働環境の激変の中で、「日本には仕事がない」という理由で越境的勤務を選択するのは、ある種、社会適応に長けているということもできる。職業を通じて海外に出ることは、すでに型破りではなくなっていた。

「ずっと同じところで生まれ育ったので、家を出て一人になりたかった。前も外資系企業でＯＬをやっていた。渡航就労とはいっても航空会社なら日本によく来るし、家から出るには都合がいいから[93]。」

このような語りからは、すでに海外が遠い世界とは認識されていないようにも読み取れる。以下も同様である。

「私の時代、渡航就労って人気があったんですよね。学生時代の先輩が受かったときに、初めてこの会社のことを知って。募集を見てみたらいろんな国籍の人がいる職場環境みたいで、マルチカルチャーだからおもしろそうと思ったし[94]。」

この発話からは、まるで流行に乗るかのように、海外で働いてみたかったという気軽な動機を聞くことができる。

「米軍基地の近くに住んでいたので、小学生の頃から米軍放送を聞いたり、生活の中で外国が近かったので、意識や興味が海外に向いていていました。渡航労働よりも英語を使って仕事をしたかった。最初に国内線を飛んでいました。国際線にも飛びたくなったので、国内線を降りて米国に留学して。米国に残って働きたかったんですが、外国人労働者を制限する政策と掛かってしまって断念しました。帰国して外資系企業でOLをしていたけど、日本人とばっかりじゃなくて外国人と多く働きたかった。毎日九時五時に疲れて、休みも欲しかったし、それにやっぱり空を飛びたいと思った。それでH航空を受けました。[95]」

これらの言説からわかるのは、興味が日本の外に向いていて、異文化と触れたいという思いが肯定的で、なにかわくわくすることのような語りであることだ。海外に行くことをまるでいとも簡単なことのように語っているのは、航空機による国際間移動が身近なものという認識にもとづいた言動であろう。日本から海外に出るだけでなく、航空会社を転職するたびに居住国が海外から別の海外に変わることも、当たり前のこととして語られるようになった。

航空会社が入社条件の年齢制限を拡大することにより、航空業界をめぐる労働力の循環にも変化が見られた。かつては日本の航空会社から外資系航空会社へと一方的にマンパワーが流れていった。しかし日本の航空会社が外資系航空会社の経験者も期間雇用をするようになり、海外ベースの客室乗務員が帰国を目的に日本で仕事を探すには、日本ベースの航空会社を狙うというケースや、帰国した後に、職務経験者として日本ベースの航空会社に再受験をするという話も聞かれるようになってきた。

一九八〇年代に入社した者までは、「周囲に外国に行った人はほとんどいなかった」という語りが頻繁に出るが、一九九〇年代以降は、周囲の人や親戚の人に客室乗務員をはじめ、海外生活体験者や異文化接触を頻繁にしている人を見てあこがれたり、自分も同じようにやってみたいという興味を持ったりという語りが増えてきた。

「母がヨーロッパの航空会社の客室乗務員だったんです。昔のことで、短い間ですけど、フライトの話は子供の頃からいつも聞かされてました。母は、私も海外に出て国際感覚や広い視野を身につけなさいっていつも言ってました。私は違うエアラインに入っちゃいました。しばらくは日本に戻る予定はないです[96]。」

ある。

客室乗務員という仕事ができて歴史は短いが、一九九〇年代には一期生も定年になり、ついに世代が交代したので

「両親が英語教育に熱心で、家に外国人の客もきたので、話せるといいなと思った。子供の頃から語学を使って仕事をしたかった。大学では中国語をやりました。客室乗務員の募集を見つけて海外ベースを知ってちょうど良かった。他の語学も勉強したいと思ってたし[97]。」

外国人が訪問するような家庭は、かつては上流階級であった。一般家庭でも外国語の学習が盛んになった。外国人や外国文化との接触は刺激的でもあった。

「小学校の親友が米国のハーフで、米国に連れて行ってもらったり、米国の雰囲気で食事に呼ばれたりするのが好きだった。私は外国＝米国で、米国の雰囲気に触れるためにエアラインに行ったんです。英語で働きたかったし、いつかは海外で（生活したい）と考えてました。最初は日本の航空会社に入りましたが、外資系で働きたかったので米国の航空会社に転職しました。その後、東南アジアの航空会社に転職してW国本社ベースで生活して、それからH航空に転職してH国に来ました。」

学校のクラスという日常生活の中にも異文化接触は珍しくなくなった。

「英会話は、たまたまうちに勧誘が来て、自分からやりたいといったんです。小学校の頃から英会話が好きで、それを使って働きたかったのと、飛行機が好きだったので。母の実家が九州で全日空に乗って毎年帰ったんですけど、ジェットコースターみたいだった。中学のときに交換留学生が来て仲良くなったんです。わからないなりに遊び回ってた。渡航労働もスチュワーデスもどっちもやりたかった。最初はD航空でD市に住んで、一度日本に戻って中近東のF航空、日本ベースだったんですけどF国にいるときの方が楽しくて、やっぱり海外ベースがいいなって。それでH航空を受けたんです[98]。」

この者は、子供の頃から既に定期的に航空機で移動して家族に会いに行くという経験があり、移動することや家族

と離れて暮らすことにも抵抗感を持っていない。

「今思えばすごく変わってた。四年生で初めてお小遣いをもらって買ったものが海外留学の本。行きたかったんです（笑）。小学校のときに自ら進んで英会話をやって、中学で留学したいといったら親がダメ、高校でもダメ、海外の大学に行きたいと言ったら二十歳になったらといわれて、短大後に二年留学。スチュワーデスになりたいと小さい頃から思っていた。祖母から聞くと、飛行機が好きって言ってたんだそうです。高校のときに短期留学でオーストラリアのカンタス航空に乗ったら、一人日本人乗務員がいて、英語と日本語が流暢で、かなりクールに見えました。かっこよく見えたんです。漠然となりたいと思って、でもまず留学がしたかったので、その後に。最初は東南アジアのW国ベースで三年、それからH航空に転職してヨーロッパに来ました。二十歳からずっと日本を出たきりです[99]。」

これらの語りに共通するのは、幼い頃から日本の外の世界に対するあこがれや異文化への興味を持っていたことであり、その理由が、自分の身近な人により具体的に影響を受けているというものである。日本の外にある見たことのない世界へのあこがれに近づくための手段として、たまたま選択した職業だという語りも多い。

職業志望の夢として語る人も決して少なくはないが、一九七〇年代までのような、「破格の給与をもらえて、人がめったに行けないような海外に頻繁に行けるような特別な職業」というイメージとはまったく異なる。職業の選択肢のチャンスの拡大、教育レベルの向上、海外旅行の低価格化とアクセスの容易さなどが背景にある。

かつてのように、社会的差別から逃れる手段の一つとして職業の選択をしたという語りはほとんど聞かれない。グローバルな公共スペースに職業機会が拡大されたトランスボーダーの現象といえよう。

二十世紀から二十一世紀へ、航空機の開発と空路の発達の背景で、企業が生まれ、新しい仕事が生まれた。一九六一年にH国が日本に空路を開いてからたった五十年の間、日本人客室乗務員の語りを集めて年代ごとに並べたことにより、職業をめぐる動機づけや職業生活がグローバル化の中で変化してきたことがよくわかる。「現代の常民＝サラリーマン」の視点から見るエスノスケープ（Appadurai　一九九〇：二九六）の一側面として理解することが可能である。

第3節　企業内マイノリティの日本人従業員

H航空の客室乗務員は、約一万四千人、約五十カ国の出身者から構成されている。本社のあるH空港のベースが最大で一万人以上、他にもH国内で大小いくつかのベースがあるが、最大でもN空港ベースの二千五百人で、ハブ空港の規模に準じている。その他に、日本人客室乗務員をはじめとする外国人枠雇用の Regional Attendant：RFAから構成されている外国ベースがある。それは現在、日本、タイ、インド、中国、韓国の五つである。

所属するベースの違いはさておき、人事労務管理の観点からいうと、乗務員は各自がばらばらのスケジュールを持って自分の仕事をするために、プロジェクト参加型の専門職集団である。毎回のフライトは各ベースから必要人数を集めてクルーを編成する。一万人も超えると一度一緒に飛んだきり一生会わない同僚はいくらでもいる。

1　外国人としての日本人

H航空の日本人客室乗務員は大きくは二つのグループに分けられる。外国人枠で雇用されているRFAのグループと、そうではないH航空一般の客室乗務員のインターナショナル・グループである。

RFAのグループには二つのベースがあって、一九八〇年代までの雇用条件を持っている日本ベースと、一九九〇年以降に新たに設置されたH国ベースである。

日本路線限定で月に三回ほど往復を飛んでいても、東京ベース所属は四十人足らずで、同じ同僚と二～三年も顔を合わせないというのは普通だ。H国所属の日本人の二百人は互いに知らない人も多い。

RFAではない日本人、あるいは日系の客室乗務員は、H国のどこかのベースに所属している。

日本人RFAが、「H国人はね……」と十把一絡げに話すとき、H航空本社のすべてのベース所属の五十数カ国の客室乗務員、日本人や日系人を含めて一般化したマジョリティを指し、それに対してのマイノリティのＲＦＡである日本人従業員、という文脈で語られる。Ｈ国の国家や民族的文化のことを指すよりも、企業内の主たる「あちら（あっち）」の集団に対して、例外集団のＲＦＡ「こちら（こっち）」の自分たち、という概念で「Ｈ国人」と言う。「Ｈ国人」と呼んでいる中に、本社ベースの日本人あるいは日系人がいる。本社ベースの日本人や日系の客室乗務員は、個人的なつきあいはあるが、ＲＦＡから見たら「あちら」の客室乗務員である。

個人の希望によりＲＦＡから異動して「あちら」に行った者は多い。ＲＦＡは路線限定の文化のブローカーだが、普通の「あちら」の客室乗務員になれば、日本路線だけでなく世界中にフライトすることができ、パーサー職を希望することもできる。

空で仕事をする人間は、一般職に就くことを「地上に降りる」と表現する。フライト業務を何割か減らして地上に降りて仕事をしたければ、訓練所の仕事や人事労務管理、プロジェクトの参加等、客室乗務員の仕事がわかってこそできる業務はたくさんある。すっかり地上に降りてしまえば、より幅広い仕事に関与することができる。さまざまな部署での管理職への昇格も可能になるし、また本社だけでなく百以上ある関連会社への転職を考慮すれば労働市場が社内にあるといって良く、キャリアは大きく広がる見通しがある。ＲＦＡから本社に異動することは簡単な手続きだけだし、社内異動への推薦状ももらうことができる。しかし数から言えばＲＦＡに留まる人が圧倒的に多い。

Ｈ国ベースの日本人の中には、何らかの事情で最初からＨ国で一般の入社試験を受けた者も少なくない。日本で生まれ育ち、渡航就労でヨーロッパに渡り、Ｈ航空を受験したとか、両親の都合でＨ国に育ち、そのまま留まって仕事を探したとか、二世や混血が日本の親戚に会いに行ける楽しみも念頭に置いて志望したという者もいる。

Ｈ航空本社ベースにとって、日本人や日系人の客室乗務員がどの程度日本文化の影響を受けているかは、単なる個性でしかなく、五十カ国出身者の一つの系統でしかない。しかも日本人であってもＲＦＡのように文化のブローカーとして機能する職務は与えられていないので、どの程度民族的にかかわるかは個人の考えによる。ＲＦＡも「あちら」の日本人は「あちら」の人として文化のブローカーの仕事はあくまで厚意でやってもらえることはあっても、過剰にあてにするものではないと考えている。なかには、「日本語を話すとかえって乗客のわがままが出るので嫌だ」と言って、日本路線では外国人の振りをする者もいるし、「かえって苦情の元になりそうだから、あの子は下手に日本語を話さないで外国人の振りで通して欲しい」と陰口を言われる客室乗務員もいる。それはその者たちのサービス業務の質の問題というよりは、彼らの日本文化をめぐる印象管理、立居振舞、意思疎通、展示表象と日本人乗客とサービスを介した関わり方に関しての問題である。越境のサービス空間では、文化差の課題とサービスの課題はすり替えられることは頻繁である。それは特に日系人の多い移民国家の航空会社に勤める日本人客室乗務員からは常に聞かされる話である。

両親や片親が日本人であれば、日本に住んだことがなくても日本語そのものはネイティブに近い能力を持っていることがある。しかし敬語はどのような状況でどのように話されるかという場面を経験することを通じて社会的訓練を受けるし、接客用語や接客のフレーズ、日本語の苦情処理のフレーズは、日本で育った日本人でさえその職業に就くまでは使った経験が少ないはずである。接客の言葉は、日本で育って生活をしていれば、元々の言語リテラシーがあるので、少しの努力で学習し、技能として上達させていくことができる。ところが日本での接客場面の経験が圧倒的に少ない二世や日系人や、家族の都合で十代の早い時期に日本を離れたきりの日本人は、文法や言い回しだけではなく、客の立場を重んじたり、客とサービス提供者との関係を言葉で表したりという場のリテラシーが十分に共有できていないことがあり、仕事に困難をきたすことがある。

かたや二世や日系人にとっては日本語で仕事ができることは誇りでもあり、航空会社に入社して日本に頻繁に行けるということは家族や親戚のイベントでもある。日本路線には特別な思いを持って乗務する。日本便に乗務するのが初めてだと話したある二世は、「おばあちゃんに会いにゆく」とうれしそうにしていた。ところが何度も乗務しているうちに、職場の日本人グループには序列があって独特の規範を持つ人間関係の中で仕事の受け渡しがされていることや、日本人乗客とちょっとした行き違いがあると、自分のやり方では解決にいたらないことがわかってくる。なかには乗客から差別的なことを言われたことがトラウマになり、機内で日本語を話すのを辞めたという人もいたし、日本人の先輩RFAから格下に扱われたり、日本の接客について注意を受けることもあるという。一年ぶりに会ったら前回と違って明らかによそよそしくなっていたという人もいた。H航空が機内で日本文化を商品とするサービス・コンセプトなので、インターナショナル・グループの日系人はそれぞれの身の置き方を模索するようだ。

日本人乗客の中には、子供のような話し方で接客を受けたり、敬語や接客用語が未発達であることがどういうことか理解できないために、日本語がわかることがかえって苦情になってしまうことがある。リテラシーのずれは意思疎通だけでなく、印象管理や立居振舞のちょっとした違いからもおきるが、そのずれ方によっても受け取られ方が違う。日本語を話すのを辞めたというのは、外国人になりきってサービスをしていたら丸く収まるという処世術を身につけたということだ。

こういった状況に対する日本人RFAの反応はいろいろである。基本的に「あちら」のさまざまな日本民族の人びとは、好きなスタンスを取ればいいという個人主義的な考え方は共有されているし、個別につきあいのある人たちは文化的背景に関係なく交友関係にある。H国はアメリカ、カナダ、オーストラリアのような移民国家ほどには日系移民が多くないし、機内の乗客や乗務員にも日系移民は少ない。だからこそH航空は日本文化を機内で商品化することが可能になる。多様な日本人のあり方が理解されにくいことでは、日本人RFAから見れば「あちら」のH国育ちの日本人のことを気の毒に感じたり、処世術で問題解決をしていることを残念に感じたり、あるいは逆に乗客とトラブルを起こして後始末を押しつけて欲しくないと口に出して言う人もいる。

一方で、日本で育ったというH国人の帰国子女の客室乗務員は、そういったトラブルとは縁がないようだ。日本的なサービスとは社会的に規定され、常に変化するものだ。H航空の日本路線と、移民国家の日本路線では、客室乗務員の印象管理、立居振舞、意思疎通、展示演出、危機管理の有り様も同じではないだろうし、乗客にとってもサービス経験が異なり、価値はそれぞれの場において共創されるものである。

サービスはどの国で育ったかということや、生育歴や家庭教育によって多分に文化的に規定されるが、しかし日本で育てば日本のサービスがうまくやれるというわけではない。プロの仕事として印象管理、立居振舞、意思疎通、展示演出、危機管理は個人の意識の持ちようや職場の規範によっても大きく影響を受ける。

　H航空の仕事はマジョリティ文化がヨーロッパのものであるし、訓練や諸々の事務業務は本社で行い、H国で行われている組織活動に参加するので、日本人客室乗務員の職場の人間関係はH国文化に準じ、機能的に西洋文化を取り入れている混在型と言える。飛行機を降りて本社ビルに入って、印象管理や立居振舞や展示演出が日本的なもので、H国と比較して異質なものであってもまったく影響はないが、西洋的な思考様式や意思疎通、危機対応に適応できない人はコンフリクトを抱えやすいという側面もある。

2　日本人としての自己認識

　企業内マイノリティとして、日本人客室乗務員が意識するのは、「H国人」と十把一絡げに呼ぶH国や周辺ヨーロッパの人や文化の中で、マジョリティ文化の対極にある異質な自分たちのことである。

「日本人だから」「日本人として」というフレーズは、越境ではたびたび繰り返される。客室乗務員の自己認知とは異なる次元で一人歩きし、「こうあるべき」というレイベリングをされるものである。企業側が期待する「日本人」と、乗客が期待する「日本人」のモデルにズレはあるが、文化のブローカーとしてのスタンスは、場に応じた「切り替え」あるのみである。それについてある客室乗務員は、「私の身体にはどこかにスイッチがあって成田に着いたらONになる[100]」と表現をしたことがあった。

　どの外資系航空会社の日本人客室乗務員も、日本人や日本文化からやや距離を取ったような存在としての発言をするのは、「日本人」なるものは、越境で再創造されたイメージでしかないと考えているからである。ごくまれに、自分が日本の礼儀作法のお手本であるかのような言動をする日本人客室乗務員もいるが、それさえ同僚から冷ややかに受け止められている。

　「日本人だから」「日本人として」のレイベリングの繰り返しに対して対応するのは、サービス価値モデルに則った儀式の実践あるのみだ。元々、海外にあこがれて渡航したり、差別構造や行動規制する文化規範に抵抗して、日本の外に出てきた日本の客室乗務員たちが、自己認識以上に「あるべき日本人像」を押しつけられることに対しては、「仕事だから演じきることが任務」という認識を持っている。だから渡航して長い者も、印象管理、立居振舞、意思疎通といったサービス価値モデルを日本バージョンで上手に実践することには努力を払う。しかし押しつけられた型からはせめてプライベートな時間には解放されたいと考えている。RFAでない日本人や日系人の客室乗務員を「あちら」の乗務員という言い方をする線引きの理由もそこにある。彼らは「日本人をする」義務のない人であり、レイベリングをされることは文化のブローカーが仕事として引き受けるが、「あちら」の人たちは好きにすればいいという役割分担のスタンスがあるのだ。

RFAから「あちら」の日本人になるために異動した人の中には、日本語アナウンスを「長年やっていませんからできません」と断る人もいる。そのような態度に対して気分を害する人もいれば、当然だと考える人もいる。しかしRFAから「あちら」に行ってしまえば、入社時期による序列（seniority）も日本人コミュニティの中では事実上外れる。入社時の訓練クラス番号が期であり、何期生というのは異動しても変わらない。しかし日本人だけのグループに所属しなければ、期の番号は日本人がこだわって注意を払うほど、序列の意味を強く持たなくなる。

本社採用の日本人、日系人の中には、見た目だけでは全く日本人に見えない人もいれば、ほとんど日本に住んだことがないのに非常に日本的な印象管理をして、立居振舞、言葉遣いや敬語、先輩を立てる意思疎通ができるなど、日本国内の日本人社会となんら違和感のない人もいる。国際結婚した者や、長くH国にいる間に立居振舞や思考様式が変化する者もいれば、日本のトレンドとはずれて、H国人のトレンドが勝った化粧や髪型になる者もいる。しかし米国やオーストラリアのような移民国家とは違って、古来より民族文化が混在して循環しているヨーロッパでは、アジア系の人で極端に西洋的な印象管理をする者は一般的にもあまり見かけない。日本で明るい色のヘアカラーが流行しても、さまざまな髪の色の人びとがいるようなところでは、「日本人の良さは黒い髪」という認識が日本人の中にも見直され、海外居住が長い者の中でも日本社会の接遇の規範から逸脱するケースは例外的である。同じく、立居振舞や思考様式も、自分たちは日本民族だからということで、H国の人と結婚して家族ができた人でも、極端に偏った西洋化は例外的であり、多くは思考様式やコミュニケーションの取り方に異文化を取り込んでゆきながらも、印象管理や立居振舞、意思疎通は変わらない、あるいは話す言語と共に切り替えている。

「日本から出て日本の良いところも悪いところもよくわかるようになった」という台詞は頻繁に聞かれる。また乗客のさまざまな異なる文化的背景に触れることにより、世界にはこんなに違う感覚や価値観を持った人たちがいるという驚きもある。それによって、「やっぱり私は日本人なんだ」という語りや、「人間って根本は同じ」と感じ取る部分があると同時に、どうしても埋められない差異に対する思いをさまざまに語る。職場のマイノリティとして、H国人との対比の中での言説は以下のようなものがある。

「仕事に行くときはスイッチを切り替えていくんですけど、責任者によって自分のポジションがあまりにも違うところがあるんですよね。例えばH国の航空会社に働いているんだからH国人と一緒よと扱う人もいれば、あんたたちは日本人だからと扱われるときもあるし、自分のポジションがいったい何なんだって思うところがある。たとえば日本人だからこれやって、日本人だからやらなくていいとか、使いたいときだけ使われちゃってるというか、妙に和の中に入れてくれるときもあれば、やっぱりマイノリティなので寂しく感じるときもあるし。いつもじゃないにしても。[101]」

この語りは、同じ職場の仲間でありながら、民族や言語の違う「ポジション」を持つ自分について、他者がその時々において異なる認識と対応をすることに対してとまどっている、というものである。

「入ったばかりの時は日本人の感覚が抜けなくて、僕たちは日本人のサービスのためにいるんだという意識がすごく強かったので、H国人のやり方がもどかしくて言うんだけど、向こうは向こうで新人だから話を聞いてくれないとか多くてぶつかったり、もちろんお客様と同僚との間に挟まれて嫌な思いをすることもあったし、最初の頃はなかなか人間同士の理解をするのは時間が掛かるし難しいと。結婚が難しいようなもので、互いのバックグラウンドが違うし他人だからわかり合えなかったりぶつかるのも今になったらわかる。[102]」

この者は、最初は、日本人である自分を強く主張していたことで他者とぶつかった経験をしたが、のちには民族や文化に関係なく、人はそれぞれに異なるものでわかり合えないこともあるものだという、他者と自己との関係を客観的にとらえるようになっている。

「日本人なんだからっていわれることや、日本人だからこうしなさいってお客様に言われても言い返す。海外の航空会社ですし、これから海外に行くんですから、こういうこともご存じの方がいいですよって話はする。いわれっぱなしはお互いのためにはならないし、多分、お客様もすり替えてるとわかっていらっしゃるんで、メンツをなくしているということもわかっているんで、そこまできつくは言われないんです。ただわかって欲しいだけというのが根底にある。話を聞いてメンツを戻して欲しいと思っているので一応話はするんですけど、結局、日本人だろって言われても……。（業務としてやれっていうのと、日本人だからやれっていうのと違うでしょ）かちんとはきます。クルーからでも、あなたは日本人でいなさいっていわれたときは、ちょっと意見が違うって思うってことはある。[103]」

この者は、「客に言い返す」というきつい表現をしているが、実際には、異文化ギャップを説明するということを述べている。日本人客が期待と異なる体験をしたことでサービスに対する不満を感じ、苦情を申し立てていることに対して、マニュアル通りに謝罪をするだけでは誤解を放置することになってしまい、結局お互いのためにもならないと考えている。日本にいるときとは同じようにはいかない場合があるということを、日本人客にもわからせる努力をするというのである。

以上の語りは、日本路線という越境的勤務の職場に置かれたときに、文化のブローカーとしての自己認識に対して、「日本人なんだから」という他者から都合良くレイベリングされることに対しての反応である。「ポジション」をめぐる若干の混乱と、それに対する思いを吐露したものである。

多文化が混在する越境において、文化のブローカーの役割を引き受けることでは、ポジションの認識をめぐる葛藤はあるにせよ、日本の外に出たかったという希望は達成している。それについてどう思うか、越境的勤務をやってみて何が良かったかと尋ねると、典型的な答えは、「小さいことにこだわらなくなった」「いろんな人、いろんな価値観に触れて視野が広がった」「寛容になった」「日本の外に出て日本の良いところも悪いところもよく見えるようになった」という答えが最も多く典型的であった。その他にも以下のような語りが聞かれた。

「ずっと子供の頃からあったの。私が生活していくのはここじゃない、ここじゃない。（日本じゃないってこと?）うん。そう。（今は?）今はね、何処行っても一緒ってのがよくわかる。自分自身が変わらない限り何も変わらないってのがわかるから、周りの環境が問題じゃなんじゃなくって、自分がどうかってのが大事だってのがわかる。[104]」

この語りは、子供の頃から他者や外の世界に向けて感じていた違和感を振り返り、多様な人びとと出会った体験を通じて、結局の所、他者が自分と異なることが問題ではなく、自分の他者に対する感じ方の課題なのだと気づいたということを述べている。

また、「日本人だから」という民族や文化の縛りや、「ポジション」という企業内における立場や役割といった次元を達観したものである。一人の人としての生きる姿勢や、他者に対する態度についての語りであり、企業共同体であるとか組織内のマイノリティであるとか、日本人であるとかいう差違や認識よりも大事なことがあるということを指摘している。

客室乗務員はオープンな人が多く、感情表現も豊かなので、越境的勤務体制の葛藤について尋ねると躊躇なく率直に語られることが多い。しかし結局のところ、皆、越境でサービスをする仕事が好きなのだと筆者が受け止めるのは、職業をめぐる経験がいかなるものであれ、個人の人生経験を豊かにし、自分を成長させてくれるものだ、という肯定的な受容をしているからなのである。

第4節　越境的勤務の葛藤

サービスは、その提供者がハッピーな気分で楽しく働いていることが、客を楽しませる一番の早道である。逆に、サービス提供者が悩み事を抱えていたり、嫌な気分でいたり、体調を崩しながら働いていると、失敗から苦情へと発展しやすい。同僚とうまくいかないときにも苦情は発生しやすい。サービスは感情に大きく左右される。客室乗務員は話して感情を吐露する人が多いので日常的に語られるが、単なる愚痴とは違う。否定的な感情をいつまでも処理できないで持っていると、表情が硬くなったりする印象管理の問題や、注意が散漫になって問題発生の時に早く気づけなかったりしやすく、苦情に発展させてしまったりする危機管理や意思疎通の課題がある。嫌な感情を早くはき出して気持ちの立て直しをするために、小さなことでも吐露することは奨励されているし、同僚もよく聞こうとする態度がある。話すことで援助を得ることもできる。人間同士は相性があって、合う・合わないというどうしようもない課題もある。そのときに気持ちに余裕がある者が、他の仕事を引き受けてくれたり、働くポジションを代わったりすることで、サービスは雰囲気が変わる。

1　接客をめぐる葛藤

フライトは一回一回で完結するので、多くの客室乗務員が述べるように、接客をめぐる葛藤も早くに忘れ去られるようなことがほとんどである。航空会社に届く苦情は、そのほとんどが荷物に関することで、チェックインした荷物が破損したとか、搭載ミスで別の目的地に届いてしまったとかである。機内サービスに関する苦情は、実数からすると数パーセント程度だという。それらは、食事のチョイスが無かったというもの、オーディオや座席の故障など、物理的なことがほとんどである。

日本路線の場合、日本人ではない客室乗務員の態度が悪かったというものが日本人客から出されることがある。言葉の壁やコミュニケーションの弊害があるので誤解も多い。しかし異文化接触に対して短気だったり、不親切な客室乗務員も中にはいるので、イライラする態度が見えていたり、わからなかったふりをして無視したり、ぞんざいに扱うなどの不遜な態度が見えれば、日本人客の場合は後から旅行社を通じて苦情になる。日本人客は、トラブルが起こっている最中に苦情を申し立てることが往々にして苦手で、後から問題が発覚することが多分にある。その場で言えばすぐに解決できるようなことも我慢してしまうことが多い。

日本人客室乗務員に対する名指しの苦情は、本社の苦情処理担当者に言わせるとほとんどないようなものらしい。それは苦情が起きても日本語ができれば機内で十分に対応ができることが多いからだろう。また欧米人乗客の苦情は欧米人客室乗務員がそのほとんどを引き受けているからでもある。

先にも書いたように、ハインリッヒの法則は一：二九：三〇〇であり、一の本社への苦情の背後には二十九の苦情が機内で処理され、三百のヒヤリとする苦情のタネがあると言ってよい。いずれにしても、名指しで苦情が来るというのはよほどの怒りをかったということである。その内容を直接または間接的に聞く限り、それは客なら怒って当然だと思うものもあれば、交通事故のようなものもあるし、クレーマーも昔からいる。本社はどのような内容であれ調査をするので、本人を呼び出して事情聴取をする。

名指しで何度も苦情が来たり、よくトラブルに巻き込まれる客室乗務員はいる。何度も経験するのは、本人のコミュニケーションの技術に課題があると考えられている。サービス価値モデルでいうところの意思疎通の項目に照らせば、説明不足であったり、乗客の気持ちをわかろうとする努力に欠けていたり、無関心であったり、意固地になったり、鈍感であったりなどの態度があらわれているのであろう。サービスが「下手」な人の例である。サービスが「上手な」人は、三百のヒヤリを見逃さないで先手を打つので二十九になる前に「小火」を鎮火させる。三百は「苦情」とは呼ばないが危機管理は心がけている。

具体的に対応してゆくのは二十九である。事件そのものは防ぎようもなく起きてしまうことがある。大型機の中では、日本人が必要だと呼ばれていったときにはすでに激怒しているのはよくあることだ。ものが壊れたり足りなかったりというのは想定内の問題である。それに対応し、乗客が納得して満足できるような状況にもってゆく方法を考えることであり、そのためには乗客の話や気持ちをよく聞いて、やりとりをしながら解決方法を導き出すのである。それが即興劇である。

客室乗務員が接客をめぐる葛藤として考えるのは、ソリューションのプロセスのことである。以下の発言は客室乗務員には典型的である。

「特別な気遣いとは言っても、特に大したことはしてないんですけど、相手の立場に立ってサービスをするというか。私たち何百人のお客様に全部注文をきいたりサービスしているので、何回も同じことを言ってるんで、一回でなになにくださいって返してくだされればいいんだけど、わかんなくて何がありますかって聞かれると、『いっ』て思うときがあるんですけど（笑）、『きょうはですねっ』って全部説明して差し上げたりとかですね。お客様のタイミングを待ってサービスをするとか、そういう感じですかね。みなさん初めてかもしれないし、自分は乗り慣れてるけど相手は多分わかんないからと思って、自分をゼロにして一から説明するとか。」

このような発言がなぜ出るかというと、エコノミークラスの業務の性質によるものである。エコノミークラスの仕事はマニュアル化された単純作業に則っていて、一人が六十人以上を担当することもあり、飲食の提供場面は単調な機械的な仕事になりやすい。サービスの中で芸術性や接客の高次の技能を発揮する場面は少ない。公共の乗り物としてのシンプルなサービスである。このような大量生産型のサービスでは仕事の効率と生産のスピードが要求される。一方で、エコノミークラスは座席も狭くて出入りも行動が自由になりにくいために、食事の時が客室乗務員との接点のチャンスとばかりに、食事を出しながら質問や問い合わせ、雑談なども一緒に行われることがよくある。その場で解決がつくような問題や、作業スピードが落ちない程度に楽しいやりとりがあるのは潤滑油みたいなものだ。あるいは満席でなければ多少時間を取っても全体のサービス進行には問題ない。しかし調べなければ返事ができないことや、離れた別の場所に何かを取りに行かなければならないことなどは、他のタイミングならすぐに対応できるのにということがある。結局長く待たせることになったり、または仕事を中断して他の乗客を待たせることになる。これらは仕事効率の課題で、サービス設計の異なるファーストクラスやビジネスクラスではあまり起こらない。

以下もよく聞かれることだが、日本人乗客のマナーやエチケットについてである。

「搭乗の時、『おはようございます』っていうと『おはようございます』って、一人もかえってこないと嫌になっちゃってあほらしくなっちゃう。実際そういうもんだと思うよ。[105]」

挨拶をしても反応のない人たちがあまりに多いフライトは、これからサービスをするにあたってのマナーやエチケットを問う以前に、モラル違反者やルール違反者を出さないように、空間の質の管理を強化しなければならないことになるかもしれないというサインでもある。

「日本人ね、サービスの受け方を知らない。『ありがとう』って、はなから言わなくていいって思ってるのか、ちょっとわかんないんだけどね。他の（国の）人は言うよね。あ、B系とJ系の民族は言わないか。だからヨーロピアンがバカにするよね。マナーがないというかクラス（class＝品）がない。日本人もクラスがないってなっちゃいますよね。たとえプライベートな旅行でファーストクラス（クラス）でいくんだよっていってもね。[106]」

これは日本人が海外に出たときに、他文化保持者からどのように映っているかという視点でのコメントである。ファーストクラスに乗ることは、一見社会階層が高く思われ、大切に扱われる対象であるかに見える。しかし、サービスの受け手として、「ありがとう」と言わない態度は、お金はあっても品格がない人だとヨーロッパでは思われると批判をしているのである。

「お客様からありがとうっていわれるのがサービスの仕事のやりがい、なんて言うのは新人の話で、ベテランになってそんなこと言うのは気持ちが悪いでしょう。何もなくても今日はがんばって仕事しようって気分の日もある。例えば気分が悪くなって倒れるお客さんが時々いるけど、もう大丈夫ですよってことになって、ありがとうなんて言われなくたって、具合が悪かったんだろうなと思うし、できることをいろいろやって助けてあげられたらよかったなって、自己満足なんていうんじゃなくて、自然にやってあげたくなる。ありがとうと言われてうれしいというのは、あまりにこの頃（ありがとうが）ないからで、お年寄りのお客様なんかに『お世話になりました』なんて言われたらうれしくなっちゃう。それは悪いけど礼儀のレベルの問題。日本はサービスと礼儀の話がごちゃごちゃ。ものを頼むときに○○をいただけますか、ありがとう、っていうきれいな言葉があるのに。『お水』みたいな単語だけ言う人、いるよね。[107]」

世界中の航空会社の日本人客室乗務員が、日本人が海外に出たときの礼儀やマナーの欠如を指摘する。常に越境しているために、日本人の態度が欧米人からどう映っているのかをよく理解しているからだ。日本人は「挨拶もしない」「ありがとうも言わない」はその典型的事例として指摘されることである。それは自分が無視されたという個人的な怒りではなく、欧米的なサービス・リテラシーに照らした評価として、「こんな態度では日本人は品格（class）がないと見られてしまう」「サービスを受ける態度ではないと思われてしまう」という意味である。文化のブローカーとしては、挨拶もしない、礼も述べない日本人の態度に関して、「サービスに対して日本人は受け身なのだ」という説明を補足するが、やはり説得力に欠けるようだ。航空機のようなグローバルな公共の場では、挨拶やお礼という最低限のマナーやエチケットに言語の壁はなく、さまざまな言葉で飛び交っていてもコミュニケーションは成り立っている。その中で、B系やJ系の民族がお礼を言わない人たちだというのは知られていて、「エチケットも品もない人たち」と言われている。日本人も同じような態度を取っているから品格がないと思われても仕方がないが、もう少し場をわきまえられないのかという歯がゆさが、「日本人はサービスの受け方が下手だ」と言う言説につながる。例を出してH国では、サービスをする側にもサービスの受け手にもマナーやエチケットが求められるし、客としてふさわしい立居振舞をすることが良いサービスを受けられる条件という規範が成り立っている。挨拶やお礼というのはその最低条件ではないかという批判である。

さらに、日本人が海外に出たときのマナーやエチケット欠如については、サービスに対する依存の心理を指摘する以下のような言説もよく聞かれる。日本人客と外国人従業員との間にはいることの難しさは誰もが述べるが、日本のサービス規範が独特のもので、それを日本の外でも押し通そうとすれば問題は起きる。

客室乗務員は、機内では一人ひとりの乗客の気持ちに添って対応するために、一つひとつを個別の問題として対処する。サービス規範が違うなどのカルチャー・ギャップがあることや、コミュニケーションのずれがあるということを、日本人乗客にはあまり説明することなく謝罪する。トラブルが起こった時点では乗客は感情的になっているので理屈を受け止めるだけの余裕がない。とにかく謝罪することが日本の苦情処理の儀式であることは異文化間サービス・コミュニケーションの訓練でも教えている。したがってH航空の客室乗務員はI am sorryを口に出して言う訓練がされている。日本人客室乗務員は仲介役が仕事であるために、日本人客の言い分や気持ちを代弁し、サービス現場では客側に立つ。そして日本のサービス規範に則った意味を説明することに徹する。しかしながら、一つひとつのケースを援助することは、所詮対処療法でしかなく、繰り返される同じようなトラブルに時々うんざりするのである。マナーやエチケットが欠如していると見られていること以外にも、客の依存心を肯定する日本のサービス規範が日本の外では通じないことや、トラブルの原因が日本人のサービスの受け方の態度にもあることを客観的に論じることがある。

「欧米人客にも無愛想で無反応な人はたまにいるけど、欧米人からも嫌がられてる。何がおもしろくないんだとか、感じ悪いとか裏で言うこともあるけど、その人が飛行機を降りていくときに thank you なんてぼそっと言ったりすると、自分たちのサービスは認められたって思う。だからっていって私たちがそのお客様の心を解きほぐしたわけでもない、それが私たちの仕事。だけど日本人が考えるホスピタリティってちょっとちがう。日本のテレビドラマは、苦労に苦労を重ねてやっとお客様がわかってくれたっていう自己満足にもっていくだけで、そんなことをサービスに求めることも間違ってる。機内で起こったことに怒っているならともかく、他のことは全然関係ないことで、まるでこちらが悪いみたいな態度をするのはその人の方が悪いと思う。こちらは（気持ちを）和らげる立場にない、妻じゃないんだから。だけどそのところを日本人は求めてくる、あれは甘えだと思う。外国人には甘えない。日本人だからわかってくれると思ってる[108]。」

「甘え」という言葉や、「私はあんたの妻じゃない」という表現も、時折聞かれる。日本の外で、日本人客が、まるで身内にするような依存の態度を日本人客室乗務員に対して向けてくることに対して、その心理は重々承知しながら、「それはサービスですることとは違う」という明確な区別である。

日本で「サービス」と呼ばれているものの中にはマナーやエチケット、面倒をみてもらうことや機嫌を取ってもらうことが混在しているという特徴を述べながら、以下のように論じることもしばしばである。

「日本人のお客様はしょうがないの。求めるものが違う。サービスに対する概念が日本人と外国人は違うから。

ヨーロッパの人は飛行機の中で求めるサービスがどれだけのものかわかってる。それをふまえたうえでどれだけのサービスかを、Rest of it で快適だったかどうかを評価する。日本人はこれだけ金払ったんだから、K航空はこれだけしてくれたんだから、H航空はもっとしてくれるんだろう等々、ホスピタリティとかサービスとかおもてなしとかっていうんじゃないの。サーベイ[109]で日本人がベストにクロスするとしたら、マンツーマンのサービスでしかありえない。マンツーマンの意味がヨーロピアンと違う。I am at your disposal。目でこうやったら（視線を動かしたら、望みを察して）ぱっとくるというようなものがベスト。（航空機は）公共の乗り物だから一定の人たちのスタンスに立てない。そう考えると日本人はとても難しい。サービスは Look down だし[110]。」

サービスに対する期待や振る舞いについて、ヨーロッパ出身の乗客と比較して日本人客の特徴を述べている。ヨーロッパの人びとは、要求が自らの中にあって、それがどのように満足につながったかどうかでサービスを評価する。しかし多くの日本人の特徴としては、払ったお金に対して他との比較の中で評価がされやすく、自分自身が求めるサービスのスタイルや、評価のものさしを持っているということは典型的ではないという。したがって、平均的なヨーロッパの人は自分の望みがかなえば満足だが、多くの日本人は他のサービスとの比較において評価をしがちだという。平均的な日本人は決して高度なサービスを要求している訳ではない。しかしその代わり、いちいち言わずとも自分の意のままに動いて欲しいとの期待がある。航空機という公共の場だからそれは難しいという。

また、以下は安全阻害行為（機内迷惑行為）すれすれの嫌がらせをする客についての話である。問題行動を取る客はどこにでも現れる。お金やものが盗まれたというような嘘をついたり、もっともらしく苦情を申し立ててお金を請求するなど、ゆすりやたかりめいたことも時々ある。機内は安全運航が第一なので、「こと」を荒立たせないことは重要である。危機管理として密室の中で決着をつけないで、担当者が時間の引き延ばしをしている間、機長とパーサーが警察などの第三者機関を呼ぶことを検討することもあるし、また機内では対応できない怪しげな人物の申し出は密室で決着をつけることをあえて見送って引き継ぎ、地上職員が次回からその客の搭乗を許可するかどうかという検討も含めて処理を行うこともある。

安全阻害行為の脅迫は心理作戦が巧みであるが、相手を困らせたい、注意を引きたいといった屈折した欲望でもある。このような客に対して、以下のように客室乗務員が応戦することがまれにある。

「変な事があったよ。私が当て逃げみたいな。サービスが終わって、キャビン真っ暗になって、通路際の人って足出して寝てたりとかすると当たって危ないからと思って、トローリーを抱えるようにして様子を見ながらソロソロ、逆行で行ったのね。いきなり『イテーッ』って言われて、もう言葉にならないくらい痛い痛いって言ってるの。大変だーって、でも私、当たったような気がしなかったけど、じゃあお医者様を呼びましょうかって言っても答えない。で、添乗員呼び出したのね。そしたら『あの人たち、変だから気を付けて下さいね。成田からおかしいって思ってたんですけど、多分、お金請求してくると思う』って言われた。それでも、『H空港に着いても歩けないくらい痛いようでしたら車椅子を手配します』って言っといた。パーサーと、ちょっと様子見ましょうってことになったけど、最終的に結局やっぱりおかしいってなって。でもね、呼んでやったの。救急車と車いすを。あんまりにもずっと言ってるし。（救急車も呼んだの？　うわ、お金かかったんじゃない？）うん。でも、しーらない。呼んじゃえ、呼んじゃえって、結局、運ばれてったかな、エへへ。」

日本では救急車を呼ぶのは無料だが、H国ではかなりの費用がかかる。したがって救急車を呼ぶときには通常は本人の承諾を得るのだが、緊急時や意思確認ができない状態、有無を言わせぬ状況の場合は呼ばざるを得ない。この客室乗務員は、救急車の費用が乗客に請求されることを知りながら、愉快犯への戒めとしたのだ。そして乗客に対しては平身低頭で謝罪をしながら送り出したのである。

客室乗務員に何時間もつきまとい、仕事の邪魔をしては時間を取らせて業務遂行の足を引っ張る行為は大小ある。客室乗務員は警察ではないので取り締まりはしない。しかし心理的な攻撃を心理作戦で制裁し、後に「反撃してやった」と笑い話にするようなことはたまに起こる。

ある客室乗務員から聞いた話だが、嫌がらせが八時間続いたので情けなくなってトイレで泣いたという。泣いた後では怒りがこみ上げてきて反撃に出ることにしたという。乗客に対しては立場上、不親切にできないので、逆に出たのである。食事や飲み物を配膳しながら周囲の客一人ひとりにとても親切な声掛けを一つ、二つと、楽しそうな会話をしながらサービスを提供していた。しかしその客の番になったら最低限の事務的なやりとりだけをして、引き続き隣の客には親切に声を掛けてサービスを続けるという差別待遇をした。そのようにして自分の怒りを間接的に伝えたのである。もともと自分に注意を引きたかっただけの客であるので、客室乗務員に冷たくされたことがよほどショックだったようで、それ以後は全くおとなしくなってしまったという。

面倒な客がいれば大体パートナーかチームに状況を伝えているので、この客室乗務員が乗客に対して冷たく反撃をしている間、他の同僚は見て見ないふりをして問題には関わらず、客には通常通りに親切に接する。そうやって客にも逃げ場も与えてメンツもつぶさずに全体のバランスを取るのである。しかし本当に客あしらいがうまい人であれば、八時間も我慢して泣いて仕返しの方法を考える前に、別の方法で客をおとなしくさせる対処ができていたように思う。

2　業務をめぐる葛藤

業務をめぐる葛藤は、サービス現場の仕事の受け渡しのやりかたをめぐる意思疎通がずれているから起こることが多い。職場の情報リテラシーの課題である。日本の産業界では、「ほう・れん・そう（報告・連絡・相談）」というキーワードがある。同じ文化圏同士の同じ民族が同じ言語を用いてでさえ、仕事をめぐってすれ違いや勘違いが起きる。一人の勘違いは組織全体としては大きな誤りとなる可能性があるために、意思疎通に関する教育研修もある。ましてや越境労働では文化差をめぐる仕事のやり方や、業務のやりとり、仕事に対する価値観にもギャップがあり、それが葛藤にもつながることがある。例えば以下のようなものが典型的である。

「文化が違うので、『この方がいいのに』って思って（H国ベースの客室乗務員に）説明しても、完全に合うこともないと思うんですよ。育ってきた環境も違うし、自分自身もどっかで妥協しなきゃならないと思う[11]。」

これは、人間は互いに違う考えを持つ存在であるとして受け入れているという語りであり、あきらめや否定的な考えにもとづく言説ではない。
「難しいことは、日本人の客と外国人の同僚の板挟みになると、どうして（日本人客が）怒っているのかが（外国人の同僚には）どうしてもわからないという文化の違い。」

努力をしても価値観の違いはなかなか埋められない、わかりあうにも限界があるという、職場の現実に対するあきらめ半分の葛藤と、現実を受容しているという混在した語りである。

また以下は、ベテランの客室乗務員が考えるサービス・マインドの文化差による葛藤で、良いサービスとはどういうものかという自己主張でもある。

「気楽にいこうっていうのはあの国の人たちの良い部分でもあるんだけど、でも一歩間違えたらレイジーにもなる。それって私たち（日本人として）は時々いらつくこともあるわけじゃない。仕事の意識レベルの中では、ここは無駄口してる場合じゃなくて、さっさと終わらせた方が良いんじゃないかって思うようなところでも、だらだらだらだら仕事したりとかしてるところを、なんかこう、要領悪いなって……。(112)」

同じ仕事をするにしても、そのやり方の違いは、スピード、手際、段取り、身体の動かし方や目配りや気配りなどの違いとなって現れる。サービスや仕事のやり方の文化差である。

「文化性の問題。H国人のイージーゴーイングさはやってらんない。もっと客を客として扱えよって思う。例えばD国人とは全然違う。F国や日本は皇室を持ってる。(113)そういうクラッシー（classy＝上流の、貴族的な）がある国と、H国みたいに貴族がなくなっちゃった国との、客に対するへりくだりさ加減が違う。皇室に対するへりくだりさ加減が、客に対するへりくだりさとイコールになる部分がすごくある。社会階層じゃなくて皇室があるかないかが差別化のメリハリに影響してる。(114)」

この客室乗務員は、まさにエチケット文化について語っている。上流社会があった時代の社会階層の規範が現代社会に今も生きているような一部の文化圏と、上流社会が事実上失われた社会に生きる人びとの社会行動と比較して、エチケットの実践が変化しつつあることがサービスの提供の仕方にも反映しているということを指摘している。

業務のやりとりの仕方やサービス・マインド、プロ意識など、業務をめぐる葛藤はさまざまにある。越境で仕事をする限り文化差は職場環境と理解するしかない。個人の文化的な背景とはまったく関係なく、仕事の仲間としてリテラシーが共有できず、葛藤が起きることもある。たとえば以下のようなものは、仕事の協力体制に関する葛藤を述べている。

「時々、心が全く通じない、言っている意図が通じないクルーがいる。サービスとかかわらない（客から見えない）ところでだらしないとか、ギャレーがぐちゃぐちゃになるとか、極端に几帳面だとか、それを他人にForce（強制）するとか、自分のやり方を押しつけるとか、おおざっぱだったりとか。同じものを（サービスとして）出しているんだけど、そこまでのプロセスが違う[115]。」

これは仕事のプロジェクト・チームとしての協力体制の葛藤についての語りである。客は提供されたサービスを経験して評価をするが、それは客室乗務員達にとっては「作品」の提供であり、仕事の結果としての創作物である。サービス提供者にとっては、サービス創出にいたるプロセスはとても重要である。仲間と心が通わない、相互に意図が通じないような仕事のやり方があると、創作物としてのサービスは同じにできあがっても、裏事情は問題があることがあるという話である。最終的には同じサービスが客に提供されるのだが、職場の情報リテラシーが共有されていなければ、作業場が片付いていなかったり、一方的だったり、決裂したりと感情不和が起きる。職場の意思疎通の問題があればサービス提供者としては「結果オーライ」とは考えていない。

サービスや仕事は一人でするものではない。具体的な協働の実践を通じてサービスは乗客に提供される。その連帯の有り様をそもそも理解しようとしない同僚に対して、はがゆい思いを語っているのである。

「ギャレー（の担当者）には左右される。気が合わないとすごくたいへん。特に何も言わなくてもいろいろやってくれる子もいるけど、仲間に対して思いやりがない人もいる。『こうやってもらったらありがたい』と仕事のやり方を提案すると、『それはキャビンの仕事でしょ』って言ったり。それはその人の生き方だね。」

以上の発話も、意思疎通の不協和についてのことである。自分がしてほしいような支援が得られないとき、気持ちがわかってもらえなかったり、拒否されることでは、仲間に対する不信感が起こっている。それについて、「その人の生き方だ」と述べている。サービス価値モデルの意思疎通でみるところによると、他者に対する歩み寄りや譲歩のない態度で仕事をする者は、仕事だけでなくその人の生き方そのものがそうなのだという考えである。

客室乗務員の中には、サービス業務で他者に対する態度やマインドがその人となりを映しているという発言をする者は多く、自分がこうありたい生き方を映すように人に接しようと努力したいということを言う者も少なくない。そのような考えからは、他者を受け入れず、歩み寄らない態度を貫く同僚に対しても、「そういう人なのだ」という合理化を図ることがある。

以下は、業務に関することだが、会社に対する葛藤である。

「はっきり言って、会社は無理なサービスをやらせていると思う。そのことは私も不満。現場を知らない誰かが作るマニュアルでサービスをしろと言われているけど、その通りにやればサービスは何時間かかるかわからない、お客様は寝てしまう。サービス現場の人間は、マニュアルはそれとしてそれなりにこなす。今のサービスはこなすだけ、どうやってこなすかがテーマになっている。」

業務や作業をたくさん詰め込み、マニュアルで行動を固めてしまうと、現場からこのような発言が出るのは良くあることである。大量生産型のサービスのことである。

客室乗務員は仕事についてラテン語のラボール（labor）とオペラ（opera）という二つの区別を暗黙のうちに持っている。ラボールは強制されてする労働、オペラは自由な創造的活動である（佐々木 二〇〇七：三四）[116]。つまりマニュアルで固められた業務や作業はラボールである。その合間に自発的に楽しい仕事を行う。客や同僚と気分が良くなるような会話をしたり、サービスに必要なものやテーブルをきれいに盛りつけたり並べたり、自由な裁量で行ったり、芸術的なセンスを発揮したりというものがオペラである。右記の葛藤は、サービス現場を知らない会社の誰かがラボールを要求するが、それが良いサービスではないという主張である。それはオペラの活動ができないからという主張だと考えられる。

また以下は、会社のラボールの結果起きる不具合をどう対処しているかというもので、問題解決はできないなりに、自分の仕事の位置づけを認識し、そこで納得するという発言である。

「会社が提供するものの中でサービスをするのだから、現場ではどうにもならないものもある。たとえばミール・チョイスが行き渡らないことではクレームになる。ミールはComplimentだが、客はそう理解しないから、ミールのチョイスがないと他者との差において不満に思うもの。飛行機は飛んでいるから、ないものはどうしようもない。そういうときには、相手に対して丁寧な態度で十分に時間を取って説明し、納得していただくか、ごめんなさいと謝り続けるしかない。謝り続ける人間に対して怒り続ける人はあまりいない。どうしようもないのだが、そういう人を笑わせるのが私の仕事だと考えている[117]。」

座席の位置や食事のチョイスなどは、数百人の乗客の要望を機械的に想定した大量生産型のサービス設計であるから、一〇〇パーセントの乗客を満足させることは難しい。需要と供給のバランスの取れない部分は、人間の力で対応する。それが人的サービスの役割であり、個別の要望に即す仕事である。サービス設計が悪ければマイナスをプラスに転じさせるように穴埋めをしなければならないので客室乗務員の仕事が増える。サービス設計がよければ、客室乗務員はプラスアルファの仕事をすることができる。

ミールのチョイスが足りないのはサービス設計が悪いことで客室乗務員は謝るしかない。サービス設計の善し悪しで客室乗務員の仕事の負荷は変わってくる。「それが私の仕事」とこの乗務員は受け止めているのである。

また以下は、職場のジェネレーション・ギャップに関することである。

一九七〇年代に入社しているベテランの客室乗務員が、最近の新入社員や乗客のことについて語っている。

「航空機の大衆化はたいへん。ファミレスみたいなのでいいってエアラインが考えるならしょうがないって思うけど、本来こういうものですよっていうのがわかってないお客さんは増えるし、ファーストクラスは最新鋭だから二極化するし。日本人客室乗務員は、日本人に見えて日本語話してくれりゃもういいよっていうところにいくのかな。私が最近一番びっくりしたのは、ワインをタンブラーに注いだH国人の新人。愕然とした。フランス人とか日本人、イタリア人、ドイツ人……どんな田舎の人でもワインは飲むだろうって。ナイフ&フォークとワインの世界にいる人が、なんでこういうことを知らないのかな、この歳になっても一度もレストランにいったことないかと思った。」

筆者も、新人のH国人に、「テーブルセットの仕方がわからないから教えてくれ」と言われたことがあり、このインフォーマントと同じように愕然とした経験がある。しかし日本でもカジュアル化が進み、ファーストフードやファミリーレストランやチェーン・レストランで食事をする機会が増えているように、世界中の先進国で同様のマクドナルド化の傾向があるだろう。日本人でも、若年層なら、懐石料理のコースの成り立ちや皿の並び方など、知らないという人が多くなってきているはずで、教えてもらわなければわからない人の方が圧倒的に多い。

世代差もあるが、生育歴はサービスの実践者として大きく影響していると考えられる。成長期に家庭生活の中で一張羅を着て、かしこまった場に行く機会がどの程度あったか、家庭で訪問客をもてなす機会がどの程度あったか、外食で客と同席した経験がどの程度あったかは、食事の席をめぐる振る舞いに多分に影響があるはずだ。大切な客と同席したり、公的な場で食事をするときに、行儀良く振る舞わなければならないと親からしつけられた経験がどの程度のものかによって、サービスの提供者としての裁量は大きく影響がある。サービスのプロになるプロセスで、知識や技能を広げて徐々に成長し、上達はするが、その基盤はハビトゥス(ブルデュー 二〇〇四:八三)にある。新人であれば、その人の素養としてよく見えてしまう。そこにジェネレーション・ギャップを感じて葛藤する世代もいるのである。

また以下は、越境で日本人客室乗務員が担う特別任務に関するもので、正解のない判断と責任をめぐる葛藤である。

「機内アナウンス。緊急事態が発生した時に自分一人で日本語をちゃんと。その責任のプレッシャーがすごい、嫌だなあって。アナウンスをやったことない人とか、別部署の人なんて、機内アナウンスなんてすごい楽、簡単だって思ってんじゃないかなって気がする。何にもないときは、同じことばっかり言ってるんだけど、必要とされているのはイレギュラーなときでしょう。日本人にはそんなところまで言うべきだろうかって、判断しなければならないときあるじゃない。キャプテンがものすごく細かいことまで、そんなこと聞いたら、日本人は怖がっちゃう人もいるだろうと思うと、その辺は臨機応変に言わなきゃならないし。危機管理の考え方も日本もやっと変わってきたけど、情報開示と表現を選ぶっていうのと、ちょっと次元が違うでしょう。そこのところはすごく難しい。『機体整備』だけじゃ済まされないこともあるけど、『機体整備』で留めといた方がいいだろうって思うこともあるし。要するに、次に何をしなきゃいけないかとか、今どういう状態でいるのかっていうのを簡潔にお客様に伝える為には、『えっと、えっと』なんて言いながら言えないわけだから（笑）、プロっぽく言わなきゃいけないわけでしょう。そこら辺がプレッシャーで嫌なの。」

機内アナウンスは、言語だけでなく文化的な通訳の要求が大きい。その仕事の責任を重く受け止めて、難しさをプレッシャーとして感じているという語りである。

また以下は越境労働ならではの法律の線引きの問題である。

「外国と外国の間で働いていると法律的にすごく考えさせられる。良い客ばかりではないので暴力沙汰もある。日本人のおじさんが僕に体当たりしてきて、そのうちギャレーにまで来て絡み続けて、機長が判断して空港で警察を呼んだことがある。日本の警察は、事情聴取はするんだけど、おこったことは日本領域外だから何もできないと言われた。じゃあ何のための警察なんだ？　やり方が生ぬるくて気持ち悪い。おかげさまで暴力は二回だけ。二回目は『警察呼びますよ』って僕もきつく言ったのでお客さんはおとなしくなっちゃった。強くもなりますよね（笑）。」

航空機は各国登録制で、機内は登録国の法律が有効である。H国の飛行機の中でおきた暴力事件は、基本的にH国でおきたことになる。やっと成田空港に着いても治外法権で警察は基本的に機内に入って来られないし、機体から降ろした暴力客に対しても、このようなことになってしまう。このインフォーマントのようなケースは時折おこり、法律の意味や国家の線引きの意味について考えさせられる。その葛藤についての語りに加えて、どうしようもない現実に対して屈せず対応できるようになっていく自分を肯定的に話している。

越境的勤務の、業務をめぐる葛藤は、異文化や年代差に関するものや職場での意思疎通で、いずれもリテラシーのずれによって生じる葛藤である。相手をわかろうとする努力や、歩み寄り、互いに関心を持つことなどが相互理解の第一歩だが、なかなか簡単ではない。

3　エスニック・コミュニティをめぐる葛藤

越境的勤務体制にある日本人コミュニティは、言ってみれば「企業内エスニック・コミュニティ」とでもいうような、本社のグループや他のRFAグループとも独立した独自の規範を持ったコミュニティを形成している。H航空をはじめ、他の航空会社のRFAを見ていると、日本国内の日本人集団とも、日本国内の外資系企業の日本人、日本企業の海外支社の日本人集団とも異質である。企業であるために仕事の業務の側面では連帯するが、越境的勤務体制の保持者として団結しているとは言い難い。日本的な規範やしばりも一部強く残し、同胞を自文化で縛ろうと考える人もいるが、それを全く無視する人もいる。労使交渉はばらばらで意見もまとまらない。まとまることがよいという考えを持つ人と、一緒じゃなくても自分で交渉すると考える人と、両方の価値を受け入れる集団で、その意味では個人の考え方を尊重しているとも言えるだろう。とにもかくにも帰属意識はある。日本人の国民性なるものが多様化してしまったという表現がふさわしいかどうかわからないが、新しい緩やかな社縁と言っていいだろう。

例えば以下の発話は、日本人コミュニティの縛りについて語られている。企業内の日本人コミュニティはどの航空会社にもある。どの程度の集団性の拘束を持っているかはそれぞれだが、人数が多くなればなるほど独特な規範を持ち始める。客室乗務員という接客業務に就く特殊性から、サービス価値モデルの印象管理と立居振舞に関しては、企業マニュアルとは別次元の日本的な規範を求める傾向がある。それをどう受け止めているかという語りである。

「日本人はちょっと私にとっては難しいというか、だいたい理由として日本人社会にはまりこみたくなくて外国に出ちゃったじゃないですか。なのに、結局うちの会社の中に日本人社会ってのがあるわけで、ここまで形成されてるんだなと、はじめの頃ちょっと驚きました。(最初から思いました?)うん。はじめから、入社して間もなく、まず私たちがきちんと挨拶しないといって怒られ、そういったお手紙をいただき、(え?)はい、来ました。[118]」

新入社員時代は、企業共同体の規範さえわからないし、エスニック・グループの規範とのダブルスタンダードを見極めるにも時間がかかる。H国では職業人として自己主張をしなければならないし、一方、人と違うことをして目立つと日本人の先輩から指導が入ったり、怒りをかうことはある。先輩から見れば、放置しておけない新人も毎期に一人や二人は現れる。また新人のコミュニティ規範への抵抗の気持ちは頻繁に聞かれる。

「トレーニングの時に、下っ端は先輩が業務に必要な書類を準備するとか、ホテルで先輩に好みの新聞を聞いて部屋に入れることを言われた。会社のルールと違う見えないルールを作る、オフィシャルではない力がすごく働く。[119]」

筆者が入社したときにはまったくなかった「オフィシャルではないルール」がいつのまにか作られていた。新しい期の客室乗務員から実態を詳しく聞くことができたので、いったいいつ誰がこのルールを作ったのかと調査を進めてゆくと、どうやらH国在住の日本人社会の中で一九九〇年代後半頃に作られていったルールだとわかってきた。日本人コミュニティの文化規範を強化するためには上下関係の差異を明確にし、結果、新人への業務や心理的な負荷が設定されていったのである。

同時期に、H国ベース一般の新人訓練も組織文化や職場の規範を教えるということをしているが、担当のインストラクター曰く、新入社員には、「あなたたちはこれからH航空アイランドの住人になるのです。アイランドには見えないルールがあるのですよ」と、むしろ楽しい情報のように伝えているという[120]。

日本人客室乗務員にも新人の挨拶の仕方を教えるようになった。教え方は違うが同じ目的の教育訓練が提供されるようになった。しかし日本人の場合は独自のコミュニティの中で「しつけ」がエスカレートし、一部の人によって仕事とは関係のないルールが仕事を装って作られたようだ。

「日本人としての心構えが書かれた入社時に渡された冊子に、機内で先輩の食事の前に食べないことと教えられた。食事をしないと休憩に行けないのにそういうものだと。先に食べて怒られた人がいるとも聞いた。」

「先輩の前に食事をするべきではない」と日本の航空会社の客室乗務員からも聞いたことがある。かつては本当にそうだったようだが、しかし今のような生産性や効率重視の時代には現実的ではない。ただ、新人は、往々にして自分のセクションの仕事が終えたら自分の仕事は終わったと思ってしまって、カーテンの向こうではまだ他の人たちが大忙しだということに気がつかないことがあるので、先に食事を取って先輩に怒られたという話はときどき聞く。まだ同僚が働いているのに手伝いもせず、一人で勝手に休憩を取っていることが理由である。

問題の本質はエチケットである。先に仕事が終わったら手伝えることがないかと仲間に配慮することや、もしも食事の順番が先輩よりも先になった場合に、一言、「お先にいただきます」と挨拶をするなどして、へりくだった態度を行動で示すかどうかである。その両方がなければ新人の頃には一度は注意を受けるはずだ。

「訓練中に社内で黒髪を見たら走って挨拶をしろと、同期の誰かが呼び出されて先輩に怒られた。日本人がいることに気がつかないこともあるのに、『ちょっと見ればわかるでしょ』と言われたけどわからないこともある。」

客室乗務員になるための企業内訓練とは別に「日本人としての心構え」という冊子を配布するようになったのは、H航空では一九九〇年代半ば以降である。古くからいた客室乗務員の間では常々そのようなものが必要だという声はあったが、大量採用があったことでひととき規範が乱れたという意見もあり、「やはり最初が肝心」という考えで実施に至ったようだ。規範が乱れたというのは、決して客に対する印象管理や立居振舞といったサービス・パフォーマンスのことを言うのではなく、コミュニティ内の序列や規範を乱すような、ある種の危機管理をともなう意思疎通のことである。ラインに出てからモグラたたきのように強制するよりは、訓練所にいる間に日本人コミュニティの序列も明確にして、見えないルールを周知させてから訓練所を出すようにしたのである。

冊子の中には、なぜ外資系航空会社が日本人を雇うのかという、職業アイデンティティに関わることから、機内の日本人乗客が日本人客室乗務員に対して何をして欲しいと望んでいるのかといったような、業務そのものに関わることもある。しかし新入社員が引っかかるのは、先輩に対する挨拶の仕方や、先輩に対してどのような態度であるべきかといった、企業内エスニック・コミュニティの構成員としての独特な振る舞い方の非公式なルールである。そもそも業務の話であったはずなのに、ホテルの部屋に先輩の好みの新聞を手配するとか、仕事とは関係のない話まで発展してしまったことは不服だという。

こういったルールは空気のように見えない規範であるために、数年も勤続すれば慣れてしまって当たり前の意識されないものになっていく。

コミュニティ内には、先輩が権威として序列を重んじる保守派と、仕事以外でコミュニティの人間関係には興味がないと日本の外を向いている人と、両極端である。大半はその折衷派である。越境労働者のコミュニティは「日本人らしさ」に関しては接客サービス要員としては日本志向であることがプロ意識であることだけが共通意識で、コミュニティそのものの連帯に関しては足並みがそろわないといっても言い過ぎではない。

新しく共同体に入ってきた者に対して厳しい態度を取るというのは、日本の近世の若者組の儀礼の特徴である（中山 一九八三）。外資系企業で越境労働だ、海外勤務だといいながらも、日本人だけのコミュニティの中には、脈々と続く加入儀礼の試練、忍耐、服従の義務の形跡が残っている。挨拶の仕方、企業マニュアルにはない仕事のやり方やコミュニティのルールを言い渡し、上から下への態度できつく言い渡したり、既存の方法からはみ出た者は、非公式に大小の制裁がくだされる。

とはいえ、日本の航空会社から転職してきた者に言わせれば、外資系企業の訓練や日本人コミュニティの規範はずっと緩やかで多様性や個性を尊重しているという。「前は全くの軍隊でした。一言一句も間違えちゃいけないし」など、「軍隊」という描写をする者は多い。

筆者の調査のなかである客室乗務員によると、

「日本の航空会社の訓練時、インストラクターは本当に竹刀を持って立っていました。消灯時間に遅れてほんの数分間電気がついていたことを理由にインストラクターが飛んできて、この部屋の者は全員同罪、荷物をまとめて今すぐ帰れと怒鳴りつけられ、本当に荷物をまとめて部屋を出されました。夜中の二時まで体育館で泣いてすがって許しを請いました。[121]」

という話が聞かれた。ルールを守らない者は共同体に入れないということを本気で体感させるための儀礼である。消灯時間も、「航空会社は定時運行が大事」という企業の規範を、個人のレベルでは一分でも遅れを許さないという時間管理を教えるためのものだ。

そのような経験をしたあげく、外資系の航空会社に転職する人たちは、規範を教えたり型にはめたりする教育の方法に対しての評価は賛否両論を語る。外資系航空会社も同じように定時運行は大事だし、企業の規範を守ることも強要するが、儀礼形式が異なるのだ。

言い換えれば、外資系航空会社は、言葉や精神教育で厳しく強要しない代わりに、ルールを守らなければ簡単に共同体から切り離されてしまう。夜中の二時まで泣いてすがっても同情の余地がない。厳しく律するのは集団の規範ではなく自分自身だという違いである。

たまに元気の良い新入社員が、経験三十年のベテランの先輩に注意されたことに対して大きく反逆することがある。その話はちょっとした事件としてコミュニティ内で話題になるが、新入社員の態度を批判的に聞く人と、おもしろそうな子が入ってきたと思う人との両方である。通常は、新入社員が頭を下げ、「以後、改めます」という儀式があって話は終了するのだが、当事者同士が決裂すると、結局のところは新入社員が孤立してしまうことが多い。同期生は通常はサポートして説得したり、間を取りなすこともよくあるが、新人が同期生に対しても意固地で歩み寄りがなければ見放されてしまう。こうなると二〜三年経ってさらに新入社員が増加し、その者よりも個性の強い別の新入社員に同僚の注意が集まるまでは、働きにくい雰囲気の中に置かれてしまう。

とはいえ、日本人客室乗務員は日本人コミュニティから距離を取って社会生活を送ることも可能である。普段は日本人ではなくH国人を中心とした欧米人たちと働いているし、たとえ日本人コミュニティ全員を敵に回しても、しょせんはマイノリティ・グループなので、仕事の中で孤立することなどない。

日本人のコミュニティ集団を規範で縛って連帯しようという考えを強く持つ人は、「日本人らしいサービス」の話と混在させながら、価値観の押しつけをする。ここでの「日本文化」は従属のツールである。企業の命令系統を時に破ってでもコミュニティの規範を優先させるため、職務よりも所属集団に忠実である。

一方、日本という殻を破って自由に振る舞いたい人たちは、職務では連帯するが、それ以外は好きな人と好きに個人のレベルでつきあうと割り切る人である。そうした人たちは企業の構成員としての命令系統を優位に考えて、エスニック集団の規範は二次的なものと考える。職務に忠実だが一匹狼の振る舞いをする。

その両極端以外が大多数の人たちで、日本文化にこだわったり殻を破ってみたりと、時と状況に応じてさまざまにふるまいながら、とりあえずコミュニティに連帯している。多文化環境にいることで、異なる思想や感じ方を表現することは尊重されるので、個人的な好き嫌いのレベルではなく、個性は尊重される。

このような社縁の特徴は、集団行動の足並みがそろわないというもので、ひとたび労使問題が起きたら烏合の衆と化すのが毎度のことである。多様性を許すということは、裏返せば自己主張が激しく、互いに引かない。異なる考え方があったら折り合わずとも共存ができるのである。特に日本では、長い間、客室乗務員の誰も組合にも入っていないし、組合に準じた集まりが組織されていたものの、それもメンバーの熱意に欠け、一九九〇年前後に解散してしまった。

この集団の持つ文化的特徴が際だつような出来事があった。H国の税法改正で、日本人社員の税金がH国から日本で課税されるようにと突然言い渡されたのは一九九一年のことである。H航空は最大の経営危機を迎えつつある時で、大リストラが始まり、あらゆるコストが削減されていた。ある日、日本人客室乗務員は本社から来た経理担当者の会議に呼ばれて、「一九七四年から支給されていた付加手当金は、課税国の変更によって事実上課税率が下がるので、中止に決まりました」と事後報告を受けた。月々五万五〇〇〇円、年間六六万円の一方的カットの言い渡しに対して大騒ぎになった。

当然ながら、全員お金は欲しい。しかし一九六〇年代入社の者の中には、「お金の話でもめるなんてはしたない」「会社に逆らうなんてとんでもない」という者もいるし、一九七〇年代入社の者の中にはかつての学生運動を彷彿させて、断固戦うと主張する者も現れたり、「この時代だから会社のために泣く」と述べる者もいた。

会社側の決定の撤回を求めて何度か書類のやりとりをするが、その間に運動に関わるメンバーが、その考えややり方で意見が決裂しては入れ替わりがあった。日本支社の組合弁護士を紹介してもらい、法的措置に出ることにしたときに、誰が裁判に参加するのかでさんざんもめて決裂した。裁判に参加しなくても事実上のメンバーとしてサポートをした者もいるし、「あの人が嫌だ」という個人的な理由で参加したりしなかったり、中には「面倒にかかわらずに勝訴の時だけ分け前をもらう」と口に出す者もいた。裁判そのものに対する抵抗もあったようだ。

裁判に名を連ねたのは、純粋に「会社の一方的決定に対してもの申す」と考えた三名だけであり、付加手当をカットしたことや金額の問題というよりも、労使の話し合いもなく事後報告として決定を言い渡したことへの異議申し立てであり、それゆえ決定の撤回を迫るものであった。

このような労働問題はH航空のような大企業では日常茶飯事に起きているようなことで、これに対して黙っていることは、「マイノリティだからこそ危険」だという考えと、「マイノリティだからこそ大企業に逆らったらつぶされる」と考えるものと、考えが二分した。「裁判をするな」と迫ってくる者や、参加者の自宅にブラックメールを送ってきた者もいたが、そのたびに弁護士は、「裁判をする権利はあっても裁判をするなという権利は誰にもない」「嫌がらせは企業裁判にはあることだ」など、「烏合の衆」の常識の外に目を向けて、裁判は世間に訴えるようにとアドバイスをした。それでもH国内では裁判派と反対派は航空機移動をしてまで話し合いを重ねたり、裁判の動向が気になるのに原告に直接尋ねる勇気のない者は、わざわざ裁判所に記録の閲覧をしに行くなどした。きっぱりあきらめた者は、勝訴したら裁判に参加してがんばった人がお金をもらう権利がある、と言う人もいれば、「もらえるときには同じ条件の労働者として自分ももらう権利があるはずだ」等々、それぞれの立場で考えがあったようだが、ついに連帯して戦うということは全くなかった。

裁判をやり遂げた者はこのようにコメントした。

「私の中では、裁判所に訴状を出した時点で会社に言うべきことは言ったと思って、終わってた。訴状を読んで、自分がやっていることはお金に換算されるものなんだと気がついてびっくりした。ほんとに世間知らずだった[122]。」

会社の決定に対して撤回を申し立てることばかり考えていた。そうすることが事実上、金銭の要求になると、訴状を見て知って驚いたというのだ。

「あのとき、H航空で外国人枠で雇用されてたRFAは日本人グループだけ。たった一つのマイノリティ・グループは、会社がいい時代にはいいように放置されてただけで、搾取しようと思えば簡単。いくら不景気で会社が大変だっていっても、あの時代に黙って泣き寝入りなんかしたら危険だった。マイノリティでももの申すんだってことを示しただけで大きな仕事をしたと思う。他の航空会社の判決を見ても思うけど、私たち外資系の会社が悪い前例を作ると、日本の産業界にも大きな影響が出たと思う[123]。」

裁判の参加者の発話から、この二名ともが日本文化に縛られない、コミュニティの中でも自由に振る舞いたいタイプだということがわかるだろう。

最終的に会社側と和解をしたのは一九九八年頃、担当者は一部のメンバーと非公式に会見して、直接謝罪をし、「最初に話し合いをすればこんなにもめずに済んだ」と企業側の決定が間違っていたことを認めて、裁判参加者だけに、その間に支払われなかった付加手当を支払うことで事実上の勝訴となった。この間に、一九九七年の第一審では原告敗訴になっているが、毛利が指摘するように、「本判決は、準拠法の決定および労働契約の解釈に関して、使用者と労働者が帰属する法文化の相違を配慮することなく、法慣習についての知識や情報のギャップから発生する危険をもっぱら労働者に負担させている」「契約内容形成に関して信義則に基づく審査をおくH国の労働契約解釈方法や権利行使の構成裁量裁判における利益調整の視点を軽視している」（毛利　一九九八：九九）という、越境労働の問題を全く無視した判決であり、日本の司法が認めなくてもH航空というグローバル企業がそのことを認めたのである[124]。

ポストバブル期以降に入社した人たちは、労働意識も経済状況も厳しい状況で職業生活を営んでいる。会社員としての自覚や、権利や義務に対する認識も、労働組合への参加率から判断してもバブル期以前よりもずっと高い。裁判の時の話をすると、「どうして二人しか裁判に参加しなかったんですか?」と、近年入社した人たちからは不思議がられるが、当時の担当弁護士も半ばあきれていたように、バブル期直後までの外資系の日本人客室乗務員はぬるま湯につかっていたも同然で、企業と越境労働者との関係に対する認識も、越境的勤務体制という仕事意識も、産業社会の構成員としては中途半端なものだったのだ。

一九九〇年代はどの航空会社でも労働条件の引き下げがあり、リストラや労働裁判が毎日のように続いた。ある航空会社に勤務している筆者のインフォーマントの中には、契約終了で事実上解雇になり、二審で逆転勝訴して本採用職場復帰になった者もいる。「最初から最後まで同じ立場に置かれた社員は団結して交渉に臨めたか」という質問に対しては、「勝訴したのち、お疲れ様会をかねて何人かで旅行に行って、海に向かって『バカヤロー!!』って叫んだ」という、なんともはっきりしない答えが返ってきた。緩やかな規範の社縁の中では、一致団結することや集団行動をすることが難しく、一部の人に負担が大きくかかるのが現実なのである。

外資系航空会社の日本ベースの客室乗務員達が、組合を設立したり、組合運動をまじめに始めるようになったのは、一九九〇年代半ば頃からであり、メンバーは一九八〇年代入社の者が中心に動いている。一九八〇年代入社の者は、航空業界が一番華やかで豊かなときに入社して、職業人生の「天国と地獄」を見ているので、労使関係に一番敏感になっているともいえる。契約が、本社であったり、支社であったり、本社の組合に参加したり、支社で独自の組合を設立して日本で登記したり、労働規約がどの国に準拠しているかなど、越境労働の実態の認知を深めたのも一九八〇年代入社の人たちが中心である。

H航空では、近年、H国の税法が変更になって所得の問題が起きているが、相変わらず、「みんなでひとつの考えで交渉しなくてはならない」と考える人と、「ひとつじゃなくたっていいでしょ」という考えの人とで足並みがそろわない。いろいろでいいと考える者は、次のように主張する。

「だって本社の子たちをみてごらんよ。彼らは一万人以上いて、全員が同じ意見で労使交渉するわけがない。一人ひとりが自分の考えを書類にして提出すれば、それが何十枚、何百枚という意見書として、詳細は違ってようが会社は認知するんだから。日本人だけが全員に意見をそろえなきゃならない訳がないでしょ[125]。」

このような境地に至る者は、緩やかな社縁を求め、職務に忠実であるが、労使関係は個別のものと考え、自らの考えで行動を起こす。考え方が一致すればコミュニティで連帯するし、一致しなければ一人でも自己主張するというスタンスである。

現在はＲＦＡグループがどの航空会社にも複数あり、労使関係に関する非公式な情報交換は行われているが、ますますエスニック・コミュニティの連帯の意味は薄れていっている。航空会社は国家の政策が強く影響している大企業であるために、労使関係もあまり無理なことはやれないという事情もあるが、越境労働の社縁の近世の日本の若者組のような強い連帯のあるコミュニティとは変わったものになっていることは間違いない。

渡航就労の人たちに、将来は日本に帰りたいかどうかを尋ねると、住んでいる国家の社会福祉制度によって反応が変わる。年金制度が日本よりも恵まれている国に住んでいる人ほど、将来の帰国願望は曖昧になり、日本の方が恵まれていると思う人たちの中には、将来の不安を吐露する人もいる。

休日や休暇で頻繁に日本に帰る人たちと、休暇になっても日本に帰国しないで海外を移動する人と、どの航空会社でも客室乗務員の行動は二分されているようだ。時間がある限り日本に戻る人たちは、航空会社によって「帰国組」あるいは「キャッチ・アップ（Catch up）組」などと呼ばれている。Catch upとは、乗務する飛行機を降りたとたんに、プライベートで帰国便を追いかけて（Catch up）乗り換えて帰る人の行動のことを呼んでいる。頻繁にキャッチ・アップしているからといって、居住地を移したいほどの強い帰国願望があるとは限らないようだ。「すぐにでも日本に帰りたい」と言葉で言う人も少なくないのだが、実際に帰国のために具体的な活動をしている人も少ないので、ないものねだりも多少あるのだろう。結局のところ、仕事をめぐる生活環境が日本よりもゆとりがあって恵まれている航空会社が圧倒的に多いために、単にふるさとが恋しいという感情の問題だけでは帰国への強い動機づけにはならないということであろう。

あまり日本に帰国しない人たちは、渡航先で家族を持ったとか、自分がやりたいことを優先させているとか、田舎が地方で直行便がないために、まとまった休みにしか帰れないとかが理由のようだ。

「日本にはいつか帰りたいけれどいつでも帰れる気がするし、割としょっちゅう帰れるし。」

このような発話からは、遠い海外からふるさとを思う切ない語りはまったく感じられない。

「機会があれば帰るけど、他の国でのんびりと老後を送るのもいいですね。[126]」

国際間移動の生活は、計画的なものでもなければ強い帰国希望もないという語りである。

「年金をもらえる人と結婚できるんだったらすぐにでも帰国します。[127]」

日本のような年金制度のない国で働いているインフォーマントである。帰国願望に聞こえるが実は結婚願望だろう。安定した生活を望んでいる現実的な発話だが、年金をもらえる人と結婚できるなら帰国しなくてもよいのではないだろうか。越境労働や国際間移動生活は、家族編成の変化で大きく影響を受けやすい。

「帰っても良いんですけど、僕はもう一回F国に住んでみたいな。[128]」

いずれも帰国を否定はしないが、積極的に考えている訳ではない。

越境労働のエスニック・コミュニティの葛藤は、時代や個人の越境労働の動機づけによって、個々が人生をどの程度まで企業や日本人コミュニティにコミットするかによって変化した、労働観の多様化から起きているものである。緩やかな社縁の連帯を積極的に認めることによって、出入り自由な自律的な生き方が肯定されるとも考えられる。

第5節　越境的勤務の仕事満足

国内で働いていれば経験しなくてもすむような面倒や問題は越境的勤務の中にはたくさんある。しかしそれでも越境という場所と空間が好きで、航空機移動という密室の多文化環境でサービスをする仕事が好きで、日本社会や日本の労働文化と若干の距離を置きながら、渡り鳥のようなライフスタイルが、結局のところとても気に入って続けているのだと筆者は理解した。なぜあえて越境的勤務体制が良いと思うのかを尋ねてみた。

1　仕事実践の満足

客室乗務員は、結局のところサービス現場の仕事が好きなのだ。たまに嫌なことがあって小さな文句も聞くが、そういったことも差し引いてもおもしろい仕事だと思っている。サービス現場の仕事をラボール（labor）と見ると同じ作業の繰り返しに見える。例えばエコノミークラスで淡々とトレーやジュースを配る作業については、客室乗務員は決して楽しいとは言ってはいない。せいぜい「エクセサイズの時間」とちゃかし、さあ行くぞとばかりに勢いで片付けてしまう。これは大量生産型のマニュアルで決められた業務だ。効率よく速やかに、しかし丁寧にフレンドリーにつつがなく終えるべき仕事である。「仕事」という代わりに客室乗務員はデューティ（duty）と呼ぶことがある。それは仕事のノルマである。

客室乗務員が積極的に楽しんでいるのはデューティ周辺のオペラ（opera）の部分の仕事である。同じ作業をするにも毎回相手が変わるので反応が違う。少し関わり方を変えると場に変化を起こすことができる。仕事道具を使い勝手の良いように変えてみたり、客から見える部分をきれいに展示演出してみたりできる。自己満足のときもあれば、その日の気分で乗客に話しかけてみたり、主体的にアクションを取ることで相互作用を引き起こし、空間の質に作用を起こすことができる。乗客からかかわってくることに反応して経験を創ることもできる。「毎回が違う」というゆえんである。

客室乗務員が機内のサービス現場の仕事に満足しているのかという理由は大まかに四つに分けられると考える。ひとつめは、十中八九の客室乗務員が回答する「いろんな人との出会い」である。この答えは入社試験の面接時でもよく聞かれる。さまざまに異なる文化の背景を持った老若男女と出会うこと自体が非日常的で刺激を受けるということだ。

「人との出会いが楽しいのもあるよね。人間ってほんとに千差万別、いろんな人がいるでしょう。今まで自分が見たこともない人間に出会うのが楽しいの。（お客さんでも同僚でも）うん、そう。こういう人間がいた、ああいう人間がいたと思って、自分のなかですごいいろいろ考えさせられることがいっぱいあるから。人を見て自分が学ぶこともいっぱいあるし。他の仕事は知らないけれど、今やってる仕事が好きだからやってるのかもねー。(129)」

「いろんな人との出会い」を通じて、「世の中にはいろんな人がいるなあと思う」という回答が一番多く、そのように感じることで我が身を振り返って考えさせられるというものである。「人のふり見て我がふり直せ」という表現で答えたインフォーマントもいた。

二つめは、仕事を通じて経験する人との出会いやコミュニケーションは「まるでドラマを見るようだ」というもので心を動かされるというのである。

「単純に、なんとなく空港好きなのよね。フライトが終わって、一緒に乗ってきたおじいちゃんとおばあちゃんが、こんな高齢なのに長旅で、車椅子に乗ってでも何しに行くんだろうって、空港に出ると家族が花束持って待ってて、『グランマー！』とか言いながら駆け寄る孫がいたり、なんかすごいドラマがあるじゃない。そういうのをしょっちゅう見るじゃない。空港ってね、別れる時も泣いてたりとか、すごい感動的な場面をしょっちゅう見るのね。そういうのを見るのが好きって言ったら変なんだけど、普段の単調な生活の中で、すごい自分が心動かされる場面があって、いろいろ想像するわけじゃない。何年ぶりなんだろうとか、どういう経路で来たんだろうとか。時には機内でお客さんから話を聞くじゃない。ずっと絶交状態だったのにチケット送ってきてくれて、頑張って会いに来たのよ、何十年ぶりなのよ、こういう風な感じで会ってきたのよとか。そういう話し聞くと、へー、人間っていろいろドラマがあるんだなって。そういうのを知る機会が多々あるし、そういうのを見るのもすごい刺激的だし。海外で旅行して突然事故で亡くなられた人のお骨を持って帰るご両親を乗せることもあるし。むこうで気がふれちゃって発狂しちゃった人を乗せて帰って来たこともあった。そういうような経験って日本にいるだけじゃないし、いろんなドラマがあるところで働いているのは楽しい。それを見て自分がいろいろ考えさせられたり感じたり、自分も一緒になって嬉しい気持ちになったり、悲しい気持ちになったり。(130)」

「人間ドラマを見る」という発話も客室乗務員から頻繁に聞かれる表現である。ふれあいの場面を見ることもあれば、事件もあり、個人の日常生活にはそう頻繁には起こらない感情を揺さぶられる場面である。そういったシーンを見る機会の多い仕事だから好きだということだ。

これで思い出すのはホックシールドの議論である。ホックシールドは対人サービスの仕事を「感情労働」と呼び、先行理論としてスタニラフスキーの「メソッド演技」について説明している。スタニラフスキーによれば、演技者が個人の中に蓄えた「感情資源」を用いて劇中の役を演じ、演劇を見ている観客の潜在意識にある感情記憶を呼び起こして感動を呼び起こそうと働きかけるテクニックをメソッド演技と呼ぶ。

メソッド演技の技を磨き、役者としての幅を広げることは、個人の感情資源の蓄えを持つことでもある。それは役者個人の人生経験を通して得る個人の感情が糧となる。

この理論を引いて航空機の客室乗務員の仕事の調査を行ったホックシールドは、客室乗務員もメソッド演技と同様の技を使って接客にあたっているとし、その感情資源は客室乗務員個人のものだと考えた。それを企業という組織共同体に対して「贈与」することがかつては求められていたが、産業社会の変化に対応して現在は「儀礼」に変えられているという（ホックシールド　二〇〇〇）。

筆者の参与観察や面接調査を通じて、客室乗務員が自分の感情のことを述べることは非常に多く、葛藤場面では気持ちをすり減らしているという発話も少なくないが、より多く聞かれるのは、ほんの小さな出来事からたくさんの感動を得ているという語りである。これはホックシールドが「感情資源」と呼ぶものを手に入れるプロセスでもあるだろう。つまり客室乗務員は、「贈与」や「儀礼」によって個人の感情資源を組織共同体に提供するばかりでなく、仕事を通じて感情資源の補給も行っているのだ。

客室乗務員は「演技者」であるというのは客室乗務員にも自覚があるが、観客側にたった視点で語ることも多い。

「僕は最近はギャレーをする（機内食等搭載品の管理責任者になる）ことが多い。食事サービス中、クルーが一人ずつ交代でギャレーにやってきては、もっとチキンをよこせとか魚が足りないとか恐ろしい剣幕で僕を責めるんだ。チキンがないから客が怒ってるから何とかしろとかヒステリーみたいに言うけど、僕にしてみたらまるでシアターだよ。おいおい、たったチキン一つのことで本気で怒る人間がこの世に存在するのかって、そんなことまじめに僕に言ってるのかって。僕はクルーに対して聞き返したくなるけど、(あのサービスの最中の戦争のような殺気立った雰囲気の中で)そんなことを言えるわけもないから、はいはいって黙ってホットミールを渡すけど、まるで劇場で芝居を見てるみたいだよ。[131]」

この客室乗務員の描写は機内サービスの日常風景である。航空機に乗れる人はある程度の生活水準以上の人々で、普段は食べたいものも食べているし、不自由なく豊かに生活を営んでいる人が多いはずだ。しかし航空機の密室の中では感覚がおかしくなってしまうことがある。たった一切れのチキンをめぐって本気で怒り、怒鳴ったり、大立ち回りをして、果ては暴力事件まで起こしてしまう客を筆者も何十人も見てきた。「食べ物の恨みは怖い」というのは本当のことだ。乗客の感情をおさめるために客室乗務員が右往左往するのは毎度のことで、裏方であるギャレー担当者は陰から援助する役割である。キャビン担当の客室乗務員がそれをみて「まるでシアター」と言うのである。

サービスの仕事をやっていると相手が喜んでもらえることばかり体験するわけではない。嫌なことを言われることもあるし、複雑で難しい問題解決の課題を言い渡されることもある。接客だけではなく、一緒に働く同僚や責任者であるパーサーたちとの関係においても同様である。

話す言葉が違ったり、人種や宗教が違ったり、ビジネスマンや観光客、子供やお年寄り、感じの良い人、悪い人、優しい人や変わった人、気むずかしい人などなど、毎回のフライトで違う人たちとのやりとりがあるが、サービスの提供の実践やサービスの受け手の行動や言動に詳細な文化の差はあっても、客室乗務員のサービス価値モデルの創造的な情報発信と、それを理解するサービス・リテラシーを持つ乗客とが、互いにやりとりをするなかから乗客の経験としての価値が共創できるしくみや感情は同じである。

このように考えていくと、対人サービスの仕事は演劇というよりはむしろ即興劇のようなものであろう。イタリアの古典芸能であるコンメディア・デッラルテという演劇は、即興劇の原型と考えられている。この舞台では、演劇のだいたいのあら筋と登場人物のキャラクターが決まっているが、台詞やアクションは演技者が即興で決める。即興劇は舞台に一緒に立つ役者や観客に瞬時に対応しながら演劇を進行させていくライブである。劇場舞台を企業組織が設計し提供するサービスにたとえるならば、対人サービスはコンメディァア・デッラルテのように、サービスの進行はプログラム化され情報共有がされているものの、実際にはそのときの状況や客の反応に対応しながら個々の担当者がベストなパフォーマンスを見せようとする即興劇と言っていいのではないか。

「お客さんって一期一会だから。そこの瞬間を見て、良い時も悪い時も。なんかこう、『有り難いもん見せて頂きました』っていう気持ちにはなれる（笑）。そう、お勉強させて頂きましたって、うん。」

一期一会は、もともと茶席の主人と客の心得である。こんにちではサービス提供者の心得としても引用されることが頻繁で、「一生一度の出会いと思ってお客様に接すること」といった仕事の心構えのガイダンスになる。

しかし客室乗務員が一期一会を言うときには、マニュアルや心構えの話をしているのではない。さまざまな客と接する場面の個人的な経験を呼んでいる。さまざまな人びととの出会いを通じて感性に刺激を受け、その経験から考えさせられることは、仕事や職業の枠を越えた、トランスボーダーなものである。機内という非日常的な場で、人間同士の相互交流を見ることにより、我が身を振り返る機会となっているということである。

客室乗務員の仕事満足の三つめは、仕事に対するやりがいや達成感である。こんな風にやってあげてよかったなと思う肯定的な気持ちで、会社や仕事という次元とは離れて個人の信念の語りが聞かれる。

「（言葉が通じない人だって困ってる人がいたらわかるでしょ）わかるよー。わからないのはわかろうとしてないんだよ。私たちは自然に人の気持ちをわかろうとするっていう意識がすごく働くんだと思うの。だからこそ気がつくし、だからこそ読めちゃう。[132]」

このインフォーマントの語りで気づくのは、機内で乗客の気持ちをわかろうとする意思疎通の態度は、ラボール（labor）としての感情労働とは言っていないことである。他者の気持ちをわかろうとする態度、個人の意識のことを述べている。

客室乗務員は、他者の感情に配慮しながら相手とかかわろうとする意識が常に働き、そのことを肯定的にとらえている語りをする。誰かの言葉が通じないからこの人は理解ができないとするのではなく、言葉の異なるこの人は自分に何を伝えようとしているのだろうと、その人をわかろうとかかわる努力をすることが大事だと考えられている。それは業務でも仕事でもなく、他者への意識であり態度である。その配慮に欠ける客室乗務員は、同僚から「仕事ができない」と評価されるのではなく、「冷たい人間だ」と人間性を問われる。創造性の欠如である。

「（サービスは一生懸命やったって手を抜いたってもらう給料は一緒なのに、なんでみんな一生懸命やるんだろう?）それは自分の達成感だよね。結局、好きだからやる。だってよろこんでもらってうれしいじゃない。よろこんでもらってうれしくない人はいないじゃん。私はキャリア・カウンセリングを勉強してるんだけど、私たちは社会的に貢献したいという職業適性を持ってると思う。昔からそういう希望があってこういう仕事について、自分が人の役に立ってると感じることがうれしいのよ。[133]」

この客室乗務員のいうところの「社会的貢献」や「人の役に立つ」ことは、人のために自分の身を捧げるというようなこととは異なる。滅私奉公やボランティアのような奉仕活動とも違う。もてなしやホスピタリティと言われることが多いサービスの仕事ではあるが、つまるところ、やっている自分が楽しいからサービスをするのである。自分のしたサービスで人が喜ぶのを見るのがうれいしいからするのである。自分の思いを押しつけると喜ばれないので、何をすれば相手が喜ぶかを考えるために相手の気持ちをわかろうとする。喜ばれるかどうかを試すのも楽しいからするのである。それは仕事の範疇でやっていることではあるが、その動機づけは内面的なものなのである。

しかし現実には全員を個別に喜ばせるもてなしを実践することは難しい。人数が多かったり時間的な余裕など、物理的なことが理由である。顧客心理の基本の一つに「平等」のキーワードがあるが、乗客は同じ金額を払ってやってくるので、表向きにはサービスは同じように提供しなければならない。だからちょっとしたことがきっかけで、他の乗客にわからないようにおまけのサービスをする。機会があったらひいきをするといってよい。それも客室乗務員にとっての一期一会であり、故意で選抜するというよりも、たまたまタイミングの良い客におまけをしているにすぎない。

例えば自分たちのために新しくコーヒーを入れたばかりの時に、たまたま乗客が通りかかったら、「良いタイミングでいらっしゃいましたね。よろしかったら入れ立てのコーヒーを一杯飲んで行きませんか」というような小さなことである。仕事の手が空いていれば、コーヒーを飲む間の五分ほどの立ち話をする。乗客の旅行のことを聞いたり、ギャレーの中を見せてあげたり、その日のフライトの出来事を話したりする。話をしているときにふと思い立ったら、「他のお客様には内緒ですよ」と耳打ちをして、ファーストクラスやビジネスクラスで余ったお菓子をこっそりあげたり、「せっかくの機会だから」と会社のロゴが入っている小さなものをおみやげに持たせたりする。それは一期一会というよりも、「縁」というものに近い。公共の乗り物だから、全員を最上級にもてなしたり喜ばせたりはできないけれども、「縁」のある人にだけでもより喜んでもらえればいいという態度である。それは常にほんの小さなきっかけなのである。

そのきっかけや縁は、半分は客のサービス・リテラシーに依存する。例えばアップグレードして欲しいとか、エコノミークラスの客がファーストクラスのものを欲しいとか、家にいる家族のおみやげにうちに持って帰るものをくれとか、スタンダードのサービス以上のことを要求されれば、物理的にできる・できないに関わらず、サービス・リテラシーを周知させるために断ることはある。なぜならば、当然の権利と勘違いされれば、毎回搭乗のたびに無理な要求をすることで、他のフライトで苦情になる可能性があるからだ。「前にやってもらったことがある」というごり押しで無理を要求する人もいるのである。

だから客室乗務員は相手を見てひいきをする。ルールではやれないことも状況とタイミング次第でやってあげることもたくさんある。アップグレードもごく稀に招待することがあるし、結構値段の高いおみやげを持たせることもある。会社規定では、客が購買したサービス以上のことは個々の客室乗務員の判断では提供する権限はない。しかし多くの客室乗務員は、客に喜んでもらえることだから機内にあるものならなんでもあげればいいと基本的に考えている。しかし全員にはそうはできないから会社規定というフォーマルなルールを盾にして断る。けれどもインフォーマルな規範としては、客室乗務員側の創造性を感じ取ることができるサービス・リテラシーを乗客が持ち合わせているかどうかによって、客室乗務員が判断する。特別なサービスと乗客が理解してこそ顧客価値の共創になる。個別の例外的な要望を受け入れるか、受け入れないかは、サービス提供者と受信者の間でサービス・リテラシーが共有されているかどうかに依存するケースはたくさんある。

客室乗務員から見ると、サービスの受け方にも上手・下手がある。気づく乗客は、客室乗務員が多忙なときをできるだけ避けて、要求が受け入れられそうなタイミングを見てやってくるものだ。依頼される側も余裕があればなんでもする。逆にサービスの受け方が下手な人はタイミングや状況が悪いことが多い。例えば客室乗務員が両手一杯に荷物を抱えて通路を歩いているときに時間を尋ねるようなことをする。できることなのに相手の様子もかまわず要求し、あえてできない状態にあるときに依頼して来るような下手さである。

素直で自然な態度の人はサービス提供者からすれば何かしてあげたくなる対象である。無防備にやってきて思いがけない出来事に素直に喜んでお礼を述べて去っていくような乗客は、サービス提供者にとってはサービスのしがいのある上手なサービスの受け手である。このまま帰したくないなと思わせるような人は、老若男女、どの国のどのような人種にもいて、どこにいっても幸運なサービスを受けているはずである。イベント好きな客室乗務員にとっては、喜ばせ甲斐のある対象だから、ほっておく手はないのである。それもサービスの仕事の楽しみだからだ。

「縁」のある人にはおまけをするのが楽しみとはいっても、機内は搭載品に限界がある。しかしそれで客室乗務員は簡単にあきらめるのではなく、あり合わせのものを集めてきて何とかするというブリコラージュ（レヴィ＝ストロース　一九七六）の遊びが始まる。例えば、乗客との会話の中で誰かの誕生日を知ったり、ハネムーン客だということがわかったら、ファーストクラスやビジネスクラスで予備搭載されているメニューカードを記念カードに作り替え、日付や便名、飛行ルートを記入して、運航乗務員をはじめクルー全員がサインをして一言添える。イラストを描いたり、子供用のおもちゃの中からシールを出してきて貼り付けたりして華やかな手作りカードをつくり、花があれば花をあげたり、小さなシャンペンの瓶を持たせたり、何か機内にあるもので記念になるような、ほんの小さなものをあげることもある。いつもそれがやれるとは限らない。例えば機内で乗客が倒れて深刻な状態にあったりなどして誰もが手一杯になってしまったら、業務をこなすだけで精一杯でそれ以上に余力はない。だから「おまけ」はできる範囲できることをするのである。

機内であげられるものは本当に限られたものでしかないが、ここで注意を払われるのは物理的なことでもなければ、仕事や業務ではない。素朴に、人間と人間との出会いである。そのときにしかできないことで、小さないい思い出を共に創るという作業だ。「きっとうれしいだろうな」という、個人的な感情からやっていることだ。

客室乗務員はこのようなことが大好きで、誰でも喜んで参加する。普段からかわいらしいシールやきれいな色のペンやスタンプを持ち歩いている者は、ここぞとばかりに取り出しては凝ったカードに仕上げようとする。一度は、機体が下降体制に入っているときに、乗客から誕生日だと聞かされて、もう何も準備をする時間がなかった。それでも何かしようと一人の客室乗務員が言い出して、手の空いていた五〜六人が即集まり、誕生日の歌を歌ったということもある。

同じように、新人のトレーニング・フライトにもセレモニーがある。客室乗務員の誰かがイニシアティブをとって、小さなプレゼントを用意している。お金をかけたりはしない。たいていが、業務に使う道具を切ったり貼ったりしてつなぎ合わせた趣味の悪い芸術品のようなもので、ゴミになるようなものでしかない。帰国便でベースのある空港に到着し、乗客が全員降りたあとに、機長をはじめクルー全員が集まり、掃除夫やケータリング担当者がばたばたと仕事を始めている横で、誰かがジュースを入れたファーストクラスのシャンペングラスを全員に回し始める。訓練を終えた新人が拍手で迎えられ、機長やパーサーが代表しておめでとうのスピーチを述べ、「ゴミのようなものプレゼント」が手渡されて大笑いになる。それはよく見ると本当に趣味が悪いのだが、クルーの気持ちがこもった世界でたったひとつの特別の思い出の品になる。

四つめの楽しみは、職業経験を通じて自分が生きる意味を確認する語りである。生き甲斐を感じると言い換えても良い。

「心配りというのは、私の中では野に咲く花、野草なわけ。押しつけがましくなく、自分の心（からすること）だから、邪魔にならず、気がつかなかったらそれでしょうがないわけ。見返りを求めないもの。だって『きれいな野花ね』ってほめてくれる人ばっかりじゃない。気がつかずに、なんでこんなところに咲いてるの？　って言われるかもしれないし、気がつかれなければ存在しないものじゃん。別にそれはそれでいいの、何の見返りも期待しない。だけど気づいてくれた人は、もしかしたら心に残るかもしれない。癒されるかもしれない。何とも思われないかもしれない。受け取る側にとって変わっていくじゃない。（関係の）かたちが変わるじゃない。」

もはや仕事についての語りではない。人としての生き様である。このインフォーマントに、サービスとホスピタリティの違いについてどう考えるかという質問をしたところ、「サービスとは、会社員としての自分の仕事として客の評価を意識しながら提供するもの。ホスピタリティは、自分が死ぬまで周りの人にしてあげること」という考えを述べた。この発言は、自分の人生の中で他者に対する謙虚な態度を仕事の中でも実践しているだけで、それに対して評価をもらおうという期待はない。そのようなことを、「心配り」という言葉で表現しているものである。

客室乗務員は退屈なときにはじっとしていない。キャビンを巡回して、気分が悪くて動けなくなっている乗客がいないか、援助が必要な乗客がいないかを見て回り、そのついでに客席のごみを集めるなどの作業をし、通りがかりにトイレがきれいか確認する。深夜便で静かになってしまったら、別のギャレーを見に行って雑談に行くなどをして刺激を求める。さぼって遊んでいることではなく、一言二言誰かと言葉を交わすだけで仕事を思い出したり気づいたりすることが多いからであり、また思いがけない情報を得ることもある。自分の心に少しの余裕がある時に、周囲に注意を向けるのは客室乗務員の傾向である。

気分が向いたら、搭載されているクッキーをつぶしてチョコレートと牛乳を混ぜてケーキを焼き始めたり、パンにチーズを乗せてトーストをつくったり、余ったフルーツをカットしてオリジナルのフルーツカクテルをつくったりなど、「創作活動」も始まる。日本茶にレモンスライスを落としたり、おにぎりを解体してスナックのあられをのせてお茶漬けにするなど、日常生活ではやらないような創意工夫で変化のない機内食に違いを創る。それらは周囲の同僚に振る舞われる。やれることが限られた密室の中で、ほんの小さな工夫で、周りの人を笑わせたり喜ばせたりしようとする心からの行為であり、職場の同僚に対するホスピタリティなのである。

引き継いだ飛行機のコンテナを開けたら、扉の裏側に大きな男性モデルのポスターが貼ってあったとか、ときには会ったこともない別のクルーから笑いを誘われることもある。冗談や笑いの絶えない仕事場であるが、仕事をさぼって遊んでいるのではなく、乗客も乗務員もみんなが楽しく過ごせる経験のために、また良いサービスを演出しようと意識しているために、同僚との意思疎通を円滑にし、楽しく良い気分で仕事をしようという互いの意識の現れなのである。

「そりゃあ『笑う門には福来たる』って言うでしょう。私自身も笑っていると幸せ。こちらが笑えば相手も笑顔が出てくる。私もつらいときや悩みがあるときもあるけれど、職場に来てみんなが笑っていたら元気になれることがある。この仕事はフレキシビリティが大切。一期一会で、笑って、Cheer up させてやる。それしかないでしょ（笑）。」

みんなが気を遣って職場を和ませようとしているのに、話をしないとか、冗談に乗ってこない同僚もいる。同僚同志で交わらない態度は奨励されないが、そういう人がいないわけではない。そういうときにはたいてい、「あの人はプライベートで問題を抱えてるみたいよ」と言われ、あたらず触らずやりましょうという同意がされる。誰かと嫌なやりとりがあれば、必ず他の誰かが愚痴の聞き役になったり、状況のフォローにまわる。フライト中に嫌なことがあってずっと一人で黙って我慢するという状況にはまずならない。むしろプライベートで深刻な悩み事を打ち明けたり、みんなで話を聞いて相談に乗ったりすることはよくある。「いろんな人がいる」ということはいろんな意見や考え方が聞ける機会でもあるのだ。多様な文化を保持する組織の柔軟性でもある。

乗客が要求するものがないとか、乗ってきたときから機嫌が悪いとか、最初から状況改善が難しいことも機内では起こりうる。けれどもフレキシブルに対応し、誰もが良い気分でいられるように空間を作ろうという規範が強く働いている。そんな仕事自体に満足を見いだし、やりがいや生き甲斐を感じているのである。

2　移動と適応の満足

客室乗務員はとにかく身軽に移動してゆく。動くことが好きだというより、じっとしているのが心地よく感じられないのかもしれない。休暇もまとめて取ることができるし、航空券も安く買うことができるし、交友関係が広いので、気軽にふらっと旅に出て行く。普段から外出することも好きだ。人を訪問することも好きだし、誰かを家に招いて手料理でもてなすのも好きだ。レイオーバー中に旅行に出かけることや、日帰り観光、何人かで食事をしたり、お茶を飲んだり、お酒を飲んだりすることも、「最近見つけたすてきな場所」の情報交換をしながら、あちこちへと出かけていくのが常である。

これらの移動や訪問、人との交流の特徴は、互いに動的でありながらも拘束しない、柔らかい約束の中で成り立っている。例えばフライト後のディブリーフィングや、レイオーバー中に食事に出かけようという話は常に出るが、その約束の仕方は、待ち合わせ場所と時間を決めておいて、「来なかったらごめんなさい」というのが客室乗務員のやり方である。時差調整や体調管理が優先というのもあるが、多くは「気が変わる」「予定が変わる」のである。状況が変わればやりたいことも変わる。常に変わる予定の中で、もしも時間が合えば一緒に過ごしましょうという自律した感覚である。仲の良い者や、特に気の合う者同士は、フライトを一緒にリクエストして来る者もいて、前もって予定を立ててくることもあるが、その予定さえもすこぶる柔軟性があるものだ。行き先の異なる航空券を互いに数枚用意してきて、最終的にどこに行くかはフライト中に考えるとか、出発の気分で決めようとか、空港に行って空席がある便に乗ろうとかいうこともある。

こういった特徴は日本人客室乗務員だけではない。本社所属の欧米人の客室乗務員と話をしていると、外国人としてH国に住んでいる人も多いが、H国人でも海外居住者も多く、海外生活の異文化体験を語ってくれる人もいる。例えば南欧から航空機で通勤している客室乗務員は、単にその国に興味があったから住んでいるという。「長距離便乗務で深夜にぐったりして帰ってきたというのに、明くる日の朝八時から近所の人が来る。何の用かと思ったら用事は特になくて世間話をしていく。こんなことはしょっちゅうで、勘弁してくれって思うときもあるけど、こういう近所づきあいがこの国の文化だとわかってきた。僕のことを気にかけてるっていう気持ちの表現なんだよね」と、自分の異文化体験を聞かせてくれた。将来米国の移民になりたいという人と何人か会ったことがあったが、「ヨーロッパの空は雲が多いから」と言う人が何人かいた。これは事実というよりは単にそのような表現で気持ちを述べたに過ぎないと思う。意識が自国や自文化の外に向いている人が当たり前にいる職場環境では、このような雑談は世間話である。

H航空の日本支社は、一九七〇年代に日本で最初にワークシェアリングを導入した会社で、当時から本社では制度が整っていた。長く企業で働く人たちには本当にありがたい制度だ。客室乗務員の場合、事実上、フライト本数を減らすという方法で、一カ月まとめて休む場合もあれば、月のフライト時間を減らしてゆったり飛ぶ方法などの希望ができる。毎年、マンパワーに応じて申し込みが募られ、勤続年数の長い人から希望が通る。ワークシェアリングのパターンはさまざまで、就業時間を九十パーセントにすれば有給休暇以外に約一カ月の休みがある。五十パーセントまで落とすことができる。申し込みは絶対通るとは限らないのだが、都合で一〇〇パーセント勤務に戻りたければいつでも戻れる。休みの間も正規雇用で、無給ではなく、働かない分の給与が減る分は年間で平均するので、毎月の給与がすこし下がる。「同一労働同一賃金」の規範があるので、日本のようなパート、アルバイトという概念がない。子育て中の女性などは、ある時期まで仕事を減らしておいて、数年後に通常勤務に戻ったり、今年はなんだか休みたいという人は一年だけ仕事を減らしてみたり、大学に行ったり習い事をしたり、他の仕事と掛け持ちをする人などにとってもこのような制度は便利である。筆者もこの制度のおかげで社会人学生を八年も続けることができた。

これを利用すると、本当に遠くから通勤して二重生活も可能になる。ある西欧人の客室乗務員は、年間のうちの数カ月、京都に住んでいたことがある。米国からH国に通ってくる者もいるし、ヨーロッパ大陸には各地散らばっている。日本人客室乗務員も同様だ。最初はH空港ベースの近くに住む者も多いが、気に入った地方都市に引っ越しをしていったり、友人がいたり結婚したりとかいう理由で違う国に引っ越した者も多く、仕事の時だけ飛行機で通勤してくる。遠方から通ってくる人の中には、空港近くに何人かでスタンバイルーム代わりのマンションを借りたり、友人宅の一室を時折使わせてもらったりなど、個々に仕事がやりやすいように工夫をしているが、社内にも乗務員用の仮眠室やTVルームがあるので、一日中スタンバイの人でもくつろぎながら時間をつぶすことができる。H国ベースの日本人の中には、夫と子供は海外赴任でアジアに住んでいて、休みの時には家族一緒に暮らしているが、仕事の時はH国に戻って日本便の業務をこなし、仕事が終わったら家に向かう便をキャッチ・アップするという人もいた。

日本ベースの者の中でも、千葉を中心に関東圏だけでなく、関西、九州、東北地方から通う者、家族編成が変わったことをきっかけに、縁もゆかりもない地方都市に引っ越してみたりする者や、家族の海外赴任に半分ついて行って仕事の時に戻るという者もいる。

H国ベースの日本人客室乗務員の中には、結婚相手を日本に残したままという人も少なくない。別居結婚は特に一九九〇年代以降は、二重生活者と共に増加している。他の航空会社の客室乗務員の話を聞いても同じだ。それだけ地球が小さくなっているということでもあり、労働市場が広がったともいえる。職業意識も変わった。日本の職業環境と比較して、同じ給与をもらったとしても、住居環境や生活レベル、医療や年金などの福利厚生や保障の安心はH国の方が遙かに恵まれている。同じような生活レベルをキャリア・アップと共に日本で実現ができるかどうかは運による。個人主義になり、キャリアを尊重して家族のあり方も変化している。しかし大きな理由は越境的勤務者の意識の変化だと考えられる。海外が遠いところだと思っておらず、その気になればいつでも日本には帰ることができるけれど、しょっちゅう帰れてもいるし、今すぐに住居を移して生活に変化をおこそうという気はないという、定住意識のない長期滞在者が増えているのだ。

「留学で海外に出るのと違って会社にいると一石二鳥。お金ももらえて海外にいられるから海外の会社員になるのは得。航空会社はチケットが安くなるからいろんなところに安く行けるしH国の会社は休みもたくさんあるから自分には重要。いろんな経験を積めるのも大切。日本では味わえない海外での仕事待遇、外国人と働いたり、外国の組織に従って働いたりするのは今しかできないとても良い機会。[134]」

このように発言する客室乗務員は、日本の外のいろいろな場所を移動して、異文化体験をすること自体、その人生観を味わうこと自体が越境的勤務の目的となっている。特に入社して何年かはこのような意識の人も少なくなく、貴重な体験をしている今の職業生活を大切に考えようとするものである。

「帰国の予定なし。二十歳過ぎてずっと日本を出てるし、別に日本に帰らなきゃとか帰らなくてもとかない。インターネットの影響は大きくて、日本のニュースはすぐにはいるし安く電話もできるし、遠いとか関係ない。私の人生、私のワーキングライフを楽しまなきゃ[135]。」

このインフォーマントは入社二年目の若い客室乗務員だが、幼い頃から興味が日本の外に向いていたという。越境することも、職業生活も楽しいものにするのだという意欲が聞かれる。

また、休日を多くもらえることを利用して他の仕事をしている人も少なくない。おそらく金銭面ではフルタイム働く方が年収は良い人もいるだろうが、場所を変え、人を変えて違う仕事をやってみるのは良い気分転換にもなるし、またそれが転職のきっかけや、キャリア・アップになることもある。興味や意識が一つのことに向いたり内向きであるというよりも、外向きにいろんなことを体験してみたいという志向である。

「締め付けないから居心地が良い、生ぬるさは多少大事だね[136]。」

これは企業という組織共同体に忠誠を誓い、職場の連帯を重んじ、プライベートな時間もつきあいが重要であり、その中でがんばるという価値観とは異なる。会社のためにも仲間のためにも一所懸命に努力をして会社をもり立て、それによって自分も組織の中で地位が上昇するというキャリアの発展のさせ方とは違うものである。

H航空では、客室乗務員がどのようなキャリアを望み、どのような職業生活のスタイルを持とうが尊重されている。しかしそのすべてに中途半端な者に対して、同僚の批判がないわけではない。例えば、会社の仕事やサービスの仕事も中途半端、帰国する気もなく、H国社会になじむ訳でもなく、日本人社会とだけつきあって将来の展望もない、大企業の安定雇用に甘んじながら、越境的勤務が気に入っている、という職業人としての生ぬるさに対しては、「日本社会からのドロップアウト」と指摘する同僚もいる。

サービスのプロ意識の高い客室乗務員から見れば、サービスの仕事が本当に好きで航空会社に入った客室乗務員と、越境的勤務をする手段として客室乗務員の職に就いた人との違いは明らかなようだ。仕事の取り組み方や同僚に対する人間関係や態度から違いから見えるという。その差異は、制服の着方や化粧の仕方、髪型といった身だしなみ、敬語の使い方やしゃべり方、表情や態度、他者に対する振る舞い方などだという。つまりサービス価値モデルの項目をどれくらい極めようと努力しているかを見て、客をもてなす仕事への意欲の高さや心構えは見て取れるのだという。「だらしがない」とか「汚ならしい」などの厳しい言葉で批判するが、しかし実際のところ、そう言われている人たちがマニュアルや規範以下に着崩したり不潔にしている訳ではない。やれることを十分にやっているか、手を抜いていないかということを見ていて、特に展示演出の美意識やセンスのことを言っていると思われる。客から見られ評価を受けていることをどの程度意識して仕事に臨んでいるか、そこに向上心が見られるかどうかであり、いつまでも「垢抜けない」「洗練されていない」ということに対する非難だと考えられる。サービス場面での自己呈示に対する品質や意識の低さは、プロ意識の高い人からすれば許し難いものなのである。

実のところ、サービスの仕事が優先か、越境的勤務かはどちらでも誰の問題でもない。H航空も「越境的勤務や海外就労を通してアイデンティティが変化するのは自然なこと」と認めている。サービスに対するプロ意識の高い人から見ても、越境的勤務が動機づけでたまたま航空機の仕事に就いたこと自体は非難の的ではない。越境的勤務自体を目的とし、日本の規範からもどの国の文化規範からも適度に距離を置くことで、サービスの仕事に対しても緊張感を抜くような心構えを嫌悪しているのである。

H航空では、客室乗務員に所属意識を持つためのすり込み作業が意図的になされている。それは客室乗務員が利用する社内のエリアが特別に企業広告とロゴだらけという環境整備を見てもよくわかる。しかし一方で会社に生活や人生をコミットするようなことは一切強制しない。それぞれが役割を果たし、それ以上の会社の仕事には協力してくれる人に協力してもらいたいとは頻繁に言う。だからやりたい人が主体的に会社の仕事に一生懸命にかかわる。

しかし、かといって誰にでもワークシェアリングを与えてふたつめの仕事を持つことを奨励しているわけではない。労働人権を尊重しているだけなのだ。サイドジョブに関しては、税金面など事務的なことも理由にしてある程度のルールは設けている。特に航空チケットが安く買える立場を利用したり、企業名を使ってよからぬ商売でも始められては問題なので、何をするのかということは人事に申告して、認知されればサインを交わす。

若いうちは、メッセや観光などの通訳、翻訳、飲食店で働いたり、販売店で働いたり、モデル、専門学校のインストラクター、雑誌のコラム書き、写真家、メーキャップアーティストなど、時間がフレキシブルな仕事や単発契約の仕事をやることが多い。またキャリア・アップを考えて、大学に通ったり専門学校に行ったりする人も多い。海外の大学に通う人もいる。家族や知人の仕事を手伝ったり、海外に人脈のある人は、商品の買い付けや個人輸入の仕事を始める人も少なくない。

自由である一方、社縁や地縁に縛られない越境的勤務は、結果として自分の職業生活スタイルを主体的に選択することが要求される。日本の会社は年功序列の規範があるので入社順に上下関係があるが、H航空では入社年度や入社時の訓練コースの「期」は組織の命令系統とは全く関係がない。権力を持つのは役職であり、経験の長いものは個人的に尊重されるが権力も強制力も持たない。H航空では自分から動かなければ入社したときとずっと同じ仕事を定年までやることになる。パーサーになりたい人は自分から上司に申し出て、昇格の方法を聞く。客室の仕事が好きな人はフライトに専念するのも自由だ。機内サービス設計の仕事や、人事教育に携わりたい人は自主的に申し出て、チャンスをもらいたいとアピールする。社内で別の仕事に就きたい人は、社内転職の手続きを取り、上司の推薦状を持って社内で受験する。企業に入るとキャリアパスが固定されるというものではないからこそ、何も考えないで与えられたことだけをやっていると一生同じ仕事しかしないことになる。同じ仕事でも主体的に選択してやるのと、マンネリ化してやるのとでは、職業人生が全く違う品質となる。

「中には出世したい人がいて、サービスも on the book、by the book のみになる。そういう人はいずれ飛行機から出て行くんだから、そうじゃない人がサービスする方が乗客にとってはいいのよ。(137)」

例えばこのインフォーマントは現場主義である。サービス提供の実践者であることに仕事の意義を見いだしているのである。サービス設計重視でマニュアル通りにやろうとする人は、目の前の生身の乗客の望むものを見ていない。

そのような人は乗客にとっても迷惑だから、サービス現場から離れてしまった方が良い。それが本人の望む出世ということであればいずれ飛行機を出て行く人間だという。その結果、飛行機にはマニュアルよりも人間重視でサービスができる人が残るのだという職場の生態を言っている。このインフォーマントは越境的勤務を重視すると言うよりも、多文化空間でサービスをする仕事に意義を見いだしている。

「私は海外ベースで日本からコミュートしていつも疲れてぼーっとしてる。早めにリタイヤして、二カ国を行ったり来たり季節に応じて住みたい。海の近くでゆっくりしたい。どこでもいい。世界が身近だから行ったり来たりがいいです。それが生活になってるんでしょう。」

将来の夢はと尋ねると、このインフォーマントは早く職業生活を切り上げて越境生活を継続したいと答えた。二重生活に近い者や、航空会社によってはフライト時間が多くて勤務時間が長い客室乗務員や、移動が頻繁な者がいる。このような客室乗務員に夢を尋ねると、のんびりしたいとか、静かに暮らしたいとか言う人が多い。気ぜわしい生活をしているという自覚はあると推測ができる。しかし「どこでのんびり静かに暮らすのか」と尋ねると日本と答える人は少ない。「どこか」という答えが多く、このように季節ごとに二カ所に暮らしたいという人は大勢いる。日本に戻ることやどこかに定住することにあこがれや希望も持っていないのである。

「将来どこに住むかもわからない。日本に戻るかどうかもわからない。暖かい場所でのんびり暮らしたい。ブラジル、沖縄、タイ……。生まれ持ったDNAかも。前世があるなら旅芸人だったかも。日本だけにいるのはもったいない、時間があるんだからいろんなものが見たいし、旅行が好き。移動はつらくない[138]。」

「旅芸人」という表現も時折客室乗務員から聞かれる。移動をすること自体が仕事の一部だという意識である。移動することは越境的勤務者にとってはごく自然なことであり、そうしたくてやっていることなのである。

以下は、そのような越境的勤務を続けていたベテランの客室乗務員達が、共に職業生活を送った本社やその国の人々に対してどう感じているかという語りである。

「H国のH国人と一緒に働いていて、H国人やだなーって思いながら身内のようになっていく。そういうことって日本に居たら感じなかったことだから、それはよかったなと思うことだよね。」

「やだなー」というのは、本当にH国人が嫌だという意味ではなくて、良いところも悪いところも含めてまるで身内のように自分の一部のように思えるということだ。地縁と切り離された国家にある会社と社縁を結び、長期にわたって組織共同体で連帯する経験を続けた結果、このような境地に陥るのだろう。このインフォーマントにとってH国は決して遠い国ではないのである。また次のインフォーマントも似たようなことを言っている。

「長く働いた会社に愛着はあるけど、忠誠心はない。本社の同僚とは長く一緒にいる同志みたいなもの。学友とか。[139]」

二十五年以上の越境的勤務をやった経験からの発話である。このインフォーマントは、越境的勤務の持つ二つの法律と矛盾のために起きる問題に正面から取り組んできた。企業内マイノリティの戦略については、「労使」という二項対立でオフィシャルに交渉するよりも、個人プレイで交渉して目的達成する方法が効果的だと悟り、仲間同士で助け合うリーダー的存在である。「忠誠心がない」という発言は、他の越境的勤務者同様に、会社や企業という大きな組織共同体の強い縛りや連帯はあまり感じていないしコミットもしていないという意味であり、嫌々会社で働いているということではない。むしろ自分の職業人生がそこで快適だからいるけれど、快適でなくなったら出て行くという自律した態度である。

本社の国の人びととは、長く一緒に働いた人たちとして愛着があるというのは、先のインフォーマントが「身内」という表現を使ったのと同じような意味で、「同志」「学友」という言葉を使っていることが考えられる。長い職業生活の中で遠い外国の知らない人たちではなくなって、特別な経験を共にした人たちだから愛着を感じているという意味で、社縁を意識している。「会社人間」とは全く違うアイデンティティであり、職業観である。長い越境的勤務の経験は、客観的な場所や距離の感覚よりも、主観的に身近であることによって、その思いが深まり、つながっているのだ。

移動や多文化間労働をする越境的勤務は、一般的に大変そうだと思われるが、本人達は越境的勤務こそが良いのだという。仕事に出ることでローカルな日常生活がぷつんととぎれる。越境的勤務者にとって越境することも仕事も日常の延長である。しばらくして帰ってきてまた家での生活が継続する。それを生活のリズムと考える。時間も季節の流れも人間関係も一時的にとぎれてしまうほどの大きなメリハリのあるライフスタイルが好きなのだ。

越境的勤務の継続することへの思いを以下のインフォーマントはこのように答えた。

「(例えば、ずーっと日本にいると)不安になってくる。(なにが不安になるの?)ひとつのところにいると自分がすごいダラーッとしてるような気になっちゃうのね。もう動きがない。(でも日本にいたってじっとなにもしないわけじゃないだろうから)うん。なにもしないわけじゃないよ。でもなんかねえ、一カ所のところにいるとねえ、なんかこう落ち着かないのよね。かといって移動してばっかりでも落ち着かないのよね。なんて因果な商売だと思ったときもあったんだけど、気が付くといつも電車かバスかタクシーか飛行機に乗ってるのよ。一年のうちに三分の一飛行機で、三分の一ホテルで、三分の一日本みたいな。自分のベッドで寝るの、一年間に三分の一あるかねえ。そんなもんじゃないかなとか思うと、ほんと落ち着かないなって思うんだけど、でもそれが自分にとって居心地が良いんだよね、なぜか。[140]」

この語りは、片倉もとこがイスラムの移動文化について説明したものを思い出させるものである。ひとつのところで生活をしていると物理的なよごれも出てくることもあるが、人間の心もよごれてよどんでくるように感じる。動くことによって浄化されるという感覚がイスラムの移動の哲学であるという(片倉 一九九八:七)。このインフォーマントは、ずっと日本にいると不安になり、一カ所にじっといると落ち着かないと表現している。そして仕事でもプライベートでも移動し続けている。いつも動的で気軽に動く融通性、臨機応変さ、身の軽さも、イスラムの移動文化と共通している(片倉 一九九八:一―二)。

越境的勤務者である客室乗務員は、子供時代からさまざまな理由から意識が外に向いていたり、外国の文化や言語に興味があったりするのだが、いったん日本の外に出てしまったら、日本とはつかず離れずしながらも、海外を移動している生活そのものに価値を見いだしているのである。

越境的勤務で航空会社勤務の人にインタビューを取ると、「仕事や会社が嫌で、嫌で……」と言う人には会ったことがない。ホームシックやカルチャー・ギャップに時折嫌な思いをすることがあるということが原因で、日本に帰りたいと口にする人はいるが、本気ですぐにでも帰国するという気持ちで述べた人もいなかった。企業を通じて越境的勤務の場を与えられているという意識もあるが、だからといって企業や組織共同体に人生をコミットするわけでもない。変化のある越境的勤務生活が楽しいから続けているのである。そして条件が嫌になると身替わりは早く、行動を起こす。

「（先の航空会社を転職してその国を出た理由は）あの国が嫌いだったから。嫌いな国とか好きな国とかやっぱあるんだと思うのね。幾つかまわってるうちに居心地の良い国とか見つける。（うん、それを一カ所に定住しないのは？）うーん、一カ所にしないっていうのはなんでだろう。定住民になれない（笑）。欲張りなのかな。[14]」

越境的勤務者の面接をしていて感じたのは、何となく越境的勤務を続けている人はいても、嫌々継続している人はいなかった。ということは、他にもっと興味が引かれることや、やりたいことを見つけた人は、あまり迷うことなく行動に移して出て行ってしまうことが考えられる。転職者が多いという事実や、身軽で行動が早いことを考えても、客室乗務員の仕事に飽きたり、他の仕事や他のことに興味をもったらさらに移動していくのだろう。

転職者は、同業他社の客室乗務員になる者もいるが、サービス価値モデルの実践は汎用性があるようだ。若いときには通訳やナレーション、ジャーナリストなどのスペシャリストとしてゼロから再スタートする人もいる。越境的勤務の間にお金を貯めた人や人脈を築く人も多いので、事業を始める人も少なくない。貿易関係の会社など、海外出張の多い仕事や、つきあいの多い経営者の営業や秘書、また海外のホテルや外資系のホテルなどでコンシェルジュの担当や教育担当になる者もいる。ある程度経験を積んだ者は、教育関係に転職する人はきわめて多く、中でも人材教育や専門学校の教員になる人は多い。大学など学校の教員になる者も少なくない。店を経営したり任されたりする人など、基本的に人と接する仕事が結局のところは得意となるようだ。

3　きわめる満足

長く客室乗務員の仕事をやってベテランだからといって、サービス技能としての接客が誰でも上手だとは限らないことはすでに述べた。

会社には、常に上を目指してがんばる人もいれば、組織に従順で波風を立てずに仲間と良い人間関係を持つことを第一に考える人もいる。仕事のクオリティはさておき、権力志向のやたらと強い人もいる。筆者の調査中には出会わなかったが、仕事は給料をもらうところだとして割り切っている人もいることだろう。組織としては同じ傾向の人ばかりがいてもバランスが悪いわけで、いろいろな価値観があるのが妥当である。

サービス技能を極めることを最も楽しんでいる人たちは、仕事のオペラ（opera）を楽しんでいる人たちだ。サービスをすることそのものが好きな人達である。サービスが好きな人は、自分がサービスをすることも好きだし、サービスを経験することも好きだ。ベテランの客室乗務員が後輩に向けてアドバイスをするように、良いサービスを受けることはサービス技能が上達するひとつの方法である。熟練者が考える良いサービスとは何かと尋ねてみたら以下のような答えが返ってきた。

「自分がやられてうれしいことをやる。自分が良いレストランに行って受けて感激したサービス、すごくcomfortable に感じるサービス。例えばね、You are something special のサービス。例えば私が頼んでおいたことを覚えててくれるとか、私が『魚が嫌い』って言ったとしたら、『次の dish にお魚入ってるけど大丈夫ですか』とか、ちょっとしたことでいいんだけど。[142]」

サービスの経験とは、何も高級なレストランでの高級なサービスのことばかりを指すのではない。接客時のやりとりでちょっとした工夫やうまさを見るのも学びになる。市場や販売店などの瞬時のやりとりの中でも、創造性を一瞬で際ただせることができる人がいるものだ。サービスの熟練者はその一瞬を見逃さないし、どちらも好きで尊敬している。

しかしやはりコース料理を出すようなところや高級旅館、高級ホテルはサービス提供のプロセスにかける時間そのものが長く、より学びになる。物理的に展示演出が巧みであり、意図的にサービス担当者と客が交流する場面が作り込まれている。サービスの上手・下手にかかわらず、より親密に心を通わせられるよう、非日常的な空間となるような儀礼体系がサービス設計として組織的に作りあげられているので、そこからの学びは多い。良いサービスになるのは当然といえば当然である。そこで本当にサービスのうまい人にあたれば「当たり」であるが、しかし高級な場所でも必ずしも上手なサービスをやってくれるのかというとやはり人による。

サービスが好きな客室乗務員は偏見なくいろいろと試して学習をする。お金を使うかどうかは別として、場数を踏む。ただ足を踏み入れて、店の雰囲気を見たり店員の対応を見たり、置いてあるものを見たりということもする。例えばその都市を代表する超高級ホテルに宿泊したり食事をしたりということはそう頻繁にはできないものだが、ロビーで一杯飲むことでそのホテルがどのようなものかを眺めるにはよい。使っている食器や調度品、内装、働いている人々の動き方、利用者の客層などを見ることで出しているものの品質、全体のサービス設計や演出、人材教育がどの程度なのかなどがわかり、価格を確認すれば、それらをどの程度のブランド価値のあるものとして設計しているのかがわかる。例えばホテルの良さはやはり実際に何度も泊まってリピートして、自分の好みと合うかどうかも含めて徐々にわかってくるものであり、ほんの一部をたまに使ったくらいでは本当の良さはわからない。そうわかった上で、全体のうちの一部の施設でどのようなサービスを提供しているかを見学するのである。サービスとは組織的に設計するもので、本物志向や展示演出の巧みさも、芸術性や独創性を盛り込むことができる。日常と日常との間の非日常の時間と場面であり、儀礼として設計するものなのである。サービスを体験することは、儀礼の過程（ターナー一九九六）の経験なのである。儀礼遂行者であるサービス担当者がどのような情報として情報伝達するかというところに客室乗務員の興味がある。

サービスの仕事が好きで極めたいと考え、自らもサービスを受けることが好きな客室乗務員は、心を通わせるサービスを求めてフライト先や旅行先であちこち本気で探し回る。とりわけ飲食店にはよく足を運ぶ。自分の仕事に一番学びになりやすいこともあるが、評価をするのにも自分の仕事と近いのでよく理解ができるからだ。

小さな街や村の地元の有名店には行くが、チェーンの高級店や有名店は探し当てる楽しみがないので積極的に行こうという話にはあまりならない。それなりにお金も取るので、ある程度良いサービスを提供するのは当然であるし、冒険をするには安全圏に入ってしまうのだ。むしろ探索地としては日常空間のちょっとした場所で上手なサービスに当たる方が掘り出し物の楽しみがある。これは単なるグルメや食べ歩きと言うよりは真剣勝負といってもよい。星の数や広告、ホテルのコンシェルジュ情報も参考にはするが、むしろ地域の口コミ情報を大事にするフィールドワーカーである。飲食店でなくても、買い物をしている途中でサービス・リテラシーが高くセンスの良い店員がいたら、個人的に尋ねる。リテラシーの高いサービス提供者は、世界中にどのような業界にもいる。信頼ができる店員を見つけたら、その人が好んで行く飲食店は大きく外れないのである。このように情報網を辿りながら、初めて行く街でも探索をする。

一見で入る店選びは慎重だが、手がかりをたよりに見極める。初めての店に入るときには、外に出ているメニューの内容と値段、置いている酒類でどの程度のグレードかを確かめる。店の内装やテーブルにセットしてある食器類、なかにいる客層や年齢層、利用者の身なりやふるまい、サービス担当者の身だしなみや物腰、動き方などを店の外から見れば、サービス設計がどの程度か、品質管理がある程度はわかる。妥当な価格設定か、どのような客が評価しているかを見て、場所代やブランドネームにお金を払うような無駄にならないようであれば試してみる。

詰まるところ、サービスの仕事を極めるまで好きな人は、自らもサービスを受ける楽しみにこだわる快楽主義者であり、五感に心地良い刺激を受けることが純粋に楽しいのである。

一方、サービスの仕事を業務として割り切り、オペラ（opera）を遊びとして楽しまない客室乗務員もいるが、とりわけ食わず嫌いが多い人や偏食の人、食べるものや場所に要望が少なくて何でも良い人は、ベテランになってもサービス技能が上達しない。あれがダメ、これがダメといった排他的で拒絶する態度や、逆に「なんでもいい」というこだわりと執着のなさは、他者への配慮や五感にしても繊細さには欠けるだろう。サービス・リテラシーがとても高い乗客は良いサービスを受け慣れていて、サービス提供者が完全な業務をこなしていてもその繊細さやセンスの差を読むことができる。良いサービスを極めたいと思う客室乗務員は、普段からそれなりに自分の仕事に自信を持っているが、より高いサービス・リテラシーを持つ乗客に負けたくない負けず嫌いでもある。常に自信をもって乗客よりも「上に立ちたい」がために自己研鑽するのである。したがって客を上手にもてなしたいと努力すると同時に客の「値踏み」もしている。

以上からわかるのは、仕事には「見える仕事」と「見えない仕事」があるということである。これは対人サービスに限ったことではない。このことをひとつの軸にとらえ、もうひとつの軸にオペラとラボールの概念を置いてみる。すなわち、自ら喜んでするような「主体的・創造的な仕事」と、会社や上司から「強制される労働」の軸である。この二つの軸を縦と横に置き、仕事に関する四つのカテゴリーを示したモデルを、図9「サービスの四象限（ＬＯＶＩモデル）」として提示する。

このモデルが示すのは、仕事とは、①見える主体的・創造的な仕事、②見える強制された労働、③見えない主体的・創造的な仕事、④見えない強制された労働の四つが混在したものであるということである。現実には、働いている本人でさえあまり意識もせずに業務をこなしていたり、人によっても偏りがあるだろう。この「サービスの四象限」を意識しながら、引き続き客室乗務員達の語りを分析する。

客室乗務員は十年くらいの経験があれば、ある程度一通りの業務はこなせるようになる。そうすると、「うちのリピーター客」というのがつかめるようになる。カードメンバーやヘビーユーザーは、サービスの良い面も良くない面もよく知った上でリピーターであることが多い。H航空では何が期待で

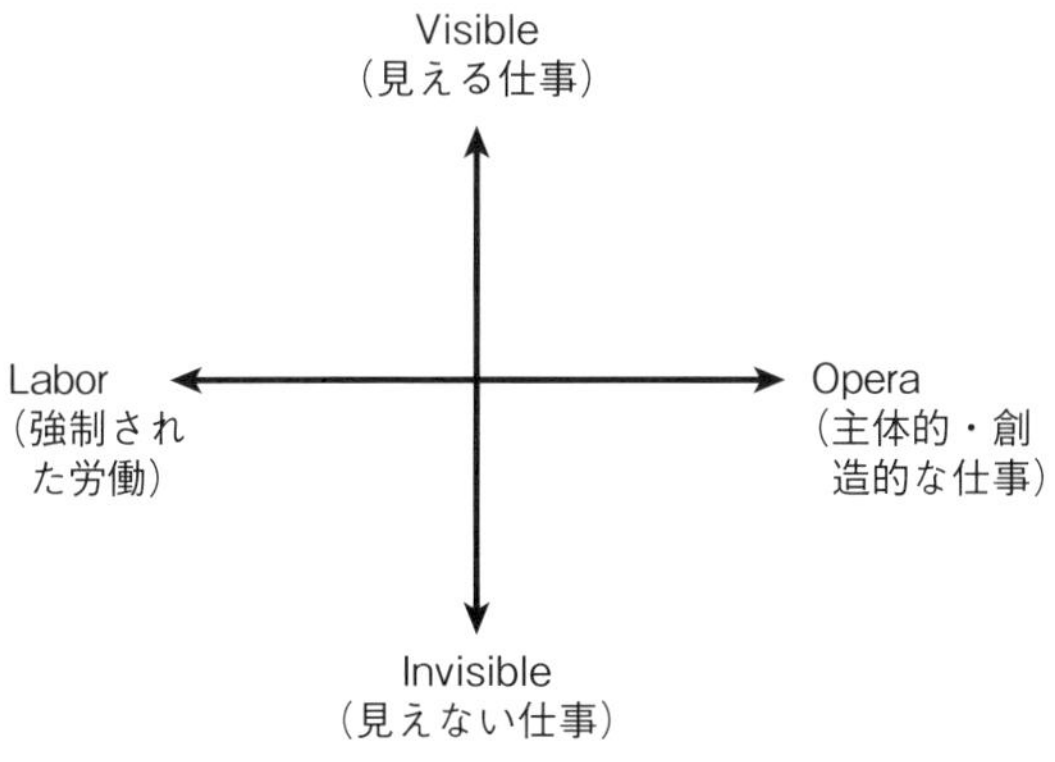

図９　「サービスの四象限（ＬＯＶＩモデル）」

きるかということも知っている。航空会社にはファンもマニアもいるので、従業員よりも詳しくサービスを知っている乗客も少なくない。上顧客と共にこのような乗客は、意見やコメントをもらって一緒にサービスを創る「共創」の協力者である。

一方、「メンバーに成りたての乗客は難しい」と、ある中堅どころの客室乗務員は面接で語った。

「がんばって上がって来てくれて成りたてのメンバーは、張り切りすぎで力が入って特別に扱って欲しい。『私を誰だと思ってるのか』とか、ほんとにそのまま言った人もいるし、『リストで名前を見てください』って言った人もいるし、何かスペシャルにして欲しい。アップグレードとか、できないことを要求することもあるし、できることでも忙しいときにいちいち話しかけてくると難しいんですよね。そういうことを防ぐために先手を打つ。なるべく最初に、余裕のあるときを見計らって、こちらから挨拶に伺って話す時間を持つ。自分がプライベートでビジネスクラスに乗ったときに客室乗務員の台詞を聞いて、感動したフレーズなんかはまねて、いろいろと。そこは戦略です[143]。」

リピーターとはいってもメンバーになりたての乗客は、中にはまだ場のリテラシーを身につけていない人もいるために、他の客と比較して行動や要求にずれがある。中堅どころの客室乗務員になればそれが見えてしまうのだ。しかし客はそれだけ期待を持ってメンバーになり、楽しみにしてやってくるので期待に沿えるようにサービスを提供したい。かといって自分の仕事を邪魔されるようなことはして欲しくない。それを「戦略」という言葉を使って対応策を立てることができるというのである。自分の仕事がやりやすいように「先手を打つ」ことで、客の行動を変えさせて、状況改善をしている。

さらにベテランの客室乗務員はこのように言った。

「無理難題言う客は顔色見ちゃいけないの。『ちょっと待って、あなたの言ってることってどういうこと？ あんたひょっとしてアップグレードじゃない？』って女優になるの。ファーストはその世界なの。たった十数人しかいないの。態度が悪い人は『あんた、がんばりなさい』って客をコントロールしなきゃいけない。『あなたはファーストクラスにいるのよ』と教えなきゃいけない。[144]」

もちろん客室乗務員が「あんたひょっとしてアップグレードじゃない？」という言葉で客に対応するはずはない。アップグレードかどうかは乗客リストを見ればわかるが、アップグレードを許可するためには「営業マター」でさまざまな理由があることは知っているために、客室乗務員が口を挟むことはしない。客室乗務員は同じクラスにいる客を同じに扱うのが仕事であり、実際には正規料金の客とアップグレードの客が差別されることはない。

問題はアップグレードかどうかや、一見客かカードの色が何色かというようなことではなく、その場にどういう人たちがいるのかということを配慮せずに自己中心に振る舞うサービス・リテラシーのない乗客にどう対処するかということである。

このインフォーマントが言いたいのは、態度や素行の悪い客を許容することで空間全体の品格を引き下げてはならないということであり、場の規範を保つためのイニシアティブは客室乗務員にあるという。ファーストクラスの客だからと無理難題をきくのではなく、自信を持った対応で場を管理すべきということを述べている。サービス・リテラシーのない客が場違いに紛れ込むことは起こりえることで、それに対して、「あなたの感覚はずれていますよ」とその客に気づかせ、自ら行動を改めさせるべく対応する。言葉で伝えるのではなく、気迫を持って暗にふるまい方を示すのだという。このような自信のあるベテラン客室乗務員に対しては、客もその力量を認めることでより高度なサービス関係が成り立つ可能性が出てくる。

「私は全然ひざまずいたりしないの。むこうがどれくらいのことを期待してるか、その見極めなの。長くファーストで働いてる間にそれを見極められるようにならなきゃならないの。それを感じさせなきゃならないの。[145]」

「ひざまずく」というのは立場の上下関係をつくり、相手を上にして自分は下にへりくだって相手の意に従い、相手から要求を述べてもらうことに対応して、要望の通りにかなえることに忠誠を尽くす受け身の態度ことである。しかしこのベテランの客室乗務員は、そういったことはしないという。その代わりに「客の期待を見極める」という主体的な態度を取る。経験を積んで客の期待の見極めができるようになると、さらに「客の期待を見極めていることを客に感じさせる」ことをするのが自分の仕事なのだという。

この客室乗務員のやっていることは、サービス価値モデルで表現する項目を徹底的に極めて高めたものである。創造性を高め、客との即興劇を通じて情報伝達し、やりとりすることによって期待を引き出し、一人ひとりの客の要望が把握できているということだ。その状態を、相手に押しつけず、お仕着せがましくならない方法で、「あなたのして欲しいことはわかっていますよ」と客に感じさせるために情報伝達が可能になった状態が、高いレベルでの共創であり、サービス技能の熟達者の高みでもある。

一方で「期待をさせる」というのは企業の巧みなサービス設計だ。ブランド神話作りでもある。例えば、近年のサービス・コンセプトのファーストクラス・ラウンジは、世界のいくつかのスーパー・ハブ空港で評判になった。高級感ももちろんのことだが、空港の混雑の煩わしさや搭乗までの時間効率と手間暇を省くといった、多忙な国際ビジネスマンのリピーター客のニーズに対応したものである。利用者も限定することでプレミアをつけたことが神話を創造することになり、「あのファーストのラウンジに入ってみた」ことが口コミで広がった。そこに足を踏み入れた経験がステータスになったのである。そうすると「あのファーストクラス・ラウンジに入るためにがんばるぞ」というリピーター客が増加し、あともうちょっとで行けそうだというマイレージ・コレクターはこぞって飛行機に乗るという現象を生み出したのだ。サービス・イノベーションの一つの事例である。

こういった乗客の特別の期待がファーストクラスにあることも、客室乗務員はよく知っている。

「ファーストで働くときは化粧、身のこなし、髪型、ステージだから女優にならなきゃならない、ディズニーランドだからね。日常と違う空間だから期待していくの。行ったら普通のおばさんがいるとがっくりするでしょ。」[146] ファーストクラスは非日常の経験としてのサービスを期待してやってくる。日常生活において社員食堂でランチを食べたり、駅前の居酒屋で飲んだりするのとは全く違う、ディズニーランドに行く人びとの心理と同じである。いつもと違うというだけで楽しみがあるというのだ。

したがって、ファーストクラスを担当する客室乗務員も、まるで家のなかや近所にいるような印象管理や立居振舞で緊張感のない態度では良くないとこのインフォーマントは述べる。「さすがファーストクラス」と思わせるような自己呈示をして自分を展示演出してみせることもプロの仕事のうちである。乗客の期待に沿うように合わせることが創造性ならば、客室乗務員自身も日常と違う振る舞いで乗客を出迎えることが必要だ。そのことを「女優になる」とこのベテラン客室乗務員は言っている。しかしここで客室乗務員が述べているのは、客の感動を呼び起こすようなメソッド演技（Hochschild　一九八三）のようなことではない。

「女優。女官を演じるの。私があなたたちをコントロールしてるのよって。食べたいものも出すし、飲みたいものも出すし、失礼もないわよ。でもあなたたちここに来ていい人なの？って。すごくファーストクラスの仕事はもえるわよ。私は自分の日常じゃないことをするのよ。普段の私は『奥様は？』なんてことしない。友達にそんなことしないし言わないわよ。でもここから女優の世界がはじまるの。たった十二時間女官を演じられるでしょ。そこが楽しいの。(147)」

誰でも簡単に足を踏み入れられるような場ではない、特別な空間であるファーストクラスで、サービス・リテラシーを管理するのは自分である、自分はここでは女官役を演じるのだという。サービス価値モデルを創造的に表して情報伝達し、サービス・リテラシーのある乗客とはともに乗客の価値を創ることをする、この客室乗務員は、サービスの創造の楽しさや醍醐味について語っているのである。

「女官を演じて場をコントロールする」とはどういうことか。これはサービス価値モデルの「型」を破り、型から離れて、自由な自分のやり方で創造して情報を伝達し実践をする境地であり、サービスを創造するオペラ（opera）を述べている。サービス技能の熟練者が技をきわめることについて、「もえるわよ」という心境を語っているのである。これは「サービスの四象限」でいうところの、見える／見えない主体的・創造的な仕事についての語りであることがわかる。つまるところ、サービス技能を極め、熟練の域に到達しようと目指すのは、やっている自分が「もえる」から、そのことが楽しく、仕事のやりがいとして満足するから、主体的かつ創造的に、常に上昇しようとするのである。本人にとっては、その仕事をやっていることが客観的に見えているか見えていないかはさほど重要ではなく、内発的な動機づけにより、喜んでやりたい仕事だからのこだわりなのである。

結論

第1節　サービス価値説

本論文は、西ヨーロッパ大陸部のナショナルフラッグ・キャリア、H航空を主たるフィールドとし、外国人枠で採用された日本人客室乗務員の越境的勤務体制をめぐる仕事の文化人類学的記述と分析である。

筆者は古来よりあるサービスの価値について再考し、サービスを「情報」としてとらえ直し、その価値を創り出す実践を、サービス提供者とサービスの受け手との共創（co-creativity/co-creation）としてとらえて、越境的勤務者の立場から明らかにしようと試みた。

序論ではまず、現代の産業界でサービスがどのように議論されてきたかを概観した。「空の移動」という不可視な商品や、「安全」「快適」「利便」のような原価の測定が不可能なものが、一次産業の生産物や二次産業の製造物と同じように、市場経済の中で貨幣と等価で交換されている。経済学では「生産と消費」の概念、経営学は効率や品質の「管理」の考え方によって説明がなされてきた。サービスを生産・供給するしくみを管理し、生産物としてのサービスの品質管理をはかるための議論は、近代化のプロセスで展開されてきた大量消費・大量生産の原理である。これを支える有力な理論のひとつが労働価値説である。そしてサービスの大量生産のためには、機能化や合理化を図り、精密な機械技術の体系や標準化された作業手順のマニュアル化が必要である。誰がやっても同じサービスが供給できるよう設計され開発された結果、「マクドナルド化」がこんにちわれわれの生活には欠かせなくなった。

しかし一方で、サービスは貨幣経済が生成する以前からある古くからの交換システムであり、文化的実践である。

対人サービスは情緒的で、全く同じ内容が供給されても受け手の主観や気分で評価が変わり、同じ価値を経験することは二度とない。航空機は国籍・民族・言語・宗教などが異なる老若男女が乗り合わせ、文化も価値もトランスボーダーな現象が起きやすい。ある国では高く評価されるサービスが別の国では低くみられるということが頻繁に起こる。サービスの価値を再考するために、梅棹忠夫の「情報」の概念を採用し、サービスは情報であるという仮説を立てた。梅棹が「疑似商品」と呼ぶような、大量生産型の工場生産物と同様に見立てるサービス観念にとって代わる新たな概念として、「サービス価値説」を立ててみた。それはサービスが生産されて消費されるという生産者と消費者の関係ではない、共創（co-creativity/co-creation）の関係にもとづくものである。

この説明をするために、貨幣経済が生成する時代よりもずっと以前から存在する、サービスの交換のしくみについて考え直すことにした。経済人類学者のポランニーは、マリノフスキーのトロブリアンド島のクラ交換や、モースの米国先住民族のポトラッチの儀式を事例に引きつつ、貨幣経済以前の長い歴史の中では、財は個々に生産して貯蔵するのではなく、必要最小限のものは手に入るような再分配のしくみにおいて、交換を支えていたのは社会の中の人間関係や信頼関係であったと指摘した。また社会学者のボードリヤールも、「未開社会」の贈与と象徴交換の経済を取り上げ、社会関係の透明さと相互扶助によってそれぞれの交換関係が社会の富を増加させ、そこにこそ真の豊かさがあると言う。

筆者は梅棹の「お布施の原理」の概念を取り入れ、サービスの提供者とサービスの受け手が社会的関係の中で、同じ規範に則って情報が理解できるかどうかによって、価値評価が影響を受けると考えた。互いに望ましい関係が成り立ったときに、有効なサービスは認識される。この規範を「サービス・リテラシー」という共通コードとして措定した。

梅棹は、情報は情報の受け手が認識したときに情報となるとする。情報は受け手に認識されなければ価値は生まれない。したがってサービスは、サービス提供者がサービスの受け手が価値の認識ができるように、創造的に情報発信をすることが求められる。サービスの受け手が「サービス・リテラシー」を持って情報を理解することができたときに、サービスの受け手の経験として価値が認識される。リテラシーがずれると適正サービスが感じられない。このように、共通のサービス・リテラシーを持って相互のやりとりを通じ、共に創る価値こそがサービスであり、互いに高いリテラシーを共有することで高次のサービスを実現することができる。脱工業化の時代のサービス価値は、情報と五感を通じて顧客の内面に共に創り出されてゆく。これは労働の価値による大量生産や大量消費、あるいは貨幣による等価価値の経済取引とは異なり、個別のサービス経験のありようである。労働価値に取って代わりうる「サービス価値説」である。

第2節　モデル

第Ⅰ部は、第1章で「サービス価値モデル」、第2章では「上達の構造モデル」、第Ⅱ部第5章では「サービスの四象限（LOVIモデル）」について説明した。

筆者は既存の日本企業の人材教育の教育プログラム「接客五原則」から着想を得て、H航空の客室乗務員の仕事の参与観察から得られたデータにもとづき再分類し、客室乗務員が乗客に対して発信している情報を、「印象管理」「立居振舞」「意思疎通」「展示演出」「危機対応」の五つのタイプに分類して、「サービス価値モデル」とした。しかし、この二つのモデルは似て異なるものである。接客五原則は、メラビアンの理論にもとづき、共同体構成員として第一印象の良い社員を育成するためのモデルであり、いわば企業や社会の規範を教えるもので、生産性を高めるための従業員の管理が目的である。一方、サービス価値モデルは、客室乗務員の日々の実践からデータを収集して分類したものので、企業や社会や文化の規範を内包している。ソシュールにならうとすれば、職場の実践であるところのパロールからデータをあつめると、社会の決まりやルールや規範といったラングも見えてくる。それがサービス価値モデルである。五つのタイプにはそれぞれ理想的な「模範」と犯してはならない「禁忌」がある。新人教育では基本の型から学習し、模範として決まり文句や決まった動きを実践できるようにシミュレーションを繰り返す。

「上達の構造モデル」とは、訓練所で教えられる最低限の知識や技能としてのサービスを、いかにして上達させてゆくかを説明するモデルである。

サービス現場の接客業務につく従業員教育は、米国式のマニュアル教育が最も発達したものとして知られている。移民国家の米国ではサービスの実践がばらばらにならないよう、誰がやっても全く同じ仕上がりになるように業務や作業を徹底的にルール化し、その詳細を決めた。

一方、H国をはじめとするヨーロッパは、マニュアルや教育プログラムはガイダンスに近いもので、実践段階でのやり方が他の人と異なっていても個性として認めようとする。実践にバラエティがあることは許容しても、エチケットや社会的規範に則ったルールやマナーに対しては厳しい態度をとる。貴族文化や階級社会のなごりがサービス人材教育に現れているといえる。

日本では芸事や武道において、まず型を身につけて繰り返しの稽古に励む伝統から、米国式のマニュアルで業務や作業を型にはめることにはなじみがよかったようだ。茶道や書道、柔道や剣道といった「道」のつくものは、長年繰り返しの鍛錬を積むと徐々に型から離れて最後は自分のものになることで熟練者となり、名人になる。

第2章では、「上達の構造」として提示し、新入社員が多くいたとしても全員がサービス技能も熟達し、ベテランになるわけではないことを示した。ベテラン客室乗務員の語りからは、「経験を積めば機内の仕事はできるが、だからといってサービスがうまくなるという訳ではない」「気配りは誰でもやれるが目配りは経験を積むことでしかできない」といったような区別が何度も出てくる。

「上達の構造モデル」は弁証法に当てはめて説明した。サービス技能は適性に依存する部分が多いものの、訓練中の新人は、「本気のスイッチ」が入ることで行動変容のきっかけにもなる。訓練はシミュレーションの繰り返し、稽古の繰り返しで身体にたたき込み、型にはめる方法が有効である。サービス現場に入って間もない新人の時代は、意識して一生懸命にやっていた作業が、ベテランになればすっかり身についてしまい、無意識でする当たり前の仕事になっている。経験が増すことで行動そのものに質的な変化がもたらされるのであるが、これは「量質転化」の現象である。

訓練所ではインストラクターの身体行動をモデルとして見ることで学習する。サービス現場では先輩や同僚の仕事のやり方を見て学び、ベテランになれば客とのやりとりから教えられることがある。特にリテラシーの高い客から鍛えられ、また高次のサービスの中でやりとりの楽しみを味わうことで仕事のやりがいを感じることもある。また、自らが客になる経験から他者のサービスを学ぶことができる。その一方、空間の質をおとしめるような客にはサービス・リテラシーを教えなくてはならない場面も生じる。このような相互のやりとりは「対立物の相互浸透」の現象といえる。

新人の時に、これまでのやり方を否定されて型にはめられ、いずれ上達して型を外して自分のやり方で高次のサービスをできるようになる。これは「否定の否定」である。サービス技能の上達の構造はこの三つの論理で説明ができる。この法則において、長く経験すれば誰でも上達する訳ではないことが証明できる。

以上、第Ⅰ部では二つのモデルを仮説として立て、第Ⅱ部でそれをさらに具体的に検証することにした。

佐々木はラスキンの議論を整理し、仕事には主体的・創造的な仕事（オペラ＝opera）と強制された労働（ラボール＝labor）があると説明した。客室乗務員の仕事のフィールドワークを注意深く分析するとわかるのは、仕事には見える仕事と見えない仕事がある。これらのことを二つの軸を用いて整理すると、仕事は、①見える主体的・創造的な仕事、②見える強制された労働、③見えない主体的・創造的な仕事、④見えない強制された労働、の四つが混在したものだということがわかる。この概念図を「サービスの四象限（ＬＯＶＩモデル）」として提示した。

第3節　仕事のエスノグラフィ

第Ⅰ部の「サービス価値モデル」と「上達の構造モデル」に沿って、第Ⅱ部ではＨ航空の日本人客室乗務員の仕事を記述することを通じて、モデルの検証を行った。

第３章ではサービス産業における航空会社のサービスがどのようなものかについて歴史を追って概観した。人間が空を飛ぶという夢から生まれた飛行機、定期運航便や機内サービスの誕生、現在の航空機利用者にとってサービスとは何か、空の移動の価値とは何かについて、航空業界の発展を追って説明した。次にH航空の日本路線を考察し、空の移動の価値の変遷を概観した。日欧路線の開発は、日本人客室乗務員の雇用ならびに越境的勤務体制の誕生であった。一期生が残した記録に沿って、当時の業務やサービスの様子を取り上げながら、その後の空路の発達によって、航空会社のグローバル化と、日欧路線の機内サービスがどのように変化していったのかを、参与観察にもとづいて記述した。

第4章では日本人客室乗務員の仕事について、特に業務について説明した。業務はノルマであり、やらなければならない仕事である。客室乗務員がサービスという代わりにデューティと呼ぶもので、ラテン語のラボール（強制された労働）である。訓練所で学んでくる者は、サービス現場に出て業務ができるようになる。新人が入社を志望して入社試験を受けるときに、サービス価値モデルの印象管理、立居振舞、意思疎通、展示演出、危機管理など、どこを判断しているのかを説明した。また顧客価値の共創のための情報の伝達方法について、訓練所では何を学んでいるのかを概観した。実際のフライトの様子を説明しながら、越境的勤務体制の一例を検討した。

第5章では、機内サービスの文化的商品でもある日本人客室乗務員が、乗客に向けて創造的な情報伝達をしようとする語り、あるいはサービス・リテラシーのないと感じられる乗客、または同僚にたいしてどのように感じそれについてどのように対応しているのか、客室乗務員が語る実践を取り上げた。さまざまな理由で日本と外国とを行ったり来たりする仕事を選び、日本の文化的規範に若干の距離を置きながらも、職業人として良き日本人のサービス実践者という仕事を選んだことでは、自らのアイデンティティとの若干のずれを認めている。しかし乗客との関わりについてはラボール＝強制された労働として実践するのではない。自由な創造的活動（オペラ＝opera）として、乗客のサービス経験を顧客価値として共創するやりとりや、そのような仕事について学んだこと、経験したことを分析した。越境の仕方によって「こちら」の日本人と「あちら」の日本人がいて、仕事の内容や期待されているふるまいも区別して認識されている。日本という国や日本文化との距離の置き方と、繰り返し言われる「日本人なんだから」というレイベリングに対しての思いや考えを「日本人の国民性の多様化」として分析した。多文化が混在している職業生活につきまとう課題は、サービスの文化的なギャップや、業務のやりとりをめぐる行き違い、さらには外資系企業の中の日本人コミュニティとのつきあいや規範をめぐる葛藤に結びついている。しかしながら、越境的勤務が楽しくて辞められないと考える理由を、仕事実践、移動と適応、サービスの仕事を極めるやりがい等についての語りにもとづき、「サービス価値モデル」と「上達の構造モデル」に当てはめながら分析し、それらの仕事は「サービスの四象限」にカテゴリー分けがされることがわかった。その結果、越境という非日常的な空間における多文化間のサービス業務であっても、これらのモデルで説明することが妥当であることを明らかにすることができた。

第4節　仕事のやりがい

本研究では、サービスはたんなる労働ではないという仮説に立ち、生産や労働に主たる価値をおこうとする概念の検討から議論を始めた。

サービスの提供者である客室乗務員は、乗客であるサービスの受け手にうまく情報が届くよう、サービス価値モデルの印象管理、立居振舞、意思疎通、展示演出、危機管理を模範的かつ創造的に即興劇として実践する。乗客は共通のサービス・リテラシーを持ち、情報の意味を理解したときに、乗客のサービス経験となって価値が得られる。この価値は客室乗務員と乗客とが互いに関わりを通じて共創（co-creativity/co-creation）する顧客価値である。大量生産・大量消費を前提とする効率よく市場で貨幣価値が計られるのではなく、互いを理解しあうことで価値が創造される関係である。

梅棹の情報価値説に則って「サービス価値説」では、客がありがたく思う装置やしくみを作ることがサービス設計であると論じた。航空機内では、大量生産型モデルのマクドナルド化されたエコノミークラスのサービスもあれば、個別の時間を割いてより創造的対応を重んじるファーストクラスもあるが、これらは企業側のサービス設計によって演出されたものである。脱工業化の共創の概念でいうところの高次のサービスとは、個人の内面に作られる価値であり、相互の関わりによって共創される。機内サービスをクラス別のタイプ分けによって貨幣価値で規定し、サービスを購買することによって顧客満足を得るというやり方は、いまだ大量生産の論理に束縛されている。ローコスト・エアラインのように、「安い移動」の要望にかなうサービスも登場している。これは乗客からのニーズから生まれたサービスでもある。近年はプロシューマーと呼ばれる、企業の商品企画や製造のプロセスにかかわってくるような、こだわりをもつ消費者が現れ、新商品が生まれている。提供者とサービスの受け手とのやりとりによって創出される個別の価値が、脱工業化の時代のサービスになっていくであろう。

第5節　考察

外資系航空会社が外国人枠で日本人客室乗務員をわざわざ雇用するのも、日本文化という資本を持っていることが価値なのであり、言語が異なっていても絶望的ではなく、サービス価値モデルの印象管理、立居振舞、意思疎通、展示演出、危機対応はもとより、言語以外の情報発信方法が存在する。何かしらの方法で相手をわかろうとする態度を見せることによって、葛藤は回避できるものである。

サービスはいわば儀式であり、日常とは違う非日常の体験ができる。そこに人びとは期待をもって良い経験をしたい、良いサービスを受けたいと思ってやってくる。

客室乗務員は、労働として義務を果たして生産をしているだけではない。むしろ自分も楽しみ、やりがいをもって創造的な情報発信をすることで、高次のサービスを共創可能なリテラシーの高い客との出会いも楽しんでいる。ベテラン客室乗務員がサービス論やもてなし論を語るときには、仕事のこととして語ってはいない。それは自分自身の生き方であり、人生論でもあった。

本研究では、サービスやサービス人材について企業経営陣の考えるような経営の見地からの議論には至らなかったし、内部調査者としての参与観察の限界から、乗客の側にたった視点に立つことはなく、あくまで客室乗務員として接したときに見えた乗客に関する情報にもとづいて議論した。また航空会社の背景にある国や民族文化がどのように機内サービスに影響しているのか、興味深いデータをたくさん集めることができたにもかかわらず、航空会社別の文化比較は次の課題へと先送りすることになってしまった。

本研究においては、仕事や職業を通して喜びや充実感、仕事のやりがいを与える価値は、スポーツや趣味が楽しくてやりがいを感じるという実態と共通していることがわかった。このような価値が脱工業化社会の経済に影響を与えつつあり、労働価値説とは異なる概念として浮上しつつある。

筆者が出会った越境的勤務の客室乗務員は、誰一人、会社やサービスの仕事を本気で嫌がっている人はいなかった。身軽に移動していくこの人たちは、もしも航空会社で客室乗務員として働くという職業生活が楽しくなくなったときにはまた移動して、別の場面で楽しみや喜びを与えられる仕事を見つけて職業人生を続けていくのだろう。そんなに遠くに感じていない外国、いつでも帰りたくなったら帰ることができる祖国、仕事を通じて移動や渡航も好きでやっていることなのである。会社や企業に縛られない緩やかな社縁の中で、好きな職場ややりがいのある仕事を求めて渡り鳥のように移動していくことも、グローバル化の進んだ社会の中ではごく自然な生きる喜びを求める行為である。本研究を通じて、「働くことによって得られる快楽」という新しいテーマも見つけた。本研究でやり残した多くの事柄とともに、これからの研究課題として取り組んでいきたい。

最後にサービス価値モデル、上達の構造モデル、サービスの四象限（ＬＯＶＩモデル）について考察する。これらのモデルには汎用性がある。人をもてなしたり、心を配ったり、エチケットに配慮したりすることは、人が人と生きるためには普遍的に必要な心構えであり、また見知らぬ社会に入ってゆくために不可欠な知でもある。筆者はモデルを人材育成担当の客室乗務員に見てもらったが、客室乗務員の仕事の実践を網羅できているのではないかというコメントが得られた。航空会社だけでなくサービス一般にも適応が可能であり、企業の人材教育でも応用が利くかもしれない。これからさらにサービス産業の実際のケースにあてはめて開発をすすめたい。

注

（1）第二次産業から第三次産業へ経済シフトし、産業構造がサービス化していくことを一般に言う。ダニエル・ベルの脱工業化社会については後述。

（2）ナショナルフラッグ・キャリアとは、航空会社が所属する国家を代表する航空会社のこと。設立や運営の経緯においては、各国家の空のインフラ整備を目的として国の資本金が投入されていることが多い。

（3）リッツァのマクドナルド化の議論は、二十世紀の初頭のヘンリー・フォードによって生み出されたフォーディズムとの共通点を指摘しながら、人間の技能を機械（人間によらない技術体系）に置き換えて合理化する大量生産の体系のパラダイムを説明するものである。マクドナルド化のシステムの特徴は、大量に均質な製品を作ること、精密な技術体系、標準化された作業手順などである。サービスはいつでもどこでも同じで、次に何が起こるか客も予測可能な状況にある。時間や消費者満足のためにサービス提供と消費のプロセスは効率よくシステム化、ルーティン化され、客とサービス提供者とのやりとりまでもがマニュアル化されるなど、機能的合理性が浸透している。マクドナルド化はファーストフードだけでなくツーリズム、流通、金融、医療、教育他、広い分野に浸透し、効率最優先のしくみが日常に広がっている。機能的合理性が追求され機械化が進んだ生産システムの中では、人間は無意識のうちにそれに従属させられて、人間喪失性が生み出されている。システム化の中で客は必要以上に他者から干渉されないために、贈与関係は排除され、等価の交換関係が追求される。他者回避された場が実現することで、場の空気を積極的に共有しない儀礼的無関心（ゴッフマン　一九九六：九三―九八）という不干渉が生まれている。客はマクドナルド化されたサービスを享受して、周りの人間関係を気にすることなく合理化された利便性を享受する代わりに、他のことに労力を割くことができる。

（4）「顧客価値（customer value）」とは、経営学やサービス・マーケティングの用語として広く使われている言葉で、顧客自身がものの購買や消費の経験を通じて問題解決や感動を手に入れ、価値があると認識する価値のことを呼ぶ。

（5）農業・漁業・林業などの自然に働きかけて生産物を得る第一次産業と、原料を加工し工業生産物を製造する第二次産業、それ以外のすべてが第三次産業である。その中身は、金融、医療、通信、情報、教育、運輸、不動産、娯楽、飲食や小売業などを代表とする非物質的な生産と配分である。クラークの生きた時代から二十一世紀までには産業構造は第二次産業の第三次産業化が進み、狩猟採集と製造業以外は何でもサービス産業に入れるという分類方法はやや粗雑だという指摘がある。しかし今もこの三分類法が一般的なのは、例えば国連の国際標準産業分類（International Standard Industrial Classification of All Economic Activities, ＩＳＩＣ）と比較してもわかる。ＩＳＩＣ最新改訂版はＡからＵまでの二十一分類であるが、中身はクラークの第二次・第三次産業を分割したと言ってよく、分類の基本的考え方は同じである。

（6） 田中秀央編、2006 *Lexicon Latino-Japonicum* 第四二刷、研究社。

（7） 産業や経営に関して、サービスという言葉を用いるときには、何らかの便益を提供する活動そのもののある・なしを意味する「サービスの存在型用法」と、便益の提供の仕方をサービスと称する「サービスの評価型用法」との二つの使われ方があると観光心理学者の前田勇は説明する（前田　一九八七：二一）。

（8） 生産と消費は経済学では対になる概念である。消費（consumption）とは欲求を満たすために財・サービスを消耗すること、資源を使用すること。生産（production）とは、主要な経済活動のことで、土地や原材料などからニーズを満たす物財（商品）を作る行為・プロセスのこと。

（9） 経済学事典によると、労働価値説とは、商品の価値をその商品に含まれている労働時間で規定する学説。商品はさしあたり使用価値として現れたが、資本主義社会では使用価値は交換価値の質量的な担い手としてのみ生産された。二つの異なったものは交換価値としてはいずれも質的に同一で量的にのみ異なる第三者に還元されうるものでなければならない。商品の価値の大きさはその商品に対象化され、労働の質によって規定される。労働の量は時間によって測られる。商品の価値の大きさはその商品生産に必要な労働時間によってのみ規定される。この学説は古典経済学からマルクス経済学へと継承された（岡崎　一九九二：一二三六―一二三八）。

（10） 埜村要道（安延山永福禅寺住職）によれば、「一期一会」とは千利休の門人である山上宗二によって記されたという。茶席の心として知られているが、埜村によれば、一期とは人間の一生のことで一会とはただの一度の出会いを言う。出会いは只一度きりという利那的な意味でなく、今日の出会いの大切さ、今という時にめぐり合った、因縁を大切にする心でもあるという。

(11) 近年、産業界で使われる日本語の「コモディティ化」の意味は英語のcommodity = 日用品程度、から来ており、市場に出回っている商品があふれて、消費者にとってはどの企業の商品も大差ないように感じられる状態のこと。

(12) 梅棹によれば、農業の時代は内胚葉産業の時代で、食料の生産、食うことに追われ、消化器官の機能充足の時代。次に発達したのは工業の時代で、すなわち中胚葉産業の時代、各種生活物資とエネルギーの生産、人間の手足の労働の代行、筋肉を中心とする器官の充足の時代であった。それら両方が充実した後に発達するのが精神産業の時代であり、外胚葉産業の時代と名付けている。この時代を特徴づけるのは、脳神経系、感覚器官の機能の充実が中心的課題であるとしている。

(13) プロシューマー(prosumer)とは消費者(consumer)と生産者(producer)を組み合わせた造語で生産に消費者が参加すること。アルビン・トフラーが『第三の波』で示した概念(トフラー 一九八〇)。特にニッチなニーズに対して消費者が企業のマーケティングから開発まで関わり製品化に協力している。近年では「空想生活(http://www.cuusoo.com/)」などがウェブ上で消費者と企業との接点を提供し、消費者たちが意見交換をした結果、ある程度のニーズがあることがわかれば契約企業に商品企画として提案し、採用されれば企業からのインセンティブを発生させるというしくみを作っている。無印良品、レゴなどの大手企業が参加している。

(14) 野村総研の二〇〇四年の調査結果では、「オタク市場」と呼ばれている市場規模は四一一〇億円である(野村総合研究所 二〇〇五:五二)。

(15) 二〇〇八年三月十日京都大学サービス・イノベーション人材育成推進プログラム高度専門サービス研究会にて、「茶の湯のもてなし」という演題での講演記録より抜粋。

(16) ホーソン実験(Hawthorne effect)とは、一九二四年から一九三二年にアメリカのシカゴ郊外にあったウェスタン・エレクトリック社のホーソン工場において行われたハーバード大学のチームによる一連の調査実験のこと。心理学者のフリッツ・レスリスバーガーと精神科医師のエルトン・メイヨーによって実施された。それまでの経営学の考え方は、フレディック・テイラーの科学的管理法が主流であり、それは生産性の能率を上げることを重視して人間の感情的側面を軽視していた。ホーソン実験は当初、従業員の作業効率を物理的な作業条件と結びつけて考えようとしたものであったが、のちに、職場集団内の中の「能率の論理」の規範や非公式組織における仲間意識が作業能率に影響を与えることが明らかになった。この実験の結果が人間関係論として発達していくことになった。

(17) 常民とは、柳田國男によれば、当初、文字や記録に依らない民間伝承文化の担い手を意味した。山人(移動民)に対する低住民(定住民)、とりわけ本百姓をモデルとする稲作定住農民が「常民」として言及されたが、その後常民の概念は柳田の言う「微々たる無名氏」、さらに平均的日本人や国民を指す言葉になった(和歌森 一九七六:一八七―一九八)。

(18) 社縁とは、米山俊直によれば、血縁、地縁の人間社会を組み立てる不可欠な要素に加えて、血や土を越えた第三の要素として人間社会のつながりやまとまりをつくるもので、趣味の仲間や学校時代のクラスメート、宗教やボランティア活動、職場の仲間など、あらゆる結社の縁のことを指す。

(19) アパデュライは、ハーヴェイが「脱領土化」と呼んだものの文化的なダイナミズムに着目し、エスノスケープ、メディアスケープ、テクノスケープ、ファイナンスケープ、イデオスケープと呼ぶ五つの次元でとらえ、そのグローバルな文化フローの流動的で不規則な形状の関係性の力学について論じた。

(20) ビジネス・エスノグラフィとは、広告代理店博報堂が、アメリカの産業デザイン・コンサルティング会社のIDEOの文化人類学的調査の取り組みにもとづいて、デザインやものづくりに繁栄するマーケティング調査者養成のためのノウハウ開発と教育プログラムを作ったものを名付けた。実際には認知心理学や行動科学的要素も高く、調査期間や時間も大変に短い。

(21) ビジネス・フィールドワークとは、富士通が、アメリカのパロアルト研究所(PARC)と共同で、システム・エンジニアを対象にフィールドワーカーの教育を行い、サービス現場に行って顧客行動や従業員行動を理解しようとする社会科学的調査。サービス現場や職場で実際に起きていることをフィールドノートに記述し、その報告を元に改善や新たな事業提案に結びつけること。調査期間も時間も大変に短い。

(22) クリエイティブ・クラスとは経済学者リチャード・フロリダが命名した新しい経済階層のことで、Technology,

Talent, Tolerance の三つのTを特徴とするクリエイティブ・クラスが魅力を感じる都市はさらに経済発展する傾向にある。彼らは血縁や地縁にとらわれない緩やかなネットワークを築き、金銭的価値とは異なる個人の生きる価値を持ち、多様性、寛容性を好み、生活しやすい場所に移動してゆく。クリエイティブ・クラスを意識しながら都市政策を行うことが都市の活性化につながることや、消費社会がこういった価値観を反映すれば、顧客のニーズが多様化してくるということなどを説明している。

(23) 人類学の分野では、イノベーションと普及の両方をまとめて社会に広く変化が起きることをイノベーションと考える傾向があるが、シュンペーターはイノベーターの存在を認め、一人が起こす変化や価値創造もイノベーションと考えている。またエベレット・ロジャーズは普及をイノベーションと区別し、「普及とは、イノベーションが、あるコミュニケーション・チャンネルを通じて、時間の経過の中で社会システムの成員の間に伝達される過程のこと」と定義し、普及はコミュニケーションの特殊な形式のひとつとしてメッセージが新しいアイデアに変わるものと説明している。

(24) Mang. P. 1998. "*KulturabHängiges Qualitätserleben direkter Kunde -Mitarbeiter-Kommunikation.*" のタイトルで Die KatholiscHe Universität EicHstätt-Ingolstadt から博士論文として報告。

(25) debriefing とは元々軍隊用語で捕虜の尋問のこと。これに対して briefing は司令会議。航空会社は空軍や軍隊の用語に影響を受けていることがあり、運航直前に機長を中心とする会議をブリーフィング、また乗務を終えた後に集合することをディブリーフィングと呼ぶ。ディブリーフィングは純粋に業務のための会議の時もあれば、自由参加の飲食の集まりを指すこともある。いずれの場合もその便を運行するチーム・メンバーで行う集まりのことのみを指す。

(26) 「開かれた質問」とは、質問に対して自由に自分の意見や考えを述べられるような質問のことで、質問者と回答者の対話が促進され、多くの情報を引き出すことが可能である。これに対して「閉じられた質問」は、答えが「はい」「いいえ」などで終わるような、発展的な対話につながりにくい質問のことを指す。

(27) その一人は自身も大学院で心理学の研究をしていたので、筆者の調査目的はむしろよく理解していたのだが、音声や文字にして記録が残ること自体を嫌がった。研究と関係のないプライベートな情報提供の承諾は得られたので、社外でプライベートな時間を取ってくれ、記録が残らない雑談の中では質問内容と同じ情報を十分に提供してくれた。

(28)　近年、企業が業務として実施している文化人類学的手法を導入した市場調査や顧客行動調査は、ビジネスのフィールドワークなどと呼ばれているが、隠し撮りや顧客行動の尾行なども実施されているケースは多い。学問的な文化人類学の調査方法との隔たりはある。

(29)　元日本航空の客室乗務員で人材コンサルティング会社社長、経済同友会の初の女性会員の一人である奥谷禮子は、「接客五原則」を使って多くの企業の人材教育を活発に行っている。奥谷の日本航空の礼儀作法を紹介する出版物は二十年以上のベストセラーである。

(30)　源了圓は、主として世阿弥を引いて「型」の問題を議論している。源は、「型」とは、ある「形」が持続化の努力を経て洗練・完成したもので、機能性・合理性・安定性を有し、一種の美を持ち、さらにそれは模範性と統合性を具えているのだという。源は型を二つの異なるタイプに区別し、1．人間の身体の運動によって形成されるもの、2．パターンやスタイルという西洋語の翻訳から生まれたもの（文化の型など）と説明する。日本の伝統的な「型」は前者だが、世阿弥が「序・破・急」と呼び、茶人が「守・破・離」と唱えるものは、スポーツや演劇等広く多くの学芸の世界に通じるという。訓練の実践には文化差があるが、外資系の客室乗務員の接客業務も危機管理もよく似た構造で上達する。身体の運動によって究極的には「心・技・体」の一致が目指される。

(31)　周辺言語とは、発話の中身そのものよりも、音、語調、音調といった「どんな声だったか」という印象のこと。

(32)　スタンバイとは航空機乗務員の業務のひとつで、本来乗務するはずの従業員が急病や事故、事件に巻き込まれるなどして突然出勤が不可能になった場合を想定し、航空機の定時運行の妨げとならないように、決められた時間の間に、どこにでも乗務可能な状態で準備を整えバックアップ要員として控えている業務のこと。

(33)　コーシャー・ミールとはユダヤ教の戒律にもとづき生産・加工された食品で、律法に合致した調理法をした後に封印されている。客室乗務員はコーシャー・ミールの箱を勝手に開けてはならないのがルールで、扱い方や食事の暖め方は本人に尋ねて確認を取りながら食事の手助けをすることになっている。

(34)　面接調査対象者26番の発言。

(35)　面接調査対象者67番の発言。

(36) 面接調査対象者57番の発言。
(37) スカイ・マーシャルは一般の警察とは異なり、ある条件を満たした緊急時に活動を開始する。参与観察で知り得たことは国家機密でもあるためにここで詳しい記述は避けるが、一般の警察とは異なる特殊任務を負っている。たとえ客室乗務員が機内で彼らの存在を知り得たとしても、一般客と変わらない対応をし、最大の危機が訪れない限り、スカイ・マーシャルはいないものとして乗務することが決まりである。
(38) 面接調査対象者の60番。
(39) 面接調査対象者の68番の発言。
(40) 面接調査対象者の69番の発言。
(41) 観光人類学の古典、バーレーン・スミスの著書（Smith　一九八九）の中で、何人かの研究者は観光を受け入れるホスト文化、あるいはローカル文化保持者と、そこに来ては去る（come and go）ゲストの文化、あるいはツーリスト文化のコンフリクトについて指摘し、観光には両者の文化を理解して仲介役を果たす人が重要だとしている（Nuñez & Lett　一九八九：二六五―二七七）。単に言語的な翻訳や通訳をするだけでなく、例えばゲストの観光体験をスムーズにさせつつホスト文化とのコンフリクトを予防し、複数文化の文化慣習やふるまいの違いによってトラブルが起こらないよう間に入ってコーディネートし、支援的役割をする立場の人、例えば医者や法律家、ホテルマンやツアーコンダクターなどの観光産業で人の世話をする人、何かしらの観光現場で専門的役割を持って介入できる人である。このような人のことをデニッソン・ナッシュは「文化のブローカー（culture brokers）」と呼んでいる（Nash　一九八九：四五）。
(42) 面接調査対象者69番の発言。
(43) 面接調査対象者10番の発言。
(44) 面接調査対象者1番の発言。
(45) 面接調査対象者5番の発言。
(46) 面接調査対象者13番の発言。
(47) 面接調査対象者13番の発言。

(48)面接調査対象者4番の発言。
(49)面接調査対象者68番の発言。
(50)面接調査対象者67番の発言。
(51)面接調査対象者10番の発言。
(52)田崎真也は「世界最優秀ソムリエコンクール」で日本人として初めて優勝した日本を代表する著名なソムリエである。田崎の考えるもてなし論は、客をもてなすのは店ではない。主、ないしお金を支払う人であり、本来自分で準備して確認し、自分で客をもてなすものである。貴族であればその作業を執事が代行してやっていた。店を利用するのは執事を雇うようなもので、ホスト役の人の指示に従って店は執事のようにサービスの作業を提供するに過ぎない。しかし店にもてなす作業を委託したとたんに、自分もゲストの一人だと勘違いするからおかしなことになってしまう。サービスを提供している店がゲストをもてなしているのではなく、ホスト役の人が客をもてなし、店はホスト役の手伝いをする、その作業の対価としてホストは店にお金を支払うにすぎないと説明している。これが田崎のいう「もてなしのトライアングル」で、ゲスト、ホスト、サービススタッフの三者三様の独立した立場からの関係を説いている。
(53)面接調査対象者69番の発言。
(54)面接調査対象者10番の発言。
(55)面接調査対象者10番の発言。
(56)面接調査対象者1番の発言。
(57)面接調査対象者20番の発言。前職と合わせて乗務歴は二十年以上になる。
(58)面接調査対象者69番の発言。
(59)面接調査対象者20番の発言。
(60)面接調査対象者3番の発言。
(61)佐々木雅幸は、文化経済学の創始者と召されるジョン・ラスキンの言葉を引きながら、芸術作品に限らず、およそ財の価値は本来機能性と芸術性を兼ね備え、消費者の生命を維持すると共に人間性を高める力を持っている。このような本来の価値（固有価値）を生み出すものは人間の自由な創造的活動である仕事（英語のwork、ラテン語でopera）であり、決して他人から強制された労働（英語のlabor、ラテン語でlabor）ではないとのべている。

(62) 面接調査対象者1番の発言。

(63) 一九七七年、スペイン領のロス・ロデオスのテネリフェ空港の滑走路でKLMオランダ航空とPANAM航空が衝突を起こした事故。

(64) 米国のフロリダ州で起きたイースタン航空の墜落事故。最新鋭の機体で、操縦士達は自動操縦装置が作動していると思いこみ、高度が下がっていることに気づかなかった。

(65) 座席の稼働率を最大化するために、適切な予約管理と価格設定を行うこと。

(66) 航空機の座席（やホテルの空室など）を予約するための処理システム。規制緩和にともない運賃が自由化され、端末が複雑になるにつれ非効率化してきたために、航空業界（観光業界）全体の共通インフラとして共同のCRSが設立されている。

(67) USエアウェイズがアリゾナ州立大学、産業技術研究者のヴィラロボスと協力し、フライトとフライトの間の搭乗準備時間を短縮するために開発したシステム。それまでのクラス別搭乗や自由に搭乗させる方法から、時間効率を向上させるために、搭乗口から遠い窓側の座席の乗客から順番に案内し、搭乗させる順番をコントロールした。このことによって機内の通路で乗客が別の乗客の通行を妨げたりすることは避けられ、乗客にとってもスムーズな搭乗が可能となる。平均分の搭乗時間短縮が実現した。http://www.usairways.com/awa/content/traveltools/cHeckin/airportcHeckin/boarding_process.aspx

(68) United Airlines Website: 'Flight Attendant History Era1 1910-1925' http://www.united.com/page/article/0,6722,3191,00.html

(69) United Airlines Website: 'Flight Attendant History Era2 1926-1933' http://www.united.com/page/article/0,6722,3211,00.html

(70) 危険や冒険をおもしろいと感じたり、危ないことにチャレンジして勇敢にふるまうことが格好良いと考える、いわゆる「飛行機野郎」の文化は、一九七〇年代のヒューマンエラーによる大きな航空機事故が続いた時代に見直されることとなり、乗務員訓練の中では「否定されるべき価値観」として航空会社の企業内教育がなされるようになった。

（71）British Airways Archives and Museum Collection 'Museum History 1920-1929. http://www.britishairways.com/travel/history-1920-1929/public/en_gb

（72）Yano, CHristine. "Airborne Dreams: Japanese American Flight Attendants and tHe Development of Global Tourism" Paper presented at tHe annual meeting of tHe American Studies Association. 2008-12-11の要旨による。この研究は2006 Smithsonian National Air and Space Museum A. Verville FellowsHip. の助成を受けており、二〇〇七年にはJapan Anthropology WorksHop：JAWSでも報告を行っている。また二〇〇六年十一月と十二月にはハワイのJapanese Cultural Center of Hawai'i においてこの研究に関する展示会が行われた。

（73）'Star Alliance Facts and Figures 11 Dec 2008' より出典。

（74）『昭和三九年度運輸白書』Ⅲ—5表。「日本を中心とする国際航空業務の運営状況（昭和三十九年七月現在）」を参照して筆者が作成。

（75）同白書によると、本格的にジェット機時代に突入し、大型高速ジェット機の高効率稼働により、年々飛躍的に国際輸送需要は発展しているにもかかわらず、ＩＣＡＯの統計からわかるのは、利用率が五十パーセント台にとどまっていて、半分は空席のままで飛ばしているという。

（76）Mang. P.1998 "*Kulturabhängiges Qualitätserleben direkter Kunde-Mitarbeiter-Kommunikation*" Catholic University of Eichstätt. Ingolstadt.

（77）ライセンスのシステムは国によって異なるがＩＣＡＯに準じている。日本の航空会社のように厳密にはライセンス制度を取らない会社でも試験が設置され、定期的な訓練を設置している。

（78）面接調査対象者71番の発言。

（79）Heinrich. H.W. 1931.Industrial accident prevention: scientific approach. New York. McGraw-hill. ハインリッヒは保険会社の調査員として労働災害事例の統計的研究を行った。米国では労働災害保障制度の大半は民間保険会社に依存していた。ハインリッヒの法則は、米国航空宇宙局ＮＡＳＡの事故災害研究や、航空関連の産業の人材教育に導入されている。日本では、中央労働災害防止協会が、基本的な労働災害防止と職場の安全の考え方としてこれを導入し、日本の産業社会に広く啓蒙活動を行っている。

(80) 航空会社によってはＬ１やＲ１とアルファベットを先にする呼び方をする。
(81) 乗務員用の座席。コックピット内と客室内にある。
(82) 面接調査対象者60番の発言。
(83) 面接調査対象者10番の発言。
(84) 面接調査対象者70番の発言。
(85) 圧迫面接法とは面接の手法の一種で、面接官が受験者に意図的に否定的な態度を取り反応を見る手法。プレッシャーに対する態勢や感情管理、臨機応変さなどを見る。
(86) 面接調査対象者24番の発言。
(87) 面接調査対象者１番の発言。
(88) 面接調査対象者23番の発言。
(89) 面接調査対象者10番の発言。
(90) 面接調査対象者25番の発言。
(91) 面接調査対象者11番の発言。
(92) 日本型経営の三種の神器とは、年功序列、終身雇用、企業内労働組合のことを指す。
(93) 面接調査対象者33番の発言。
(94) 面接調査対象者16番の発言。
(95) 面接調査対象者13番の発言。
(96) 面接調査対象者32番の発言。
(97) 面接調査対象者８番の発言。

(98) 面接調査対象者14番の発言。
(99) 面接調査対象者４番の発言。
(100) 面接調査対象者68番の発言。
(101) 面接調査対象者13番の発言。
(102) 面接調査対象者８番の発言。
(103) 面接調査対象者14番の発言。
(104) 面接調査対象者23番の発言。
(105) 面接調査対象者２番の発言。
(106) 面接調査対象者１番の発言。
(107) 面接調査対象者２番の発言。
(108) 面接調査対象者２番の発言。
(109) サービスに関するアンケート。機内サービスだけでなく、航空機移動全体にわたって具体的な項目についての、顧客評価を実施する。対象者はクラス別にアドホックに選ばれる。
(110) 面接調査対象者１番の発言。
(111) 面接調査対象者14番の発言。
(112) 面接調査対象者69番の発言。
(113) H国には名前で貴族の家系であることがわかる人はいるが、皇室も貴族階級も事実上なくなってしまっている。
(114) 面接調査対象者１番の発言。
(115) 面接調査対象者10番の発言。
(116) 佐々木雅幸が自身の創造都市の研究において議論している opera（= work、人間の自由な創造的活動）と labor（他人から強制された労働）の概念は、十九世紀のイギリスの美術評論家であるジョン・ラスキンの思想を取り入れたものである。ラスキンは、財の価値は本来、機能性と芸術性を兼ね備え、消費者の生命を維持すると共に人間性を高める力を持っていると考え、このような本来の価値（固有価値）を生み出すものはoperaでありlaborではないと考えた。
(117) 面接調査対象者69番の発言。
(118) 面接調査対象者11番の発言。
(119) 面接調査対象者13番の発言。
(120) 面接調査対象者72番の発言。
(121) 面接調査対象者38番の発言。
(122) 面接調査対象者25番の発言。
(123) 面接調査対象者22番の発言。
(124) 準拠法は、例えば越境労働者の労使問題は、どの国の法律に準拠するのが妥当なのかを規定するもので、本事例の場合はH国で労働契約を交わした日本に居住する日本人の客室乗務員の労使問題の裁判は、H国か日本かどちらの法律に照らして判決を下されるべきかが争点の一つになった。
(125) 面接調査対象者22番の発言。
(126) 面接調査対象者8番の発言。
(127) 面接調査対象者29番の発言。
(128) 面接調査対象者37番の発言。
(129) 面接調査対象者3番の発言。
(130) 面接調査対象者69番の発言。
(131) 面接調査対象者16番の発言。
(132) 面接調査対象者10番の発言。
(133) 面接調査対象者10番の発言。
(134) 面接調査対象者8番の発言。
(135) 面接調査対象者4番の発言。

（136）面接調査対象者8番の発言。
（137）面接調査対象者69番の発言。
（138）面接調査対象者8番の発言。
（139）面接調査対象者68番の発言。
（140）面接調査対象者68番の発言。
（141）面接調査対象者68番の発言。
（142）面接調査対象者1番の発言。
（143）面接調査対象者30番の発言。
（144）面接調査対象者1番の発言。
（145）面接調査対象者1番の発言。
（146）面接調査対象者1番の発言。
（147）面接調査対象者1番の発言。

参考文献

Appadurai, Arjun 1990. "Disjuncture and Difference in the Global Cultural Economy." M.Featherstone, eds., 1990, *Global Culture: Nationalism, Globalization and Modernity*. London: SAGE, pp. 295-310.

——2003. *Modernity at Large*. Minneapolis: University of Minnesota.

アルジュン・アパデュライ（門田健一訳）『さまよえる近代——グローバル化の文化研究』平凡社、二〇〇四。

Applebaum, H.A. 1984. *Work in Market and Industrial Societies*. Albany: State University of New York Press.

新井重三「展示概論」一九八一（古賀忠通・徳川宗敬・樋口清之監修）『博物館学講座7　展示と展示法』雄山閣、一九八三。

有山輝雄『海外観光旅行の誕生』吉川弘文館、二〇〇二。

Augé, Marc 1 1995. *Non-places: Introduction to an Anthropology of Supermodernity*, London: Verso.

ダニエル・ベル（内田忠夫訳）『脱工業社会の到来——社会予測の一つの試み』講談社、一九七五。

ピエール・ブルデュー（石崎晴己訳）『構造と実践——ブルデュー自身によるブルデュー』藤原書店、一九九一。

——（今村仁司・港道隆訳）『実践感覚1』みすず書房、二〇〇四。

ジャン・ボードリヤール（今村仁司・塚原史訳）『消費社会の神話と構造』紀伊國屋書店、一九九五。

ヤン・カールソン（堤猶二訳）『真実の瞬間——SAS（スカンジナビア航空）のサービス戦略はなぜ成功したか』ダイヤモンド社、一九九〇。

千葉望（リクルートワークス編）『おもてなしの源流——日本の伝統にサービスの本質を探る』英治出版、二〇〇七、三五—四四ページ。

コーリン・クラーク（金融経済研究会訳）『経済的進歩の諸條件』日本評論社、一九四五。

ロドニー・クラーク（端信行訳）『ザ・ジャパニーズ・カンパニー』ダイヤモンド社、一九八一。

ジーン・クロード・ドゥロネ&ジーン・ギャドレ（渡辺雅男訳）『サービス経済学史』桜井書店、二〇〇八。

リガス・ドガニス（塩見英治他訳）『二一世紀の空港ビジネス』中央経済社、二〇〇三。

ロナルド・ドーア（山之内靖訳）『イギリスの工場・日本の工場　上下』ちくま文芸文庫、一九九三。

――（石塚雅彦訳）『働くということ――グローバル化と労働の新しい意味』中公新書、二〇〇五。

メアリー・ダグラス（浅田彰訳）『儀礼としての消費――財と消費の経済人類学』新曜社、一九八四・一九九六。

ジェレミー・シーモア・イーズ（大出健訳）「世界システムの展開と移民」（青木保編）『移動の民族誌』岩波書店、一九九六。

リチャード・フロリダ（井口典夫訳）『クリエイティブ・クラスの世紀――新時代の国、都市、人材の条件』ダイヤモンド社、二〇〇七。

――（井口典夫訳）『クリエイティブ資本論――新たな経済階級の台頭』ダイヤモンド社、二〇〇八。

Geertz, Clifford 1963. *Peddlers and Princes: Social Development and Economic Change in Two Indonesian Towns*. The University of Chicago Press.

ハロルド・ガーフィンケル（前田泰樹編）『エスノメソドロジー――社会学的思考の解体』せりか書房、一九八七。

アーヴィング・ゴッフマン（石黒毅訳）『行為と演技――日常生活における自己呈示』誠信書房、一九七四、一九ページ。

――（丸木恵祐・本名信行訳）『集まりの構造――新しい日常行動論を求めて』誠信書房、一九九六、九三―九八ページ。

――（浅野敏夫訳）『儀礼としての相互行為』法政大学出版局、二〇〇四。

スマントラ・ゴシャール&ハイケ・ブルック（DIAMOND ハーバード・ビジネス・レビュー編集部）「行動するマネジャーの心得」『人材育成の戦略――評価、教育、動機付けのサイクルを回す』ダイヤモンド社、二〇〇七、一〇四―一〇九ページ。

春山行夫『エチケットの文化史』平凡社、一九八八。

Harvey, David 1990. *The Conditions of Postmodernity: An Enquiry into the Origins of Culture Change*, Oxford: Blackwell.

日置弘一郎『文明の装置としての企業』有斐閣、一九九四。

――『経営学原理』エコノミスト社、二〇〇〇。

――『市場の逆襲――パーソナル・コミュニケーションの復権』大修館書店、二〇〇二。

平井京之介「家を化粧する――北部タイの女性工場労働者と消費」『民族学研究』五九巻四号、一九九五、三六六―三八七ページ。

――「北タイの工場社会における権力と相互行為――日系文具メーカーの事例から」『国立民族学博物館研究報告』二一巻一号、一九九六、一七六ページ。

――「企業の人類学的研究――疎外、インフォーマルシステム、ジェンダー」『社会人類学年報』二四、一九九八、一七一―一八七ページ。

Hochschild, Arlie 1983. *The Managed Heart.* London: University of California Press.

アーリー・ラッセル・ホックシールド（石川准訳）『管理される心――感情が商品になるとき』世界思想社、二〇〇〇・二〇〇一。

Hofstede, Geert 1991. *Cultures and Organizations: Software of the Mind.* NY: McGraw-Hill.

市野沢潤平『ゴーゴーバーの経営人類学――バンコク中心部におけるセックスツーリズムに関する微視的研究』めこん、二〇〇四。

石毛直道・小山修三編『梅棹忠夫に挑む』中央公論新社、二〇〇八。

十時巌周『産業人類学序説――工業化と文化変容』世界書院、一九六五、五一―一〇八。

片倉もとこ『「移動文化」考――イスラームの世界をたずねて』岩波書店、一九九八。

トム・ケリー（鈴木主税訳）『イノベーションの達人――発想する会社をつくる10の人材』早川書房、二〇〇六。

――（鈴木主税訳）『発想する会社――世界最高のデザイン・ファームＩＤＥＯに学ぶイノベーションの技法』早川書房、二〇〇七。

フィリップ・コトラー&ケヴィン・L・ケラー（月谷真紀訳）『マーケティング・マネジメント第12版』Pearson Education Japan for JP、二〇〇八。

熊倉功夫『文化としてのマナー』岩波書店、一九九九。
――『近代数寄者の名茶会三十選』淡交社、二〇〇四。
倉田公裕『博物館学』東京堂出版、一九七九。
倉島哲『身体技法と社会学的認識』世界思想社、二〇〇七。
ジーン・レイヴ&エティエヌ・ウェンガー（佐伯胖訳）『状況に埋め込まれた学習――正統的周辺参加』産業図書、一九九三。
Lo, Jennie 1990. *Office Ladies/Factory Women: Life and Work at Japanese Company*. N.Y: M E Sharpe Inc.
クロード・レヴィ＝ストロース、（荒川幾男訳）『構造人類学』みすず書房、一九七二・二〇〇五。
――（大橋保夫訳）『野生の思考』みすず書房、一九七六。
前田勇「サービス評価に関する『理論』――「良いサービス」の分析」（前田勇編）『サービス・マネジメント――サービス向上の理論と実際』日本能率協会、一九八七。
前川佳一・椙山泰生・姜聖淑・八巻恵子「フィールドワークの事業家――富士通におけるサービスビジネスへの転換」『組織科学』Vol.42 No.4.二〇〇九、二一―三六ページ。
Mang, Paul 1998. *Kultur abhängiges Qualitätserleben direkter Kunde-Mitarbeiter-Kommunikation*. Lang. Frankfurt am Main.
Mayo, G. Elton 1933. *The Human Problems of an Industrial Civilization*, New York: Macmillan.
McLaughlin, H. E. 1994. *Footsteps in the Sky: An Informal Review of U.S. Airlines InFlight Service 1920s to the Present*, Colorado: State of the Art, Ltd.
Mehrabian, Albert 1971. *Silent messages: implicit communication of emotions and attitudes*. California, Wadsworth Pub.co.
ブロニスワフ・マリノフスキー（寺田和夫・増田義郎訳）「西太平洋の遠洋航海者」一九二二（泉靖一編）『世界の名著59』中央公論社、一九六七。
カール・マルクス&フリードリヒ・エンゲルス編（向坂逸郎訳）『資本論』岩波文庫、一九六九。

マルセル・モース（有地亨訳）『社会学と人類学』弘文堂、一九七三。

―――（馬場啓之助訳）『経済学原理』東洋経済新報社、一九六六。

源了圓『型』創文社、一九八九。

―――『型と日本文化』創文社、一九九二。

三井泉「『経営人類学』物語――二一世紀のフロンティア」『民博通信』No.77、一九九七。

三浦つとむ『弁証法とはどういう科学か』講談社現代新書、一九七六。

Moeran, Brian 1996. *A Japanese Advertising Agency: An Anthropology of Media and Markets*. Routledge Curzon.

―――2005. *The Business of Ethnography: Strategic Exchanges, People and Organizations*. Berg Pub Ltd.

ブライアン・モーラン「マーケット、ヒエラルキー、ネットワーク、フレーム――広告代理店のインフォーマル／フォーマル組織」（中牧弘允／M・セジウィック編）『日本の組織――社縁文化とインフォーマル活動』東方出版、二〇〇三。

森川嘉一郎『趣都の誕生――萌える都市アキハバラ』幻冬舎、二〇〇三。

森田敦郎「産業の生態学にむけて――産業と労働への人類学的アプローチの試み」『民族学研究』68-2、二〇〇三、一六五―一八五。

毛利勝利「エアホステスの労働契約の準拠法および付加手当撤回券の保留と行使の効力」『労働判例研究』法律時報70巻11号、一九九八、九五―一〇一ページ。

中畑充弘『社縁の民族誌――鉄鋼流通業者の葛藤克服過程』明治大学大学院政治経済学研究科博士論文、二〇〇七。

中牧弘允「社縁」（日本文化人類学会編）『文化人類学事典』丸善株式会社、二〇〇八。

―――『会社のカミ・ホトケ――経営と宗教の人類学』講談社、二〇〇六。

中牧弘允・日置弘一郎編『経営人類学ことはじめ――会社とサラリーマン』東方出版、一九九七。

―――『会社文化のグローバル化――経営人類学的考察』東方出版、二〇〇七。

中牧弘允／M・セジウィック編『日本の組織――社縁文化とインフォーマル活動』東方出版、二〇〇三。

Nash, Denisson 1989. "*Tourism as a Form of Imperialism.*" in Smith, V. (ed), 1989, *Hosts and Guests: The Anthropology of*

Tourism. Philadelphia: University of Pennsylvania Press. pp.37–52.
Nash, Manning 1967. *Machine Age Maya* (*Phoenix edition*). The University of Chicago Press.
中山太郎著『増補日本若者史』パルトス社、一九八三。
野村総合研究所オタク市場予測チーム『オタク市場の研究』東洋経済、二〇〇五。
埜村要道『やすらぎの禅語』廣済堂出版、二〇〇六。
Nuñez, Theron and Lett, James 1989. "Touristic Studies in Anthropological Perspective." in Smith, V. (ed), 1989, *Hosts and Guests: The Anthropology of Tourism*. Philadelphia: University of Pennsylvania Press. pp.265–279.
小田亮・日本人類学会編「文化人類学と構造主義」『文化人類学事典』丸善株式会社、二〇〇九、七四〇ページ。
Ong, Ahiwa 1978. *Spirits of Resistance and Capitalist Discipline*. State University of New York Press.
岡崎栄松「労働価値学説」『経済学事典第3版』岩波書店、一九九二、一三三六―一三三八。
ハンス・コンラッド・パイヤー（岩井隆夫訳）『異人歓待の歴史――中世ヨーロッパにおける客人厚遇、居酒屋そして宿屋』ハーベスト社、一九九七。
B・ジョセフ・パイン&B・ジョセフ・パインⅡ／電通「経験経済」研究会訳『経験経済――エクスペリエンス・エコノミー』流通科学大学出版、二〇〇〇。
カール・ポラニー（吉沢英成訳）『大転換――市場社会の形成と崩壊』東洋経済新報社、一九七五。
カール・ポランニー（玉野井芳郎他編訳）『経済の文明史』筑摩書房、二〇〇三。
ジョージ・リッツア（正岡寛司訳）『マクドナルド化の世界――そのテーマは何か？』早稲田大学出版部、二〇〇一。
Roberson, James 1998. *Japanese Working Class Lives: An Ethnographic Study of Factory Workers*. NY: Routledge.
エベレット・ロジャーズ（三藤利雄）『イノベーションの普及』翔泳社、二〇〇七。
Rohlen, Thomas 1970. Sponsorship of Cultural Continuity in Japan: A Company Training Program. *Journal of Asian and African Studies* 5(3), pp.184–192.
————.1971a. The *Organization and Ideology of Japanese Bank: Ethnography Study of a Modern Organization*. Ph.D. Dis-

sertation, University of Pennsylvania.
————.1971b. "Seishin Kyoiku in a Japanese Bank; A Description of Methods and Consideration of Some Underlying Concepts." *Council on Anthropology, and Education Newsletter*. Vol2, No.1 Feb. 1971: Spindler, G.D.ed., *Education and Cultural Process; Anthropological Approaches Second Edition* 1987 .Seishin Kyooiku Tokushuu (Special edition of spiritual education) 1968 *Sangyoo Kunren* 14(9)
————.1972. " 'Spiritual Education' in a Japanese Bank." *American Anthropologist* Oct. 1973, pp.1542–1562.
トーマス・ローレン「新入社員研修の日本的特徴——米国の社内教育と比較考察」『教育と医学』一七（一一）、一九六九、三三—四四ページ。
————「能力主義時代の精神教育」『産業訓練』一六（一）一九七〇、四一—四八ページ。
崎山理「言語・言語学」（石川栄吉・梅棹忠夫・大林太良・蒲生正男・佐々木高明・祖父江孝男編）『文化人類学事典』弘文堂、一九八七、二七ページ。
佐々木雅幸＋総合研究開発機構『創造都市への展望——都市の文化政策とまちづくり』学芸出版社、二〇〇七。
フェルディナン・ド・ソシュール（小林英夫訳）『一般言語学講義第37版』岩波書店、二〇〇七、二九ページ。
バーンド・H・シュミット.（嶋村和恵・広瀬盛一訳）『経験価値マーケティング』ダイヤモンド社、二〇〇〇。
ヨーゼフ・A・シュンペーター、（塩野谷祐一訳）『経済発展の理論——企業者利潤・資本・信用・利子および景気の回転に関する一研究』岩波文庫、一九七七。
庄司博史編『移民とともに変わる地域と国家』国立民族学博物館、二〇〇九。
Suchman, Lucy 1987. *Plans and Situated Actions: The Problem of Human-machine Communication*, Cambridge. Cambridge University Press.
Suchman, Lucy, Jeanette, Blomberg, Juliane, Orr & Trigg Randall 1999. "Reconstructing Technologies as Social Practice." *The American Behavioral Scientist*, Nov./Dec.433, pp. 392–408.
Sumi, Atsushi 1998. *Japanese Industrial Transplants in the United States : Organizational Practices and Relations of Power.*

New York. Garland Pub.

鷲見淳「組織研究における会社文化の位相――方法論的アプローチの考察と在米日系企業の事例」（中牧弘允・日置弘一郎編）『会社文化のグローバル化――経営人類学的考察』二〇〇七。

住原則也「日本人サラリーマンとアメリカ人サラリーマンの交流――ニューヨークの日系企業のオフィスで」（中牧弘允・日置弘一郎編）『経営人類学ことはじめ――会社とサラリーマン』東方出版、一九九七。

アダム・スミス（山岡洋一訳）『国富論上・下』日本経済新聞出版社、二〇〇八。

Smith, Valene L. ed. 1989. *Hosts and Guests: the Anthropology of Tourism*. Philadelphia: University of Pennsylvania Press.

Taussig, Michael 1980. *The Devil and Commodity Fetishism in South America*. University of North Carolina Press.

田崎真也『接待の一流――おもてなしは技術です』光文社、二〇〇七。

アルビン・トフラー（徳岡孝夫訳）『第三の波』日本放送出版協会、一九八〇。

徳光康『国際線ヒストリー』イカロス出版、二〇〇五。

ジョン・トムリンソン（片岡信訳）『グローバリゼーション――文化帝国主義を越えて』青土社、二〇〇〇。

土屋彰編『ビジネスマナー入門の入門』税務研究会出版局、二〇〇〇。

フレデリック・W・テイラー（上野陽一訳編）『科学的管理法』技報堂、一九五七。

ヴィクター・W・ターナー（冨倉光雄訳）『儀礼の過程』新思索社、一九九六。

梅棹忠夫「情報産業論――きたるべき外胚葉産業時代の夜明け」一九六三『情報の文明学』中央文庫、二〇〇八、三七―六三。

――「情報産業論再説」一九六七『情報の文明学』中央公論新社、二〇〇八、一一七―一四一ページ。

――『情報の文明学――人類史における価値の変換』中央公論新社、一九八八、一九九―二四〇ページ。

Vargo, Stephen. L. & Lusch Robert.F. 2004. "Evolving to a New Dominant Logic for Marketing." in *Journal of Marketing Vol.68* (*January 2004*). pp.1-17.

――.2007. "Service-dominant logic: continuing the evolution." in *Journal of the Academy of Marketing Science* (2008)

36: pp.1–10.

和歌森太郎「歴史と現代の間で」（和歌森太郎編）『民俗学の方法』朝倉書店、一九七六、一八七―一九八ページ。

マックス・ヴェーバー（大塚久雄訳）『プロテスタンティズムの倫理と資本主義の精神』岩波書店、一九九一。

王向華「J社の香港現地法人の日本人女性従業員について」（中牧弘允・日置弘一郎編）『経営人類学ことはじめ――会社とサラリーマン』東方出版、一九九七。

矢飼順子『生涯一スチュワーデス』作品社、一九八七。

山田慎也「会社儀礼の特徴とその目的――マニュアル本の分析を中心に」『サラリーマンの通過儀礼に関する宗教学的研究（研究代表者中牧弘允、平成十一年度～平成十二年度科学研究費補助金研究報告書）二〇〇一、五四―六八ページ。

米山俊直『集団の生態』日本放送出版協会、一九六六。

――『同時代の人類学――群れ社会からひとりもの社会へ』日本放送出版協会、一九八一。

――『米山俊直の仕事　人、ひとにあう。――むらの未来と世界の未来』人文書館、二〇〇六。

その他

British Airways Archives and Museum Collection 'Museum History 1920–1930', http://www.bamuseum.com/museumhistory2030.html
International Civil Aviation Organization（ICAO）Website. http://www.ICA.int/
International Air Transport Association（IATA）. http://www.iata.org/index.htm
Lufthansa German Airlines Website. http://konzern.lufthansa.com/en/index.html
United Airlines Website, History. http://www.united.com/web/en-US/default.aspx
US Airways Website, Boarding process, http://www.usairways.com/awa/content/traveltools/checkin/airportcheckin/boarding_process.aspx
国土交通省『昭和三九年度運輸白書』一九六四。

インフラ	infrastructure。社会的経済・生産の基盤を形成するものの総称で，本論文では主に空路のことを差している。
レイオーバー	lay over。乗務員がフライト業務のために宿泊滞在すること。
マイレージ	frequent flyer program（FFP），航空会社が行う顧客へのポイントサービス。会員旅客に対して搭乗距離に比例したポイント（マイル）を付加し，さまざまなサービス提供がされるプログラム。
モックアップ	mock-up。実物大の航空機の模型で乗務員用の訓練施設。
ナショナルフラッグ・キャリア	航空会社が所属する国家を代表する航空会社のこと。その設立や運営の経緯においては，各国の空のインフラ整備を目的として国の資本金が投入されていることが多い。
オープンスカイ政策	二国間の航空路線・便数・運賃などを民間が原則自由に設定できる仕組みで，航空市場の自由化のこと（航空自由化政策）。かつて航空会社は幼稚産業として各国政府の規制措置によってその発展が保護・支援されていた。第二次世界大戦後の国際航空市場は，1944年採択の「シカゴ条約」に基づいてルール作りが行われ，航空会社が外国の領空で定期便を設けるためには当事国の許可が必要で，当事国同士が結ぶ「航空協定」に委ねられることが航空市場における基本ルールとなっていた（バミューダ体制）。米国はまず1978年に航空会社規制緩和法（de-regulation）を制定し，国内市場の市場参入・路線・運賃などの自由化を実現した。やがて1995年に「オープンスカイ政策」を公表し，国内で成功した自由化政策を国際市場に導入することを提案，今や90以上の国や地域とオープンスカイ協定を結んでいる。
OJT	on the job training。客室乗務員のOJTは，訓練所で座学や実技の訓練と試験に合格した者が，保安要員としての責任を持たない予備の乗務員として実機に乗務し，指導者について機内の実際の仕事を体験学習する職業訓練。
パッケージ	1987年～1997年に3段階で進められたEU内の航空自由化政策。
RFA	Regional Flight Attendantの略。外国人枠で雇用された路線専門要員の客室乗務員。
SSP	Service Study Projectの略。H航空日本人RFA有志による日本路線サービス向上のためのスタディ・プロジェクト。
トリップ	運行・客室乗務員が乗務のために旅行すること。
Y/CL	Yクラス。エコノミークラスのこと。

用語一覧表（ABC 順）

用　語	説　　　明
アライアンス	alliance。航空会社間の連合組織のこと。メンバー同士の協力関係を基盤とし，運営効率を図るだけでなく事務提携や緊急時対応の協力の他，コードシェア便やマイレージサービスなどのメンバー共通のサービスを提供，路線ネットワークの充実など，顧客にとっても有益なサービスをもたらすことができる。世界初の航空アライアンスは1997年に設立。
ベース	base。客室乗務員のフライト業務が始まり戻ってくる地点となる空港あるいはその都市のこと。ベースと居住地は必ずしも同じではない。
ブリーフィング	briefing。フライト直前の乗務員全員参加の公式ミーティング。
キャッチアップ	catch up。飛行機を乗り継ぐこと。
ケータリング会社	機内食，毛布，新聞，免税品他，機内サービスに必要な道具や食品などのあらゆる搭載品を航空会社に提供し管理する会社。
C/CL	C クラス。ビジネスクラスのこと。
CRS	Computer Reservation System の略。航空やホテルや旅行など，コンピュータが提示するメニューから希望を選択して入力することにより，予約を入れることができるシステム。規制緩和によって個人がパソコンを使って利用可能になった。
ディブリーフィング	debriefing。フライト後の乗務員のミーティング。自由参加であることが多く，半公的で，交流を目的とする場合が多い。
ドア・ポジション	安全規定によって保安要員として配置された客室乗務員が責任を持ってオペレーションを受け持つドアのこと。
e チケット	チケットレス（ペーパーレス）搭乗システムのこと。
FA	Flight Attendant の略。客室乗務員のこと。Cabin Attendant, Steward/Stewardess と同義語。
F/CL	F クラス。ファーストクラスのこと。
ギャレー	galley。航空機や船の中で食べ物の調理や準備が行われるキッチン。機内サービスに必要な搭載品が収納されているワークステーション。
ゲート	空港から機体に乗り込む出入り口。
ハブ&スポークモデル	航空ネットワークの一モデル。自転車の車輪の軸（ハブ）と放射状に伸びるスポークの形のように，ハブとなる一つの空港を中心として各地へネットワークを広げる運航モデル。
ICAO	International Civil Aviation Organization の略。国際民間航空機関。国際民間航空の健全な発達を目的とする国連の専門機関の一つ。

NO.

越境労働についての意識調査

面接実施日　　　　年　　　月　　　日

◆ 属性

お名前 :　　　　　　　　　　　　　　（勤務歴 :　　　　　年、入社時年齢 :　　　　歳）
****
前職（複数回答可）

・　　　　　　　　　　　　　　　　　　　　　　　（勤続年数 :　　　　　年）
・　　　　　　　　　　　　　　　　　　　　　　　（勤続年数 :　　　　　年）
・　　　　　　　　　　　　　　　　　　　　　　　（勤続年数 :　　　　　年）

◆ 自由回答

1．　越境労働（国境を越えながら働くこと）のきっかけ、動機は何ですか。

2．　越境労働、越境の会社員、多文化環境の中でサービスをする仕事において、楽しいことや仕事のやりがいを感じること、よかったなと思うことはどのようなことですか（お客様や会社の人間関係に係わることなど何でも）。

3．　越境労働、越境の会社員、多文化環境の中でサービスをする仕事において、つらいこと、難しいこと、嫌だなと思うことはどのようなことですか（お客様や会社の人間関係に係わることなど何でも）。

4．　あなた独自のホスピタリティの実践や、よりよいサービスやもてなし方の工夫、仕事に対する心がけがあったら教えてください。

5．　あなたの人生の中で会社や企業に勤めること、会社の一員であることとはどのような意味を持ちますか。

6．　あなたの将来の夢を教えてください。

7．　引き続きこのような調査にご協力いただける場合、電子メールアドレス、電話、ファックスなど連絡方法のご記入をお願いいたします。

個人が特定できる情報が公表されることは一切ありません。調査内容についてご質問等がありましたらお気軽にご連絡ください。ご協力に心から感謝いたします。ありがとうございました。

八巻惠子
総合研究大学院大学　文化科学研究科比較文化学専攻　博士課程
〒565-8511　大阪府吹田市千里万博公園10-1　国立民族学博物館　大学院生室
京都大学大学院　経営管理研究部　サービスイノベーション　研究員
〒606-8501　京都市左京区吉田本町

■ その他関係者

70	H航空RFAの統括管理者，勤続5年	継続的情報提供
71	H航空RFAのチーム・リーダー，勤続20年	
72	H航空訓練所勤務。異文化間コミュニケーション訓練責任者・文化人類学	継続的面接
73	H航空訓練所勤務。異文化間コミュニケーション訓練担当者・文化人類学	継続的情報提供
74	H航空日本支社営業担当	継続的情報提供
75	H航空日本支社カスタマーリレーション	継続的情報提供
76	H航空日本支社 マーケティング部	継続的情報提供
77	H航空日本支社 マーケティング部	継続的情報提供
78	都内大学病院勤務医師　H航空産業医，航空医療	
79	パイロット，日，欧，米アフリカ他複数経験	継続的面接
80	独日協会副会長 フランクフルト大学日本文化学博士課程在籍・文化人類学 H航空異文化間コミュニケーション訓練日本文化担当	継続的面接
81	カトリック大学インゴールシュタット・アイヒスタット大学経営学博士課程（サービス・マーケティング） H航空国際線サービス調査ならびにフィールドワーク実施	継続的面接
82	カトリック大学インゴールシュタット・アイヒスタット大学教授国際経営学，サービス・マーケティング	継続的情報提供
83	O航空機内食担当シェフ 西路線担当者	
84	O航空機内食担当シェフ 東路線担当	
85	O航空機内食担当シェフ長	
86	H航空子会社ケータリング会社 O航空担当シェフ アジア担当	
87	O航空機内食 コンサルティングシェフ	
88	オタゴ大学観光学部教授	航空会社を含むO国の観光産業とサービスの調査
89	オタゴ大学観光学部教授	航空会社を含むO国の観光産業とサービスの調査
90	オークランド大学図書室司書	O国先住民の「ホスピタリティ」について文献調査協力
91	オークランド博物館キュレーター	O国先住民の「ホスピタリティ」について文献調査協力
92	オークランド博物館キュレーター	O国先住民の「ホスピタリティ」について文献調査協力

50	6年	東南アジア	−	−	−	−
51	6年	東南アジア	日系	−	−	−
52	5年	東南アジア	−	−	あり	−
53	22年	日本	FA（東ア系）	東南アジア 3年	米1年	継続的面接 会社経営
54	0.8年	東南アジア	派遣社員	−	−	−
55	0.9年	東南アジア	ホテル	−	英	継続的情報提供
56	10年	東南アジア	銀行	−	米1年	継続的面接 OB
57	17年	オセアニア	FA（オセアニア系，欧系）	欧3年 オセアニア 移民	−	継続的面接 管理職，採用・教育担当，フリーランスと併任
58	5年	オセアニア	ホテル FA（欧系2社）5年	オセアニア 移民	−	−
59	13年	オセアニア	FA（欧系）	オセアニア 移民	−	−
60	13年	オセアニア	KLM19年	オセアニア 移民	−	−
61	5年	オセアニア	自営業	オセアニア 移民	−	−
62	8年	オセアニア	アミューズメント 家庭教師 旅行社2社	オセアニア 移民	−	−
63	5年	オセアニア	ホテル 旅行社	オセアニア 移民	−	インターナショナル希望（日本人級の拒絶）
64	11年	オセアニア	空港勤務	オセアニア 移民	−	−
66	20年	日本	旅行社	−	−	継続的面接 教育担当
67	3年	日本	メーカー 航空会社地上（欧系，オセアニア） FA（オセアニア）	東南アジア	英1年半	継続的情報提供
68	22年	日本	FA（東ア系）	東南アジア 3年	米1年	継続的面接 労働組合活動
68	1年	日本	IT企業 FA（東ア系）	東南アジア 2年半	−	−
69	22年	22年	FA（東ア系）	東南アジア 3年半	米1年	継続的面接 労働組合活動

23	9年	欧（H国）	–	欧	米，英，独3年	OB（インターナショナル），移民
24	6年	日本	FA（米系）	–	米4年	OB，管理職，採用担当，
25	9年	日本	会社秘書	米	米3年	OB，帰国子女
26	23年	東南アジア	メーカー事務	–	米1年	継続的面接 管理職
27	23年	東南アジア	–	–	–	継続的面接 教育担当
28	23年	東南アジア	商社事務 国際ボランティア	南アジア	–	継続的面接 管理職
29	16年	東南アジア	旅行代理店	–	–	–
30	16年	東南アジア	銀行員	–	–	–
31	16年	東南アジア	空港勤務	–	米	–
32	10年	東南アジア	ショップ店員（外資系ブランド） FA（日系）	–	–	継続的情報提供
33	8年	東南アジア	公務員 FA（東ア系）	東南アジア	–	–
34	14年	東南アジア	–	–	–	–
35	13年	東南アジア	FA	–	–	–
36	16年	東南アジア	–	–	–	継続的情報提供
37	6年	東南アジア	広告代理店3年，ホテル，空港勤務 FA（欧系）4年	欧4年	英1.8年	継続的情報提供
38	6年	東南アジア	航空会社地上（日系）3年半	–	オセアニア2年	–
39	6年	東南アジア	航空会社地上（日系）3ヶ月	–	米	–
40	0.8年	東南アジア	貿易会社事務	–	–	–
41	0.8年	東南アジア	ホテルフロント	–	あり	–
42	16年	東南アジア	FA	–	–	–
43	10年	東南アジア	会社秘書	–	–	–
44	16年	東南アジア	–	–	–	–
45	16年	東南アジア	–	–	–	–
46	16年	東南アジア	–	–	–	–
47	16年	東南アジア	–	–	–	–
48	10年	東南アジア	航空貨物	–	–	–
49	0.7年	東南アジア	通信サービス	–	–	–

面接調査対象者リスト

■ 客室乗務員（複数航空会社）

番号	勤続年数	居住地	前　職	海外在住経験	留学経験	備考
1	33年	日本	FA（日系） 会社秘書	欧３年	－	継続的面接 採用・教育担当
2	28年	日本	専門学校講師	－	－	継続的面接 採用・教育担当
3	18年	日本	銀行員（外資系）	銀行員	－	－
4	２年	欧（Ｈ国）	FA（東南ア系）３年	東南アジア３年	オセアニア２年	継続的面接
5	６年	欧（Ｈ国）	FA（日系）４年 コンサルティング会社秘書	米２カ所	米	－
6	５年	欧（Ｈ国）	FA（日系）	－	－	－
7	６年	欧（Ｈ国）	特許事務所事務	－	－	－
8	15年	欧（Ｈ国）	百貨店旅行事業部	－	－	－
9	19年	日本	銀行員（外資系） 航空会社地上(欧系)	－	－	継続的面接
10	21年	日本	FA（欧系）	東南アジア２年	米	継続的面接
11	23年	日本	機内通訳（米系）	－	米，欧	－
12	17年	欧（Ｈ国）	百貨店販売 英語教師	－	英	継続的情報提供
13	２年	欧（Ｈ国）	FA（日系，米系，東南ア系）	東南アジア	－	継続的面接
14	７年	欧（Ｈ国）	FA（東南ア系，西南ア系）	東南アジア	－	－
15	15年	欧（Ｈ国）	航空貨物事務	－	米４年	継続的情報提供 訓練所・教育担当
16	10年	欧（Ｈ国）	航空会社地上	欧	－	インターナショナル所属欧州人
17	１年	欧（Ｈ国）	旅行社 FA（日系）	－	－	インターナショナル所属Ｈ国人
18	５年	欧（Ｈ国）	旅行社 FA（日系）	－	－	インターナショナル所属Ｈ国人
19	19年	日本	FA（南ア系）	南アジア	－	－
20	19年	日本	FA（東南ア系）	東南アジア	－	－
21	５年	欧（Ｈ国）	FA（欧系）	－	－	－
22	20年	日本	FA（東南ア系）３年	東南アジア	カナダ	訓練所・教育担当

H航空客室乗務員の概要

RFAの割合

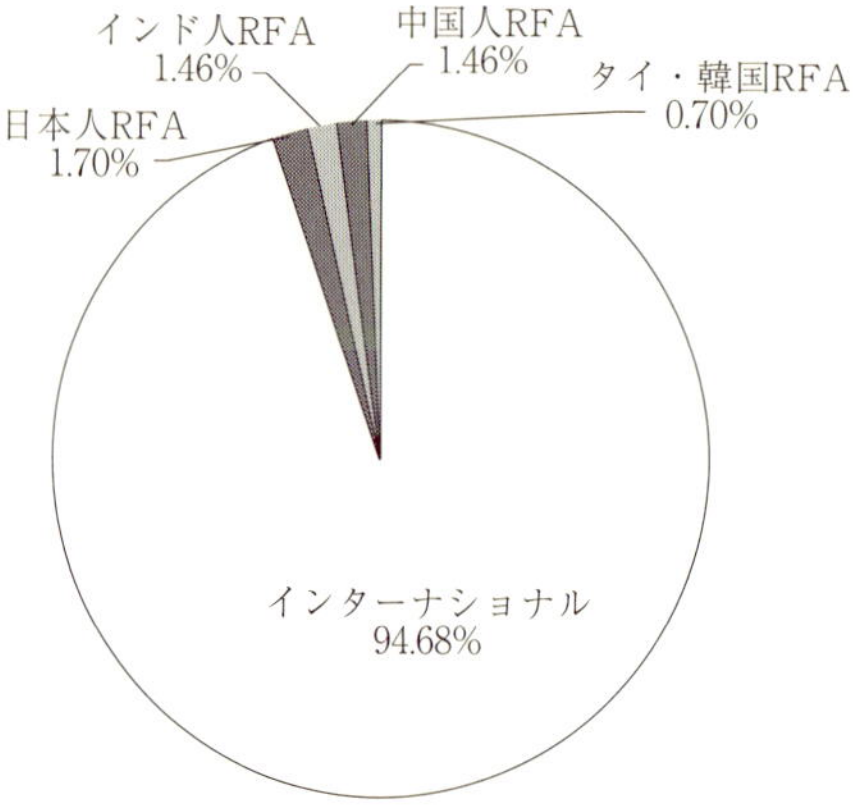

日本人のベース内訳

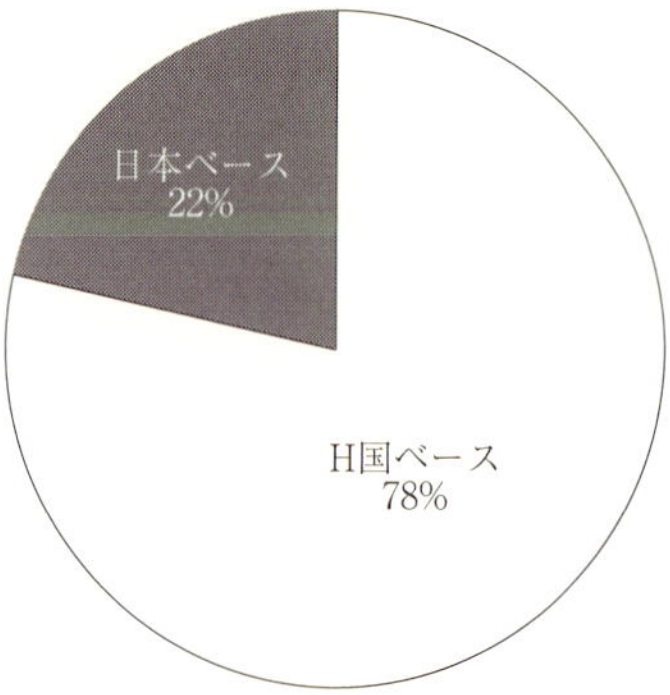

FAの勤続年数（全体）

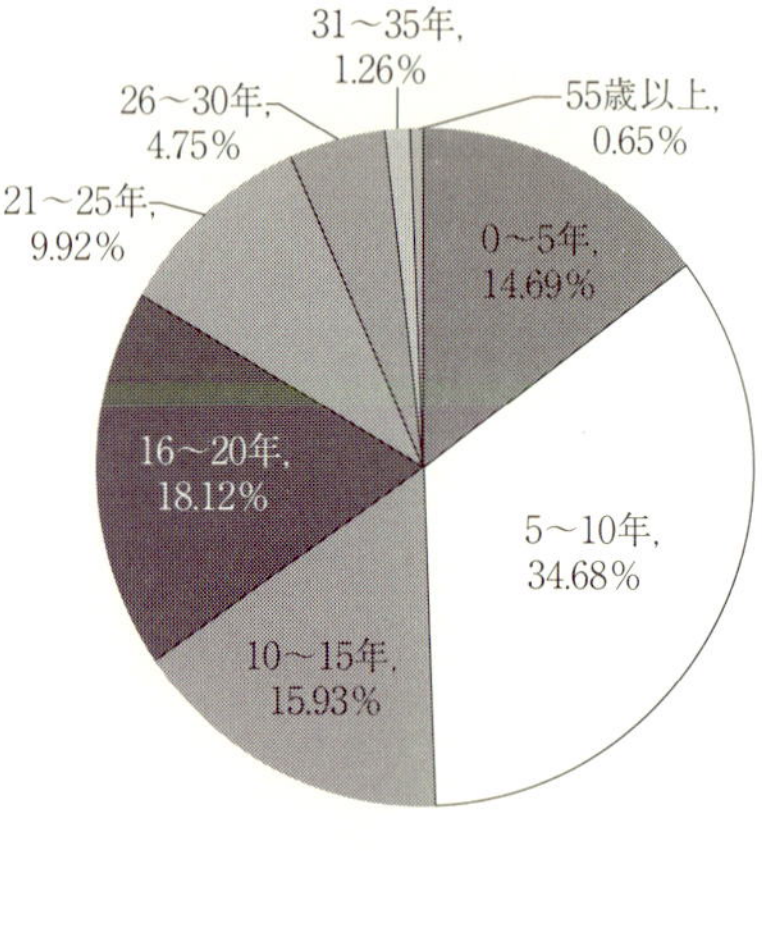

日本人RFAの勤続年数

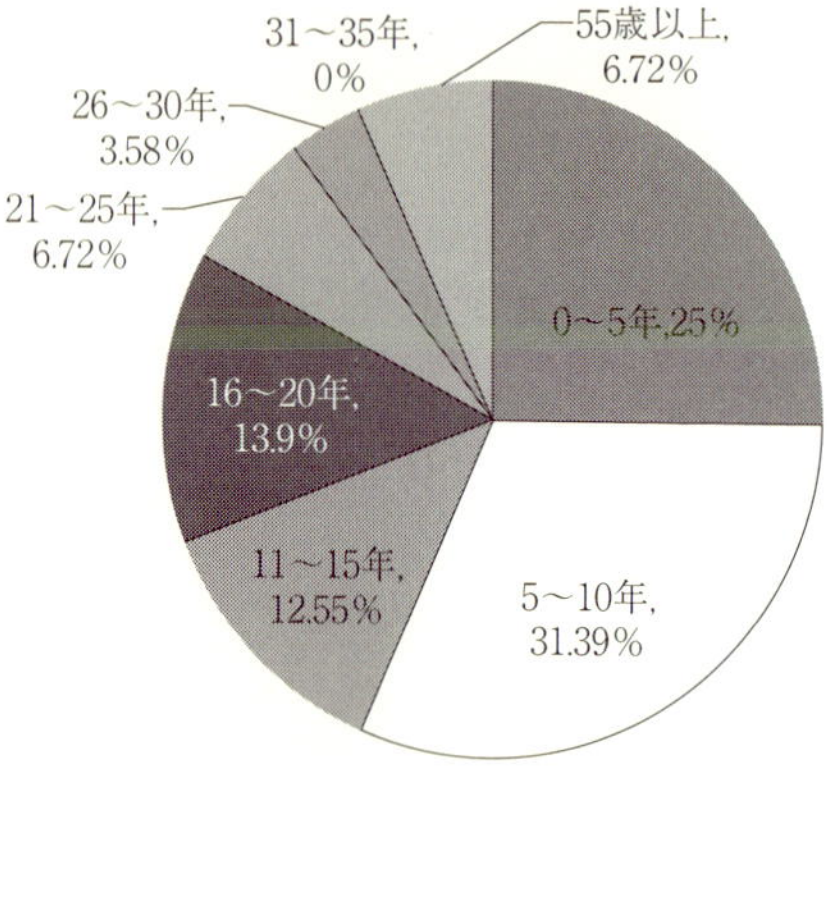

長距離用航空機シートマップ

B747-400型機　　A330-300型機

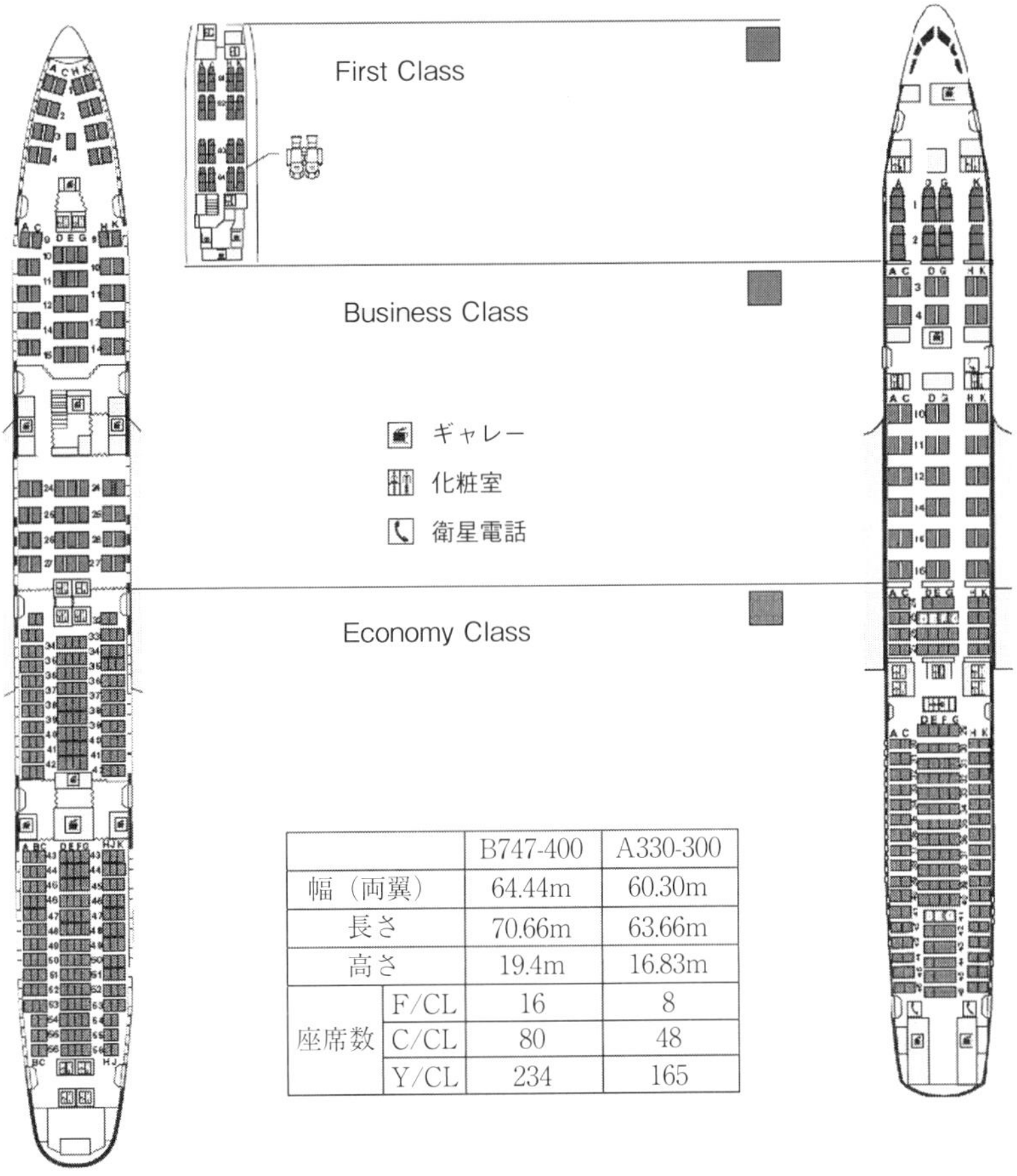

		B747-400	A330-300
幅（両翼）		64.44m	60.30m
長さ		70.66m	63.66m
高さ		19.4m	16.83m
座席数	F/CL	16	8
	C/CL	80	48
	Y/CL	234	165

＊同機種シリーズでも機体によって内装設計は若干異なる。座席は取り外しが可能なため必要に応じてクラス編成の変更も行う。

＊ http://www.lufthansa.com/cdautils/mediapool/pdf/20/media_460420.pdf ならびに http://www.lufthansa.com/cdautils/mediapool/pdf/39/media_436139.pdf を参照して筆者が作成。

資料編

1．長距離用航空機シートマップ

2．H航空客室乗務員の概要

・ＲＦＡの割合

・日本人のベース内訳

・ＦＡの勤続年数（全体）

・日本人ＲＦＡの勤務年数

3．面接調査対象者リスト

4．面接調査質問票「越境労働についての意識調査」

5．用語一覧表

■た行

■さ行

索　引

八巻恵子（やまき・けいこ）
広島大学大学院社会科学研究科マネジメント専攻マネジメント研究センター特任准教授。博士（文学）。
1964年生まれ。
1984～1986年　キャセイパシフィック航空客室乗務員（香港在住）。
1987～2007年　ルフトハンザドイツ航空客室乗務員、新入社員教育、異文化間サービス人材教育プログラム開発担当。
2004～2007年　総合研究大学院大学文化科学研究科比較文化学専攻博士課程（退学）。
2007～2010年　京都大学経営管理大学院研究員。
2010～2013年　東京国際大学国際関係学部客員講師。
2013年　東京工業大学エージェントベース社会システム科学研究センター特任講師。
著作に「＜ホスピタリティ＞の神話」「機内食を創る！」「現代の聖地巡礼」（市川文彦・鶴田雅昭編、2009年『観光の経営史――ツーリズム・ビジネスとホスピタリティ・ビジネス』）
"Transnational Workspace on International Flight: Japanese Flight Attendants on Non-Japanese Airlines." in Nakamaki, H. (ed), 2013, *SENRI ETHNOLOGICAL STUDIES 82: Business and Anthropology: A Focus on Sacred Space*. National Museum of Ethnology, Osaka.

国際線客室乗務員の仕事
――サービスの経営人類学

2013年11月7日　初版第1刷発行

著　者――八巻恵子

発行者――今東成人

発行所――東方出版㈱
〒543-0062　大阪市天王寺区逢阪2－3－2
Tel.06-6779-9571　Fax.06-6779-9573

装　幀――森本良成

印刷所――亜細亜印刷㈱

落丁・乱丁はおとりかえいたします。
ISBN978-4-86249-222-7

ヨーグルトとブルガリア　生成された言説とその展開　マリア　ヨトヴァ　5000円
会社神話の経営人類学　日置弘一郎・中牧弘允編　3800円
グローバル化するアジア系宗教　経営とマーケティング　中牧弘允ほか編　4000円
会社のなかの宗教　経営人類学の視点　中牧弘允・日置弘一郎編　3800円
会社文化のグローバル化　経営人類学的考察　中牧弘允・日置弘一郎編　3800円
企業博物館の経営人類学　中牧弘允・日置弘一郎編　3800円
社葬の経営人類学　中牧弘允編　2800円
経営人類学ことはじめ　会社とサラリーマン　中牧弘允・日置弘一郎編　3000円
日本の組織　社縁文化とインフォーマル活動　中牧弘允ほか編　3800円

＊表示の価格は消費税を含まない本体価格です。